Homfeldt (Hrsg.) · Sinnliche Wahrnehmung –
Körperbewußtsein – Gesundheitsbildung

Inhalt:

Hans Günther Homfeldt

Sinnliche Wahrnehmung - Körperbewußtsein - Gesundheitsbildung

Einführende Überlegungen

In diesem Buch - so hoffe ich - erhalten Sie in den Themenfeldern Ernähren, Bewegen, Naturerleben und Kleiden Anregungen, sich in sinnlicher Wahrnehmung zu üben, sich Ihres Körpers und seines Umfeldes weiter zu vergewissern und Ihre Vorstellung von Gesundsein weiter auszubilden.

In meiner Einführung will ich auf den Dreiklang von 'sinnlicher Wahrnehmung - Körperbewuβtsein - Gesundheitsbildung', auf die Werktagung, die die praktische Veranlassung für die Beiträge lieferte, und schlieβlich knapp auf den Aufbau dieses Bandes eingehen.

In fast allen Beiträgen ist von sinnlicher Wahrnehmung, und dies sehr variantenreich, die Rede. Mir geht es nicht darum, Positionen zu vermitteln oder gar zusammenzufassen, sondern mit einigen Hinweisen einige Positionen anzudeuten und vor allem ein wenig Lust auf die Lektüre zu machen.

1. Sinnliche Wahrnehmung zu üben ist mit Erinnern der eigenen Lebensgeschichte verbunden (vgl. G. SELLE 1988, S. 9). Wahrnehmen ruft sehr oft sinnlich Erfahrenes aus Kindheitstagen, was lange überdeckt gewesen ist, hervor. Üben ist dabei Besinnen. Ganz schlicht können die Übungen sein: etwa Laufen durch taufrisches Gras, auf der Erde liegen, barfuβ durch Sand gehen, auf dem Waldboden liegen und dem Spiel der Blätter oder dem Spiel der sich wiegenden Zweige zusehen, Bäume umarmen, den Duft des Waldbodens in sich aufnehmen und den Zug der Wolken verfolgen. Unvermittelt ist jeder bei sich, wenn es um Tätigkeiten dieser Art geht, weil schon jeder einmal so gelebt hat. Es gibt erinnerbare Muster. Sinnliche Wahrnehmung ist in dieser Sicht, sich mit dem Bestand eigener Erfahrungen verbinden zu können. Sinnliche Vergegenwärtigung schafft Erinnerungen aus der eigenen Lebensgeschichte. Lust wie Schmerz sind wiederbelebbar, Mangel wie Überfluβ. Einfache Übungen zur sinnlichen Wahrnehmung ermöglichen biographische Reflexionen (vgl. H. GUD-

JONS u.a. 1986). Diese wiederum helfen uns, persönlich Vergangenes zu sortieren und aufzuarbeiten.

Bei W. LOCH (1981, S. 31) lese ich:

> "Das 'curriculum vitae' enthält alles, was uns das Leben zu lernen aufgibt. Es ist der umgreifende Zusammenhang, in dem die partiellen 'curricula' der verschiedenen Erziehungseinrichtungen ... zu rechtfertigen sind."

Die im Verlauf des Lebens erworbenen Fähigkeiten nennt Loch *curriculare Kompetenzen.* Mit Kompetenz ist die persönliche Zuständigkeit, das persönliche Kräftegefühl des Könnens gemeint, während curricular auf das persönliche Können in bezug auf den eigenen Lebenslauf verweist. Curriculare Kompetenz läßt sich so umschreiben: Der Mensch ist, was er aus sich gemacht hat auf der Grundlage seiner gesellschaftlichen Bedingungen. Biographische Reflexion dient der Selbsterkenntnis und dem Verstehen der eigenen Entwicklung im Lebenslauf, nicht nur der psychisch-sozialen, sondern auch der körperlichen. Im *oberflächigen Sinne* hat jeder Körper seine Geschichte.

> "Im Laufe des Lebens verfestigen sich bestimmte körperliche Muster zu Haltungs- und Bewegungsstrukturen und beeinflussen das Wachstum und den Körperbau... Die lebensgeschichtlichen Erfahrungen sind in den Körper eingelagert u.a. als Haltungen, Muskelbeschaffenheiten, Fettablagerungen, Spannungen, Schlaffheiten, als fühllose Bereiche, als Krankheiten, sie stehen uns 'ins Gesicht geschrieben' und werden in unseren Haltungen und Bewegungen ausgedrückt" (H. GUDJONS u.a. 1986, S. 23).

Der Körper selbst hat ein *Gedächtnis*, dem durch Sprache kaum, aber durch Bewegungsübungen (vgl. R. von LABAN 1988, S. 28) und meditative-imaginative Methoden beizukommen ist.

Ich gehe davon aus, daß sich Sinn durch sinnliches Begreifen einstellt. *Sinnliche Körpererfahrung* schafft *Sinn.* Er stellt sich im Tun her, und doch kommt er auch von weiterher als aus der *sinnlichen Wahrnehmung des Augenblicks.* Dies zeigt Helmut DANNER an seinem schönen Beispiel 'Vom Bambus zur Panflöte'. Nach der Entfaltung des Beispiels gelangt er zu drei Einsichten (1989, S. 87), die zusammenzudenken sind:

> "Sinn kommt nicht von außen zu einer Sache hinzu, sondern das Ding selbst ist das Sinnhafte. Zweitens wird Sinn weder vom Menschen 'gegeben', noch wird er aus den Dingen herausgelesen, sondern Sinn ergibt sich aus der Bezogenheit, aus dem sinnlichen Wechselspiel von Mensch und Dingen. Und schließlich ist Sinn nicht Privatsache, sondern er wird plural konstituiert, nicht zuletzt aufgrund der Verwiesenheit auf einen gemeinsamen Sinnhorizont."

Diese Menschenbildung begründenden Sätze klingen heil, fast zu schön. Sie können Illusionen, den Wunsch schaffen, "nach einer Ganzheit des Wirklichen um mich herum ... der geschlossenen, überschaubaren Umwelt" (D. HOFFMANN-AXTHELM 1984, S. 15). Sinnliche Wahrnehmung kann als Ausdruck eines harmonischen Strebens mißdeutet werden, nämlich "eine stimmige, dichte Hülle von Welt rund um mich herum auszubilden, in der alle Ereignisse zueinander passen" (D. HOFFMANN-AXTHELM 1984, S. 15).
Einer solchen Mystifizierung kann ich nur entrinnen, wenn ich mir klarmache, daß der Mittelpunkt des Wahrnehmens einzig in mir bildbar ist: Ich nehme wahr, den Krach, die Stille, das grelle Licht, die angenehme Helligkeit... Und dieses Ich ist nicht einheitlich, sondern segmentiert. Die unterschiedlichen Ich's stehen für vielfältige Sinngebungsprovinzen und sind immer wieder neu zu bestimmen. Sie stehen mithin jedem Objektivitätsanspruch der absolut vorherrschenden empirisch-analytischen Sicht entgegen. Wenn sinnliche Wahrnehmung dennoch - auch in wissenschaftlicher Sicht - zunehmend mehr in ihr Recht gesetzt werden darf, dann deshalb, weil sie von der Präzision der Apparate und einer ihr korrespondierenden, die Entmaterialisierung des Lebens fördernden empirisch-analytischen Wissenschaft unendlich überholt zu sein scheint.

Schluß mit weiterer Desillusionierung in diesem Sinne! Hin wieder zu einer positiven Sicht sinnlicher Wahrnehmung und damit zu der Feststellung:

Im sinnlichen Wahrnehmen werden alle Sinne erreicht. Wenn ich Kuchen esse, dann ißt das Auge mit. Auch das Gehör ist beteiligt, das Riechorgan. Den Zusammenklang sinnlicher Betätigungen nennt man *Synästhesie.* Diese gibt es im Zusammenspiel von Tönen und Farben, aber auch bestimmten Bewegungen und Klängen.

Die Beiträge des Buches wollen anregen, die eigene sinnliche Wahrnehmung zu verbessern, sich ihrer bewußt zu werden und damit auch *ästhetische Bildung* aufzubauen bzw. sich zurückzuerobern. Mit dem Wiedergewinn meine ich, ein Stückchen an die Fähigkeit zum *coenästhetischen Wahrnehmen*, wie R. SPITZ es nennt, und Säuglingen zuerkennt, heranzukommen (vgl. H. RUMPF 1987, S. 39 f.), an die Fähigkeit, trotz aller gesellschaftlich-widrigen Bedingungen und sedimentierten Gegenerfahrungen dem im Innern verwahrten, zusammenhängenden, sinnlichen Wahrnehmen auf die Spur zu kommen. Aneignungs- und Verarbeitungsbemühungen sind Beiträge zur *Gesundheitsbildung*. Üble Gegenstücke dazu sind Praktiken *sensorischer Deprivation* wie Isolationsfolter, wie Entzug sinnlicher Betätigung, wie Hell-Dunkel-Effekte nicht mehr wahrnehmen dürfen etc. Die sensorische Deprivation im institutionellen Alltag, etwa dem schulischen, verläuft viel weniger dramatisch! Sie gestaltet sich durch die *Verödung der Lernkulturen* schleichend und ist ein Reflex *gesellschaftlicher Entsinnlichung* des Lebens.

Sinnliche Wahrnehmung ist z.T. unentrinnbar; deshalb lassen sich Lernende auch nicht den Entzug gefallen, nicht im Hörsaal und auch nicht in der Schule, am wenigsten noch Hauptschüler. Werden Nase und Ohr als offene Sinnesorgane nicht gebraucht, so schaffen sie sich Sinn, auch wenn er nicht gefragt ist. Artikulationen einer solchen Sinngebung rangieren zumeist unter Stören des Unterrichts, obwohl sie in der von mir entwickelten Sicht für Lernende und Lehrende konstitutiv sind, um Schule/Hochschule überhaupt aushalten zu können.

Nicht ein Gefühl, nicht eine Phantasie, nicht ein Gedanke existieren ohne körperliche Basis. Unser Leben beginnt und endet als leibliche Existenz. Selbst wenn wir unseren Körper zum Objekt unserer Wahrnehmung machen, spielt sich all dies in unserem Leib ab (vgl. H. DAUBER 1989, S. 190). 'Wiederkehr des Körpers' lautet der Titel eines Buches von D. KAMPER von 1982. Wiederkehr meint die Kultivierung unserer Sinne. Wiederkehr drückt Protest gegen ihre zu geringe Nutzung, zu große Vernachlässigung und dadurch Verkümmerung aus.

2. Im Ausdruck **Körperbewußtsein** soll deutlich werden, daß der einzelne Mensch wieder Wahrnehmungs- und Erkenntnismacht über die Fähigkeiten seines Körpers bekommt. Möglich ist dies durch Sinnenarbeit. Ihr Ziel liegt in der Sicht R. zur LIPPES (1987, S. 470) in der persönlichen Genußfähigkeit, "durch die eigenen Sinnesorgane in den Genuß jener Lebensbewegungen zu gelangen, die aus den eigenen Tiefendimensionen anstehen".

Verdeutlichen läßt sich dies am Gehen (vgl. U. GIERSCH 1984, S. 261-275). Immer wieder ist es für das Wohl des Menschen in den Blickpunkt gerückt, in dem Maße, wie fahrbare Untersätze das Gehen zu ersetzen versuchten. Ganze Bewegungen haben sich für das Gehen eingesetzt: etwa die Wandervögel, heute die Gilde der Jogger mit unterschiedlichen Gangarten und Kulturen. Immer wieder ist zwischen Gehen und Denken ein enger Zusammenhang hergestellt worden. Mit dem Rhythmus des Gehens entwickeln sich Gedankenformen und -möglichkeiten. Auswendiglernen von Gedichten war mir nur im Gehen möglich, das Buch in der Hand! Berühmte Vorbilder sind die Peripathetiker. Beim Umherwandeln hielten sie ihre Vorlesungen. Von berühmten Philosophen weiß man, daß sie im Gehen ihre Gedanken ausformulierten. Am Beispiel des Gehens kann *Körperbewußtsein* heißen, "daß Gedanken in Bewegungsenergie umgesetzt und körperlich konsumiert werden. Der belebende und gelebte Gedanke ist der mit beiden Beinen angegangene Gedankengang" (U. GIERSCH 1984, S. 267).

3. Gesundheitsbildung: Ich will mich nicht auf eine komplizierte Begriffsakrobatik einlassen. Gesundheit und Bildung - beide haben sie ihre eigene verschlungene Geschichte (vgl. E. BECKERS u.a. 1990, S. 16 ff.). Beide haben auch ihre Komplementärbegriffe: Krankheit und etwas gewagt Erziehung. Gesundheitsbildung ist die persönliche Bemühung, eine eigene, persönlich richtige Lebensweise/Lebensführung aufzubauen. Dabei beschränkt sie sich nicht auf die Korrektur und Entfaltung individueller Handlungsweisen, sondern berücksichtigt soziale, ökonomische und ökologische Aspekte menschlichen Handelns (vgl. E. BECKERS u.a., S. 20; Ch.V. HAUG 1991, S. 59, S. 405 f.).

Mit Hilfe sinnlicher Wahrnehmung kann es gelingen, sich dem eigenen Leben als Seinsgegebenheit aktuell, aber auch in biografischer Reflexion anzunähern. So ist Gesundheitsbildung auch ein Prozeß der Bewußtwerdung, der Erlebens- und Erfahrenswerdung. Sie kann sich bis in die Endphase des physischen Lebens vollziehen. Gesundheitsbildung bezieht sich auf den ganzen Menschen "in allen seinen Lebensbezügen und zielt ... auf selbstbestimmtes, mit- und eigenverantwortliches Handeln" (Ch.V. HAUG 1991, S. 59), um so bessere Voraussetzungen für Lebensqualität und Lebensbewältigung zu schaffen. "Gesundheitsbildung soll aktiv-partizipative Bildung sein, d.h. Gesundheit muß durch aktives Handeln eingeübt, erlebt, erworben, erarbeitet, gesichert, gepflegt und entfaltet werden" (Ch.V. HAUG 1991, S. 406). Wichtig ist es, sich von Modetrends möglichst wenig abhängig zu machen, sondern eine eigenständige, den gesellschaftlichen Bedingungen genügende Konzeption zu verwirklichen.

Unser Konzept von Gesundheitsbildung nimmt ihren Ausgang in der Körperlichkeit (vgl. allgemein zur Bildung K. MOLLENHAUER 1989, S. 129-145), ohne in ihr stecken zu bleiben (vgl. H. DAUBER 1989, S. 29-48). Einem solchen Gedanken ist Wachsenwollen als anthropologische Konstante unterstellt. Auf dem Wege dieser Entwicklung ist das Körperbewußtsein das Basisbewußtsein.

Zu wesentlichen Teilen ist Gesundheitsbildung *ästhetische Bildung*, dies allerdings in einem umfassenden Sinn verstanden, nämlich als Entwicklung des Sinnenbewußtseins (R. zur LIPPE 1987, S. 35).

> "Das Ästhetische ist die material konkrete und die sinnlich wahrnehmbare Form von allem. Die Geschichte eines Stoffes, von Holz, Stein, Eisen oder Wasser, wird ästhetisch greifbar ebenso wie eine Lebensgeschichte in unserem Leib. Ästhetisch drückt sich alles Universelle aus, wenn es in einem Wesen, einem Vorgang, einem Gegenstand in die stoffliche Wirklichkeit tritt, das heißt fühlbare und wirksame Gestalt wird und eine besondere eigene Geschichte eingeht, die physischen Niederschlag bildet."

4. Bildungsfeld Schule: Gegenwärtig haben wir in ihr im Optischen und Auditiven Mangel und Überfluß zugleich. Wir werden zugeschüttet mit optischen und auditiven Reizen, Erwachsene wie Kinder. Wir sind ihnen ausgesetzt, können sie aber kaum noch elementar entdecken, ästhetisch erfahren. Wird dann etwas ursprünglich Sinnliches erlebt, dann besteht die Gefahr, daß der denkende Geist schnell über es hinwegbraust und von ihm wegführt, indem er dem ursprünglich Sinnlichen eine theoretische Funktion verleiht. Ich plädiere dafür, dem ursprünglich Sinnlichen möglichst oft eine ästhetische Funktion zu verleihen, aber ihm nicht - fast stereotyp - Formen der Erkenntnis aufpfropfen zu wollen.

Die Schule sollte dahin gelangen, nicht immer nach Intellektuellem streben zu wollen, frei nach Famulus Wagner: Zwar weiß ich viel, doch will ich alles wissen. Das Praktisch-Ästhetische bildet einen Wert für sich. Als geradezu tödlich erlebe ich es, wenn die Einstimmung in einen Inhalt anschaulich-sinnlich sich vollzieht, und danach kommt die große Desillusionierung, indem es dann um das Eigentliche geht: den erkennenden Akt.

Gegenwärtig wird an Hochschulen längst über Gegenwirkungen zur Technikfolge und über die Entmaterialisierung des Lebens nachgedacht. Bald wird es wohl dazu auch Lehrstühle geben. Sie werden dann Wege aufzuzeigen haben, wie Menschen wieder zu sicherem Wissen von sich selbst und zum Aufbau einer gesunden Lebensführung kommen. Mithin wird ein ganz anderer Leistungsbegriff entstehen. Schule wird sich auch darauf einstellen. Vielleicht gelingt die eine oder andere Vorwegnahme, indem Unterricht stärker nach ästhetischen Gesichtspunkten ausgerichtet wird: indem Erzählen - Erleben - Gestalten neben Analysieren und Interpretieren eine gleichrangige Bedeutung für sich erhalten. Auch Lehrern und Lehrerinnen würde es dabei besser ergehen.

Ich bin sicher, daß zukünftig wissenschaftliches Denken stärker als bisher über die Welt der Sinne laufen wird. Wieviel mehr kann dies in der Schule möglich werden. Dies wird allein aus Überlebensgründen nötig sein! Die Erschließung der Welt mit der Ratio allein, eine ungewollte Nebenwirkung der Aufklärung, hat uns an den Rand der Selbstvernichtung gebracht. Ordnungsprinzipien des Lebens lassen sich nicht analytisch aufbauen. Dem Leben kann ich mich nur lebend nähern. Nähere ich mich ihm einzig analytisch, dann geht es ihm wie dem Rind beim Fleischer: Es wird zur Metzgerware. Wie die Psychologie im 20. Jahrhundert diesen Vorgang vorangetrieben hat, zeigt eindrucksvoll der fast vergessene Psychologe Erwin STRAUS (1978) beispielhaft an der Lehre Pawlows von den bedingten Reflexen (S. 28-80). So schreibt STRAUS (S. 41):

> "Die Welt, in der wir leben, die uns als farbige, klingende, erscheint, ist nichts als ein geordnetes Durcheinander einer Unzahl physikalischer Vorgänge. Die objektive Psychologie versteht es, die Welt in eine Summe von Einzelvorgängen zu zerlegen; diese Vorgänge spielen sich rings um das Tier ab ... der ganze Hund ist nichts anderes als ein biologischer Apparat...

> Es steht für Pawlow außer Zweifel, daß man für 'Sehen' ebensogut Erregung der Retina sagen kann, ja sagen muß."

STRAUS plädiert dafür, "daß man vor der Auslöschung des Phänomenalen und vor seiner Umdeutung und seinem Ersatz durch mechanische Vorgänge die Eigenstruktur des Phänomenalen ... wenigstens daraufhin untersuchen müsse, ob sie eine solche Umdeutung zulasse" (S. 41). Und STRAUS fragt (S. 41): "Hat der Forscher, sei er Psychologe oder Physiologe, ein Recht, dem Gegenstand seiner Betrachtung vorzuschreiben, wie er sein soll? Muß er ihn nicht so gelten lassen, wie er ist?"

STRAUS stellt empirisch-analytischen Konzepten sein synergetisches, in ganzheitlichen Bezügen ausgelegtes Verständnis von Wissenschaft entgegen, indem er schreibt (S. 167):

> "Der Mensch kann Voraussagen machen, nicht das Gehirn. Der Mensch denkt, nicht das Gehirn. Menschen und Tiere sehen und hören, nicht aber die Netzhaut und die kortischen Organe. Erleben ist nicht eine - im Grunde überflüssige - Zutat zu einem bewußtlos ebensogut funktionierenden Nervensystem. Erlebende Wesen sind in einem einzigartigen Verhältnis zur Welt und können nur in einem solchen Verhältnis ihre Existenz vollbringen."

Hören, Sehen, Riechen, Schmecken sind zwar im Kopf verankert, aber nicht das einzelne Organ sieht, hört, etc., sondern: Ich sehe, ich höre, etc. In bezug auf die Fächer in der Schule heißt dies: Zur Erhöhung des Lebenssinns die sinnlichen Betätigungen miteinander zu verbinden, wo es geht, mithin eine gesamtkörperliche Beanspruchung zu schaffen über alle Fächer hinweg.

Sich bewegen, sich kleiden, sich ernähren, die Natur zu erleben sind Grundformen sinnenhafter Beanspruchung. Sie bringen die Notwendigkeit und die Qualifizierung der Sinne hervor. An ihnen lassen sich die Sinne stimulieren und wiederentdecken. Was ein kleines Kind Tag für Tag vorführt, läßt sich umsetzen: etwas sehen, es berühren, es probieren, es schmecken, es genießen, es wegtun oder sich einverleiben. Sinnenbewußtsein entwickeln heißt, sich sinnliche Wahrnehmungsvorgänge bewußt machen zu können und so ein Stück Leben-Verstehen zu ermöglichen.

5. Die Werktagung 'Sinnliche Wahrnehmung - Körperbewußtsein - Gesundheitsbildung' (September 1990) - der Ort praktischer Verarbeitung der Beiträge:

Seit 1984 gibt es an der Pädagogischen Hochschule Flensburg einen interdisziplinär aufgebauten Studiengang 'Erziehung und Gesundheit', vorzugsweise für Diplomstudierende in Pädagogik, seit 1988 auch einen Kontaktstudiengang.

Vier Jahre nach der ersten Werktagung (1986, vgl. dazu den Band 'Erziehung und Gesundheit' 1988, im Deutschen Studien Verlag erschienen) wurde 1990 eine zweite Werktagung unter der Schirmherrschaft des Modellversuchs 'Gesundheitsförderung im schulischen Alltag' (Träger die Bund-Länder-Kommission für Bildungsplanung und Forschungsförderung sowie das Bildungsministerium Schleswig-Holstein) durchgeführt. In den Themenfeldern Ernähren, Bewegen, Naturerleben und Kleiden erhielten die zahlreichen Teilnehmer und Teilnehmerinnen praktische Impulse zur Differenzierung ihrer sinnlichen Wahrnehmung, ihres Körperbewußtseins und ihrer Gesundheitsbildung. Vorwiegend waren dies in Praxisseminaren praktische Anregungen. In ihrer bunt gestalteten Vielfalt können die Beiträge des Bandes dies belegen. Den Praxisseminaren zugeordnet waren Praxisreferate. Sie griffen Aspekte der Praxisseminare - mal mehr, mal weniger - differenziert auf und führten sie gedanklich weiter. In der Form ungebundene Vorträge (W. Schmid, R. Tausch, R. zur Lippe) gaben der Werktagung ein zusätzliches öffentliches Interesse.

In den Beiträgen beziehen die Autoren und Autorinnen die Veranstaltungspraxis unterschiedlich stark ein. So nehmen einige Autoren nur wenige Beispiele aus der Praxis der Werktagung, um ihren Gedankengang zu illustrieren, andere entwickeln Reflexion an der Praxis entlang.

Die konkreten Rückbezüge auf die Werktagung werden in der Regel durch Kleindruck hervorgehoben.

Die Einführungen in die einzelnen Themenfelder (Ernähren, Bewegen, Kleiden, Naturerleben) haben die Koordinatoren der Werktagung verfaßt.

Zwischen den einzelnen Teilen sind die überarbeiteten öffentlichen Vorträge angesiedelt. Sie bilden sozusagen die Verbindungsstellen zwischen den einzelnen Teilen.

Besonders hervorhebenswert ist dabei der Schlußbeitrag von Jürgen Funke. In 'Spüren - Fühlen - Wissen' faßt er seine durch teilnehmende Beobachtung gewonnenen Eindrücke zusammen. Alle Beiträge sind so geschrieben, daß sie den Leser und die Leserin, die nicht an der Werktagung dabei sein konnten, ansprechen und auch erreichen wollen.

Ich bin gespannt, ob dies gelingt!

Literatur:

E. Beckers u.a. (Hg.): Bewegung und Ernährung: Pilotstudie. Köln 1990.
H. Danner: Vom Bambus zur Panflöte. In: W. Lippitz/Ch. Rittelmeyer (Hg.): Phänomene des Kinderlebens. Bad Heilbrunn 1989, S. 81-92.
H. Dauber: Die Suche nach Ganzheit. In: K. Heipcke (Hg.): Hat Bildung noch Zukunft? Weinheim 1989, S. 29-48.
H. Dauber: Leib-haftige Bildung. In: H. Dauber (Hg.): Bildung und Zukunft. Weinheim 1989, S. 185-206.
U. Giersch: Der gemessene Schritt als Sinn des Körpers: Sehkünste und Kunstgänge. In: D. Kamper/Ch. Wulf (Hg.): Das Schwinden der Sinne. Frankfurt/Main 1984, S. 261-275.
H. Gudjons u.a.: Auf meinen Spuren. Reinbek 1986.
Ch.V. Haug: Gesundheitsbildung im Wandel. Bad Heilbrunn 1991.
D. Hoffmann-Axthelm: Sinnesarbeit. Frankfurt/Main 1984.
H.G. Homfeldt (Hg.): Erziehung und Gesundheit. Weinheim 1988.
D. Kamper/Ch. Wulf: Wiederkehr des Körpers. Frankfurt 1982.
R. von Laban: Kunst der Bewegung. Wilhelmshaven 1988.
R. zur Lippe: Sinnenbewußtsein. Reinbek 1987.
W. Loch: Anfänge der Erziehung - Zwei Kapitel aus einem verdrängten Curriculum. In: F. Maurer (Hg.): Lebensgeschichte und Identität. Frankfurt/Main 1981, S. 31-83.
K. Mollenhauer: Sind die Begriffe Erziehung und Bildung revisionsbedürftig? In: K. Böllert, H.-U. Otto (Hg.): Soziale Arbeit auf der Suche nach Zukunft. Bielefeld 1989, S. 129-145.
H. Rumpf: Belebungsversuche. Weinheim 1987.
E. Straus: Vom Sinn der Sinne. Ein Beitrag zur Grundlegung der Psychologie. Berlin, Heidelberg, New York 1978².

I. Ernährungsästhetik und Eßverhalten

Ines Heindl

1. Einführung: Ernähren und Sinnesarbeit

Ohne Nahrung kein Leben
Das Essen und Trinken des Menschen dient der Aufrechterhaltung seiner Lebensfunktionen. In Hungersnöten war diese elementare Bedeutung der Stoffe aus der Nahrung für das Leben noch leibhaftig erfahrbar.

Den Menschen, die im Gegensatz dazu im Nahrungsüberfluß leben, vermittelt zuweilen noch ein Mangel an Wasser - über heftiges Durstgefühl und austrocknende Schleimhäute -, daß das Fehlen von Flüssigkeit in kurzer Zeit zum Tod führen kann. Der Eßalltag dieser Menschen kennt zwar noch die grundlegenden Nahrungsinstinkte wie Hunger, Durst und Appetit, sie kennen diese jedoch immer weniger in ihrer *lebenserhaltenden* Funktion.

Neben diesem Nicht-Mehr-Erkennen der lebensspendenden Funktion bleiben den Menschen von den Wirkungen der Nahrung schließlich nur noch erwünschte und unerwünschte Körperreaktionen zwischen Lust- und Völlegefühlen, infolge immer komplexer werdender Situationen der Nahrungsbeschaffung und des -verzehrs.

Nahrung beschaffen
heißt heute auswählen (müssen) aus einer unübersehbaren Produktvielfalt be- und verarbeiteter Lebensmittel. Der Mensch konsumiert den größten Teil seiner Nahrung "im Gegensatz zum Tier nicht so, wie sie die Natur liefert, sondern erst nach absichtlicher Veränderung ihres physikalischen und chemischen Zustandes, also nach Be- oder Verarbeitung" (Ernährungsbericht 1972, S. 82).

Hier stellt sich also zuerst die Frage nach dem Bewußtsein und dann nach den Fähigkeiten und Fertigkeiten, die der Mensch besitzt oder sich aneignen muß, um aus dieser Vielfalt genußfähige Nahrung auswählen zu können, sie *bewußt* zubereiten und *bewußt* zu sich nehmen zu können.

Wenn Hunger, Durst und Appetit im Klärungsfeld zwischen Genuß und Ekel der groben Orientierung dienen, so hilft das *Wahr-nehmen* mit allen fünf Sinnen einerseits den 'physikalischen und chemischen Zustand' eines Nahrungsmittels zu 'ermitteln' und andererseits sich Nahrung bewußt 'einzuverleiben'.

Können wir uns im Umgang mit Nahrung überhaupt noch auf das Sehen, Tasten, Fühlen, Riechen, Schmecken und Hören verlassen? Sind Hände, Nase, Gaumen und Zunge mit ihrer ganz individuellen Einschätzung von Konsistenz, Geruch, Duft und Geschmack noch gefragt, und sind wir uns dieser Fähigkeiten noch bewußt?

Die be- oder verarbeiteten Nahrungsmittel liefern den Menschen in der Bundesrepublik Deutschland über drei Viertel der insgesamt aufgenommenen Nahrungsenergie (BIELIG 1981). Veränderte, z.T. verfremdete und verpackte Eßwaren schaffen eine Distanz zwischen den natürlichen Ausgangsprodukten (= Lebensmittel) und dem sinnlichen Wahrnehmen des Menschen.

Ästhetische Arbeit

Diese Form der Sinnesarbeit zielt auf die Ganzheit der Sinne (im Grundverständnis des griechischen Wortstammes 'aisthesis' = sinnliche Wahrnehmung), wie auch der weiteren darin eingeschlossenen Bedeutungsebene der Entwicklung des 'Sinn-Bewußtseins', denn 'Bewußtsein geht durch die Sinne'.

Warum sind Menschen in ihrem Alltag derart nachlässig mit der Gesundheit, deren Teil das Ernähren ist? Bei dieser 'Bewußtlosigkeit' handelt es sich nicht nur um individuelles Unvermögen durch z.B. schlechte Lebens- und Arbeitsbedingungen.

Es scheint also nicht nur eine Frage des Bewußtseins im alten Sinne, sondern eine Frage unserer Wahrnehmung, unseres Empfindens und somit eine Frage der Ästhetik (s.o.) zu sein. Ein Weg ist also zurückzulegen zwischen der sinnlichen Wahrnehmung als 'Anfang' und der Bewußtheit als 'Ziel', um beide zu gleichberechtigten integralen Anteilen unserer(s) (S)selbst werden zu lassen.

Die ästhetische Arbeit ist damit die Hilfe, die unsere Empfindungen entwickelt, die Sinne neu erschließt und 'Räume' schafft, in uns und um uns herum anders zu riechen, zu hören, zu sehen, zu schmecken, zu fühlen.

In der historischen Entwicklung allerdings hat es genau gegenläufige Prozesse der Verkümmerung einzelner Sinne gegeben. So haben z.B. Geruch und Geschmack seit der Aufklärung eine 'schlechte Presse'. Sie gelten als die 'niederen Sinne', zu nahe den Instinkten, zu fern dem aufklärbaren Verstand (RAULFF 1982).

Die Verlagerung zugunsten eines Sinnes und damit einhergehend die Verkümmerung der anderen Sinne findet statt. Heute ist vor allem das Sehen der zentrale Sinn. Diese einseitige Überbetonung ist ein Ergebnis des 'Zuviel' an Informationen für das Auge, das die 'Informationsgesellschaft' schlechthin kennzeichnet. Das Auge wird überflutet, mißbraucht, es 'bläht' sich einerseits auf, andererseits stumpft es ab. Die Wahrnehmungen verschieben sich und verschließen sich am Ende gegen den Überfluß.

Diese Entwicklung gipfelt in einem tiefen Mißtrauen der Gesellschaft in die sinnliche Wahrnehmung. Zum Inbegriff der Wahrheit - auch für das Ernähren - wird die Meßbarkeit, die wiederholbare Überprüfbarkeit (HOFFMANN-AXTHELM 1987). Übertragen auf Lebensmittel und deren Produkte heißt das, Einheitlichkeit in Geruch, Geschmack, Konsistenz, Größe und Farbe ist erwünscht, denn diese ist vergleichbar und überprüfbar. Schließlich werden die Prüfergebnisse in der sogenannten 'sensorischen Qualität' der Lebensmittel festgelegt. Äußere Beschaffenheit, Aussehen und gestalteter Einheitsgeschmack werden zu Versprechen, die an die Stelle des inneren Nahrungswertes treten.

> "Sensorik, auf Lebensmittel bezogen, ist kurz gesagt die Beschreibung und Bewertung von Eigenschaften eines Lebensmittels mit den menschlichen Sinnen. Die menschlichen Sinne dienen hier als Meßinstrumente zur Ermittlung der 'Qualität' oder allgemeiner gesagt des 'Zustandes' eines Lebensmittels."........."Natürlich muß der als 'Meßinstrument' dienende Mensch geschult werden. Er muß z.B. in der Lage sein, von seinen persönlichen Präferenzen zu abstrahieren, seine Sinne sozusagen abstrakt einzusetzen, denn es müssen soweit irgend möglich objektive Merkmale eines Lebensmittels erfaßt werden" (FRICKER 1984, S. 2).

Die lebensmittelverarbeitende Industrie garantiert eine standardisierte 'Genußqualität' für Lebensmittel und ihre Produkte, geprüft und bewertet durch 'Organoleptiker' oder 'Sensoriker'.

> "Der Organoleptiker erfaßt mit den Sinnen, erfühlt den Eindruck, vermischt Qualitätsbeurteilung mit Beliebtheitsaussagen und läßt seine sensorischen Fähigkeiten nicht überprüfen. Der Sensoriker mißt mit den Sinnen, bedient sich exakter Methoden, wertet die Prüfergebnisse statistisch aus, absolviert einen Schulungskurs mit anschließendem Eignungstest und läßt seine sensorischen Fähigkeiten in regelmäßigen Abständen überprüfen" (FRICKER 1984, S. 3).

Die subjektive Sinnesarbeit zwischen Genuß und Ekel wird dem einzelnen Menschen durch diese Experten ganz 'erspart' oder auf ein Minimum reduziert.

Nach Hugo KÜKELHAUS verwandelt sich das Prinzip 'Ersparnis' bei der sinnlichen Herausforderung in modernen Industriegesellschaften auf Dauer zum Gesundheitsrisiko. Heute wird dieses auch als eine umfassende 'sensorische Deprivation' beschrieben - eine alle Sinne erfassende Verkümmerung der Erlebnisfähigkeit mit z.T. ernsten (psychosomatischen) Folgen. Mangel wird sichtbar im Lebensalltag der Menschen, auch beim Ernähren.

Sinnliches Wahrnehmen will (wieder)gelernt sein

> "Es ist ein Irrtum zu meinen, daß wir Sinne 'haben', und daß sie automatisch funktionieren. Wir 'haben' Sinne so wenig wie Verstand. Was der Mensch in seinen Sinnesorganen mitbringt, sind unausgebildete Möglichkeiten" (PICHT 1986, S. 386).

Der o.g. 'sensorischen Deprivation' entgegenzuarbeiten, bedeutet also, die 'unausgebildeten Möglichkeiten' der Sinnesorgane zu aktivieren, sie wieder in Anspruch zu nehmen (KÜKELHAUS und zur LIPPE 1986).

Das sinnliche Wahrnehmungsvermögen muß in Aktion gesetzt werden und in Übung bleiben, es bedarf der aktiven Tätigkeit des Menschen und wird somit zur hoffentlich ständigen Eigentätigkeit (AISSEN-CREWETT 1990).

Wenn Sinne sich nur durch Inanspruchnahme bilden können (KÜKELHAUS und zur LIPPE 1986), so ist das Ernähren das erste und geeignete Feld zur aktiven sinnlichen Betätigung des Menschen. Zu jeder Zeit werden das Hören, das Tasten, das Riechen, das

Schmecken und das Sehen, auch ohne unser Zutun, herausgefordert und belebt. Trotz des 'Booms' der guten 'Küchen', des Wieder-Selber-Kochens und des Gut-Essen-Gehens gibt es auch den Widerspruch der 'Industrialisierung der Nahrung und des Essens' (Fastfood, Food-Design etc.), der Beschleunigung des Essens und der Entwertung der Nahrung.

> "Es ist keine Kunst, süß von sauer, salzig von bitter zu unterscheiden. Darin liegt auch nicht der Sinn der Sinne. Dieser liegt vielmehr darin, süß von süß, sauer von sauer, bitter von bitter zu unterscheiden; und darin, das Bittere in Süßem, das Saure in Salzigem zu erschmecken. Der Sinn bewährt sich darin, in dem gleichförmig Erscheinenden Vielfältigkeit wahrzunehmen; im Einerlei das Mannigfache, wie umgekehrt im Mannigfachen das einende Eine zu erkennen. Die Sinne sind gerichtet auf die Erspürung von Spuren, von einem Fast-Nichts, von Nuancen. Und auch nur dann können die Sinne sich entfalten zu dem, was sie sind, wenn sie zur Wahrnehmung von Spuren beansprucht werden" (KÜKELHAUS 1954, S. 13).

Literatur:

Aissen-Crewett, M.: Sinnliches Wahrnehmen. In: Grundschule 5 (1990), 46-49

Bielig, H.J.: Moderne Lebensmitteltechnologie und "Richtige Ernährung". In: Ernährung/Nutrition 5 (1981), 221-226

Ernährungsbericht 1972 der Deutschen Gesellschaft für Ernährung

Fricker, A.: Lebensmittel mit allen Sinnen prüfen. Berlin (1984)

Hoffmann-Axthelm, D.: Sinnesarbeit. Frankfurt (1987)

Kükelhaus, H.: Dennoch heute. Heidenheim 1954

Kükelhaus, H. und R. zur Lippe: Entfaltung der Sinne. Fischer alternativ (1986)

Picht, G.: Kunst und Mythos. Stuttgart (1986)

Raulff, U.: Chemie des Ekels und des Genusses. In: Kamper, D. und Ch. Wulff: Die Wiederkehr des Körpers. Frankfurt (1982)

Inge Bacher, Ines Heindl

2. Mit allen Sinnen den Eßalltag erschließen

Die Werktagung führt 20 TeilnehmerInnen im Arbeitskreis I 'Ernährungsästhetik und Eßverhalten' zusammen: Lehrkräfte, Sozialpädagoginnen, Frauen in pflegerischen Berufen. Wir stellen uns - herausgefordert, 'die Sinne in Anspruch zu nehmen' - der Aufgabe, die ästhetische Arbeit des Ernährens vor dem Hintergrund des individuellen Eßalltags der teilnehmenden Menschen praktisch werden zu lassen.

Planung: Das Vorbereiten der Sinnesarbeit

Die vorbereitende Planung des Arbeitskreises vollzog sich vor allem auf zwei Ebenen: der gedanklichen Strukturierung der Arbeitstage und der praktischen Erarbeitung geeigneter Übungen, die unsere Sinne in Anspruch nehmen. Am Ende der Vorüberlegungen zur Gesamtstruktur des Arbeitskreises stand die in Abb. 1 dargestellte Übersicht.

Mit 'allen Sinnen' beginnt der erste Tag der Werktagung zu früher Stunde auf einem herbstlichen Markt und damit die letzten Vorbereitungen unserer Arbeitseinheiten.

Da es in dem zu bearbeitenden Thema um die Entfaltung der Sinne gehen soll, muß dies auch über den äußeren Rahmen und durch die Gestaltung des Raumes unterstützt werden. Deshalb haben wir eine besondere, zum Thema hinführende und der Einstimmung dienende Gestaltung des gemeinsamen Arbeitsraumes geplant. Wichtig ist uns dabei, möglichst nur Obst und Gemüse der Jahreszeit und der Region zu verwenden, unter besonderer Beachtung umweltverträglicher Anbauweisen. In der 'Wiederentdeckung der Sinne' kann eine neue Bewußtheit für den Rhythmus der eigenen 'inneren' und der 'äußeren' Natur entstehen.

Die Kübel voller leuchtender Sonnenblumen, als letzte Boten des Sommers, fesseln unseren Blick. Sie sind unser erstes Ziel.

Diese Blumen sollen neben dem Obst und Gemüse, welches wir ebenfalls auf dem Markt erstehen, die 'Mitte' unseres Arbeitsraumes bilden, Orientierungspunkt und Erfahrungsmöglichkeit zugleich.

Abb. 1: Geplante Gestaltung des Arbeitskreises I "Ernährungsästhetik und Eßverhalten"

Vor-Sätze	1. Tag	2. Tag	3. Tag
<u>Vorbereitungen für die Sinnesarbeit</u> 1. Einkauf von pflanzlichen Lebensmitteln, nach - jahreszeitlichem Angebot - regionalem Angebot - umweltverträglichen Anbauweisen 2. Einkauf von Fleisch und Fleischwaren 3. Arbeitsbogen: Eßprotokoll <u>In der Mitte: "Wie esse ich?"</u> 4. Gestaltung der Raumatmosphäre, um die Sinnesarbeit zu unterstützen 20 TeilnehmerInnen 2 Anleiterinnen	<u>Einführung</u>: Sinne können sich nur entfalten, wenn wir sie in Anspruch nehmen. (Hugo Kükelhaus) <u>1. Übung</u>: Die Gruppe lernt sich kennen. "Wählen Sie bitte eine Frucht/ein Gemüse aus dem Korb in der Mitte und stellen sich mit Ihrem Verständnis von Ernährungsästhetik vor." - Ausgabe der Arbeitsbögen: Eßprotokolle <u>2. Übung</u>: Das Hören beim Essen und Trinken Vorbereitende Sammlung und Entspannung. Höreindrücke - Praxis - Eingießen einer Flüssigkeit - Abbeißen und Kauen - Knacken - Lautes Umrühren Fragen zur Reflexion Erkenntnisbezogene Aufarbeitung zum Hören. <u>3. Übung</u>: Das Riechen beim Essen und Trinken Sammlung, Konzentration auf das Riechen Riechübung - Brötchen aus Dinkel, Wasser, Salz, Hefe erst tasten, dann riechen Fragen zur Reflexion/Darstellung: "Die Nase riecht weiter als der Gaumen schmeckt."	<u>4. Übung</u>: Das Tasten von Nahrung Einen Teig herstellen aus Dinkel, Wasser, Salz und Hefe. Die Achtsamkeit auf das Tasten bei der Teigbereitung richten. Kurze Reflexionsphase. Darstellung zum Tastsinn: Haut, Hände, Mund. <u>5. Übung</u>: Das Tasten, Riechen und Schmecken von Nahrung - Früchte und ganze Gemüsepflanzen tasten und riechen (Achtsamkeit auf Formen, Oberflächen, Konsistenz und Gerüche richten) - Frucht- und Gemüsestückchen tasten, riechen, schmecken - Ekelerregende Gerüche Anstöße zur Reflexion: - Wahrnehmungen beschreiben - Bezüge zwischen dem Tasten, Riechen, Schmekken, Sehen, Hören und dem eigenen Eßalltag herstellen. Darstellungen - zur 'Sensorik' der Ernährungswissenschaften - Sinnesarbeit mit allen Sinnen, statt 'Schulung' einzelner Sinne	<u>Sinnesarbeit und Eßverhalten</u> Eßprotokolle der 3 Tage im Arbeitskreis <u>6. Übung</u>: Einstieg in die biographische Reflexion Kurze geleitete Rückbesinnung im Zustand der Entspannung. Einzelne Mahlzeiten zu Hause und während der Werktagung werden in Gedanken aufgesucht. Das "Wie esse ich?" steht in der Mitte. Kleingruppenarbeit: Fragen zur Reflexion - Wie bin ich mit dem Protokollieren meines Eßverhaltens umgegangen? - Hat die sinnliche Wahrnehmung beim Essen und Trinken eine Bedeutung für mein alltägliches Eßverhalten? Auswertung, Darstellung im Plenum: Medien freigestellt, z.B. - Zeichnungen - Pantomime - verbale Darstellungen <u>Abschluß</u>: Sinnesarbeit auf dem Weg zur "Demokratie der Sinne" Bezüge zum alltäglichen Eßverhalten

Unversehens sind wir bei unserem Markteinkauf im Thema der Werktagung. Die Sonne scheint, die Menschen sind freundlich und offen, während wir unsere Einkäufe machen. Wir nehmen die Marktatmosphäre intensiv wahr. Herbstliche Farbtöne bestimmen das Marktbild - Astern in allen Farbschattierungen, violett, rosa, blau und gelb treten in Verbindung mit gelblich-rotem Eichenlaub. Das Obst und Gemüse wetteifert in seiner Farbenpracht und Frische miteinander. Wir riechen, sehen, fühlen und dürfen sogar schmecken - also probieren wir von der Vielfalt der Angebote des Herbstes. Wir wählen Äpfel, Birnen, Pflaumen, Paprika, rote Bete, Möhren, Spitzkohl, Kohlrabi, Rotkohl, Gurken, Tomaten, Zwiebeln........, Kräuter und Gewürzpflanzen, die den Korb in der Raummitte füllen werden.

Die Gestaltung der Raummitte mit den vielen verschiedenen Gemüse- und Obstarten hat noch eine weitere Bedeutung. Sie soll mit ihren Farben, Formen, Düften und symbolischen Bedeutungsgehalten für die Begrüßungs- und Kennlernrunde als Medium der Selbstvorstellung dienen. Deshalb wählen wir auch unter diesen Gesichtspunkten eine möglichst große Vielfalt an Obst und Gemüse aus.

Zufrieden verlassen wir den Markt. Das leiser werdende Stimmengewirr hat einen hellen Klang in der klaren, sonnigen Herbstluft. Bis an diese Stelle erleben und erfassen unsere abschließenden Vorbereitungen vor allem die genießende Seite ernährungsästhetischer Arbeit. Wir wenden uns einer Schlachterei zu, um Hackfleisch und Hirn zu kaufen. Im Geschäft riecht es nach geräuchertem Schinken und gebratenen Frikadellen. Während die Ware gewogen, verpackt und berechnet wird, tauschen wir uns noch einmal über die Anleitung aus, in der das Hackfleisch zur Übung des Geruchssinns genutzt werden soll.

> "Der Geruchssinn macht in noch stärkerem Maße das Ineinander von Gegenstand und Zustand erfahrbar. Verwesungsgestank kann uns umwerfen, Blumenduft uns erlösen und befreien. Und stets ist noch in diesen Wahrnehmungen auf eine unwillkürliche Weise die Polarität abstoßend und anziehend...... erfahrbar."
> (KÜKELHAUS 1954, S. 78)

Zerkleinertes Fleisch, wie das Hackfleisch, entwickelt in wenigen Stunden der Lagerung bei Raumtemperatur einen süßlichen-strengen,

ekelerregenden Geruch. Vor allem die Wahrnehmung des Geruchs schützt den Mensch vor verdorbenen Eßwaren.
In den Arbeitsräumen mit unseren Einkäufen angekommen, gestalten wir schließlich entsprechend unserem Anliegen eine die Sinne öffnende Atmosphäre. Die eingekauften Gemüse, das Obst, die Blumen, eine Kerze ordnen sich zur Mitte im Raum. 22 Stühle bilden einen Kreis.

> Atmosphäre nehmen wir mit unseren Sinnesorgangen wahr, ganz gleich ob sie von Menschen, Tieren oder Pflanzen ausgeht oder auch von Landschaften und Kunstwerken. Atmosphäre existiert immer. Unser Leben verbringen wir in der Atmosphäre eines Raumes, eines Hauses, einer Stadt, eines Dorfes und der Jahreszeiten. Wir sind durch und durch mit ihr vertraut (DIENSKE 1984).

Während wir die vorbereiteten Arbeitsräume betrachten, ist uns bewußt, daß diese Gestaltung nur ein Teil der Atmosphäre sein kann. Die Menschen, die den Raum mit uns teilen, werden die Atmosphäre mitgestalten.

Praktische Gestaltung: Beispiele aus der Sinnesarbeit
Nach dem Einstieg in die gemeinsame Arbeit mit den TeilnehmerInnen, der das Vorverständnis von Ästhetik für das Ernähren und die Bedeutung der Einübung in die Sinnesarbeit darstellt, rücken die fünf Sinne mit praktischen Wegen zur Sinnentfaltung in die Mitte.

Arbeitseinheit zur Inanspruchnahme des Hör-Sinnes
Lorenz OKEN sagt: "Das Auge führt den Menschen in die Welt, das Ohr führt die Welt in den Menschen ein" (nach BERENDT 1990, S. 32). Im Gegensatz zum Sehen, das nach außen gerichtet ist, ist das Hören ein zentraler Sinn. Die Außenwelt zieht durch das Ohr in die menschliche Seele ein, es erfaßt den inneren, verborgenen Menschen. Unser Ohr-Sinn ist physiologisch erklärbar, zu erfahren jedoch nur durch eigenes Erleben und eigene Inanspruchnahme. Das Ohr ist nicht verschließbar, es wird immer beansprucht (BERENDT 1990).

Übung zum Hören im Umgang mit Nahrung
Um dem 'Hören' mehr Achtsamkeit zu bereiten, wird vor die eigentlichen Höreindrücke eine kurze Phase der Entspannung und Sammlung

gesetzt. Das Ohr, als ein Sinnesorgan des Kopfes, wird, wie alle anderen Sinnesorgane, durch Spannungen und Blockaden im Schulter-Nacken-Bereich in seiner Sensibilität, Leistungsfähigkeit und Wahrnehmung beeinträchtigt. Die TeilnehmerInnen werden angeleitet, eine Sitzhaltung einzunehmen, die gewährleistet, daß die Wirbelsäule sich aufrichten kann. Die Bitte, sich einen unsichtbaren Faden am Scheitel ihres Kopfes vorzustellen, hilft, den Kopf in einer angenehmen Position zu halten. Die TeilnehmerInnen werden weiter angeleitet, bei geschlossenen Augen entlang ihrer eigenen Atmung Spannungen im Kopf-Hals-Nacken-Schulter-Bereich zu lösen. Die nun vermittelten Geräusche werden in der nachfolgenden Reflexion von den TeilnehmerInnen so beschrieben:

- Eine Flüssigkeit fließt hell plätschernd in ein Gefäß.
- Erst lautes Abbeißen, dann Kaugeräusche, die schnell in malendes Kauen übergehen.
- Hartes Abbeißen, dann lang andauerndes Kauen eines harten Gegenstandes.
- Knackgeräusche.
- Lautes Schlagen gegen eine Gefäßwand beim Umrühren einer Flüssigkeit.

Weitere bemerkenswerte Äußerungen sind zudem Hinweise auf die Verstärkung der Hör-Wahrnehmung bei geschlossenen Augen. Die teilweise als extrem laut empfundenen Kau-, Schluck- und Rührgeräusche lösen bei einigen TeilnehmerInnen Unbehagen aus, da Erinnerungen an alltägliche Eßsituationen, von eben diesen Geräuschen gestört, wach werden: Das laute Rühren wird z. B. zum 'provozierenden Geklapper'. Die Aussprache zu individuellen Hör-Wahrnehmungen im Alltag mündet in die Erarbeitung der Ausnutzung nahrungsbezogener Geräusche durch die Werbung: Das Füllen eines Bierglases im Vergleich zum Einschenken von Mineralwasser. Die Werbung für knuspriges Gebäck nutzt vielfach Geräusche - Durchbrechen eines Kekses -, um den Appetit auf das Gebäck anzuregen.

Arbeitseinheit zur Inanspruchnahme des Tast- und Riech-Sinnes

Am Morgen des zweiten Veranstaltungstages stehen alle TeilnehmerInnen vor jeweils einem Holzbrett, auf dem Mehl, Salz, Hefe und Wasser zu finden sind. Der Auftrag lautet, daraus einen Teig zu bearbeiten und dabei die Wahrnehmung auf das Tasten mit den Händen zu richten. Das Mehl - ein Berg in der Mitte des Brettes - soll sich also mit Wasser, Salz und Hefe verbinden. Eine Mulde könnte das Wasser halten? Finger drücken das Mehl in der Mitte zurecht, zögernd um sich blickend läßt man Wasser hineinfließen. Die Hefe klebt beim Zerbröseln an den Fingern, das Salz darf die Hefe nicht berühren. Zeige- und Mittelfinger dienen nun auch zum Umrühren des Wassers in der Mulde. Es glitscht, es klebt, wie machen es die anderen? Es muß mehr Mehl zum Brei in die Mitte. Beherzt wird jetzt von außen nach innen gearbeitet, noch klebt festerer Brei an den Händen, doch schnell wird aus allen Zutaten ein geschmeidiger Teig, der sich wunderbar formen läßt. Die Konzentration ist ganz auf den eigenen Teig gerichtet, das weiche, plastische, nicht mehr klebende Gebilde in den Händen. Schließlich werden kleine, runde Teigstücke geformt, dann liebevoll zu einem Kranz zusammengesetzt.

Der Duft frischgebackener Brötchen durchzieht den Raum und begleitet die nachfolgenden kurzen Reflexionen zum Tasten.

Die Wiedergabe der Wahrnehmungen bei der Teigherstellung zeigt ein breites Spektrum:

- Unangenehm das Klebrige und Schmierige.
- Angenehm das Erlebnis, wie sich unterschiedliche Substanzen zu einem homogenen Ganzen zusammenfügen.
- Assoziationen mit Kindheitserlebnissen, mit den Händen Matsch bearbeiten und formen.
- Viel zu selten das Suchen nach Tasterlebnissen mit den Händen im Alltag.
- Oft schon wurde Teig mit den Händen bearbeitet, noch nie sei so bewußt auf das Tasten geachtet worden.

Diese Übung, die den Herstellungsgang des Brötchenteiges zur Sensibilisierung des Tastens mit den Händen nutzte, steht in Verbindung mit weiteren Anleitungen zum Tasten, Riechen und Schmecken.

> "Eine besonders feine und genaue Empfindung ist das Schmecken, welches durch ruheloses Abtasten der festen Gaumenwölbung durch die bewegliche und veränderliche Zunge geschieht. Wenn die Zunge stillsteht und die Atmung durch die Nase aufhört, so entsteht keine Geschmacksempfindung. In immer feinerem Daran-vorbei und Drum-herum enthüllt sich der Gegenstand; offenbart sich der Gegenstand; gewinnt er Erscheinung" (KÜKELHAUS 1954, S. 13).

Nach einer Vorbereitung zur Sammlung und zur Konzentration auf Riechen und Schmecken werden den TeilnehmerInnen verschiedene Früchte, Fruchtstückchen, Gemüse, Kräuter und auch frische Weizenvollkornbrötchen in die Hände gelegt. Mit geschlossenen Augen werden die Produkte tastend, riechend und schmeckend wahrgenommen.

Die Fragen zur Reflexion stellen zunächst die Beschreibung der Wahrnehmungen in den Mittelpunkt, um dann die Verknüpfung zwischen dem Tasten, Riechen und Schmecken von Nahrung und dem alltäglichen Eßverhalten zu suchen.
Einige Äußerungen:

- Welche Überraschung, beim Tasten und Riechen dachte ich, es sei eine Kirsche. Dann beim Zerbeißen war es eine Tomate. Wie eng doch immer wieder Begriff und Wahrnehmung beieinanderliegen.
- Ich habe sehr zielgerichtet getastet und gerochen, um den Begriff festzulegen, um zu wissen, was ich schmecken werde.
- Es roch von außen nach Kuchen, ich wollte es gerne essen, dann beim Auseinanderbrechen der starke Hefegeruch, den ich nicht mochte. Beim Schmecken verstärkte sich dies zu unangenehmem Hefegeschmack.
- Beim Riechen der Brötchen kamen Kindheitserinnerungen. Nach Hause kommen aus der Schule, wie riecht es im Haus? Mag ich das Essen oder nicht?
- Wir haben heute eine große Eßküche, bewußt ohne Entlüftung (Dunstabzugshaube), damit die Essensdüfte im Haus bleiben.

Hubert TELLENBACH (1968, S. 117) sagt: "Indem wir den Duft gewahren, nehmen wir an der Atmosphäre teil." Erinnerungen werden durch Gerüche wieder wach, der Geruch der Schule, des Klassenzimmers, der Duft einer Puppe. Erinnerungen sind an erster Stelle

Atmosphäre (DIENSKE 1984). Mit den Erinnerungen durch Gerüche werden Empfindungen belebt, ein Duft stimmt uns positiv oder negativ, entsprechend den ersten bestimmenden Geruchserlebnissen. Geruchserlebnisse der Kindheit haben oft mit dem Essen und Trinken zu tun. Dies sind Wahrnehmungen, die uns bewußt oder unbewußt im Leben begleiten. Ein Beleben dieser Erinnerungen, die Reflexion der Zusammenhänge zwischen den Eßerlebnissen der Kindheit und späterem Eßverhalten, helfen alltägliche Verhaltensweisen zu verstehen.

Arbeitseinheit: Sinnesarbeit und Eßverhalten

An den ersten beiden Tagen im Arbeitskreis bildeten die Sensibilisierung und Entfaltung der Sinne mit dem Ziel einer Aktivierung der Sinnesfähigkeit die Mitte.

In der nun folgenden abschließenden Arbeitseinheit wollen wir den Versuch machen, die Erfahrungs- und Erkenntnisprozesse zur sinnlichen Wahrnehmung mit dem individuellen Eßalltag zusammenzuführen.

Die TeilnehmerInnen haben während der Werktagung Eßprotokolle geführt. Im Mittelpunkt der Eßprotokolle steht neben den Fragen:

- Wann habe ich gegessen?
- Was habe ich gegessen?
- Wo habe ich gegessen?
- Warum habe ich gegessen?

vor allem die Frage:

- Wie habe ich gegessen?

> "Im 'Alltag' unserer Sinnesleistungen bedienen wir uns der Leistungsmöglichkeiten unserer Sinnesorgane, ohne uns über ihre je spezifische Sinngestalt im klaren zu sein" (LIPPITZ und PLAUM 1981, S. 43).

In der einleitenden und hinführenden Sequenz wird deshalb eine Zurückführung, Vergegenwärtigung und Anknüpfung an den 'Eßalltag' und die vorangegangenen Tage im Arbeitskreis in Form einer 'gelenkten Erinnerung' angeboten.

Diese 'gelenkte Erinnerung' ist auch als ein kurzer Einstieg gedacht, um den TeilnehmerInnen ein pädagogisches Medium für die biographische Reflexion - z. B. des Eßalltags - vorzustellen.

Der Einstimmung und Hinführung auf die 'gelenkte Erinnerung' wird eine kurze Phase der Entspannung und Sammlung vorangestellt, wie sie auch in den vorangegangenen Arbeitseinheiten angeleitet wurde. Es folgt die Rückbesinnung auf die gemeinsamen Seminartage und das jeweilige 'Zuhause' des Eßalltags. Hier ist zunächst die Situation des Frühstücks an diesem Morgen anzuschauen und der jeweilige 'Gebrauch' der Sinne zu vergegenwärtigen. Die TeilnehmerInnen werden gebeten, sich die Atmosphäre beim Essen, Ruhe und Muße oder Hektik und Gleichzeitigkeit mehrerer Handlungen in Erinnerung zu rufen. Die Anleitung führt nun zum vorherigen Abend. Das *Wie*, das *Wo*, das *Mit-Wem* des Essens, Erinnerungen daran werden geweckt, Innenbilder belebt und betrachtet. Gefühlen, Stimmungen und der Atmosphäre wird nachgespürt.

Es folgt die Auswertung der Eßprotokolle in Gruppen zu vier Personen. Die 'Sinnesarbeit', das Besinnen auf und Einüben in die Sinnesaktivität sowie eine Differenzierung und Nuancierung der Wahrnehmung, auch vor dem Hintergrund der Infragestellung und der (selbst)kritischen Betrachtung des Alltags, stehen hier im Vordergrund. Die TeilnehmerInnen greifen typische Situationen aus ihrem Eßalltag heraus und stellen diese zunächst in der Kleingruppe, später vor der gesamten Gruppe dar. Die Formen der Darstellungen sind freigestellt. Die TeilnehmerInnen können sich z.B. der Sprache, des Bildes und der pantomimischen Darstellung bedienen.

Dargestellt werden Alltagssituationen, Frühstücks- und Mittagsmahlzeiten in der jeweiligen eigenen Situation von Arbeitsplatz, häuslicher Umgebung, Schule etc. Als gewähltes 'pädagogisches Medium' steht die Pantomime im Vordergrund.

Die Aussprache nach den Darstellungen der Gruppen setzt folgende Akzente:

- Die Aufforderung, ein Eßprotokoll zu führen, hat bei mir dazu geführt, bewußt wahrzunehmen, was bei mir abläuft, wenn ich esse. Dafür habe ich mir noch nie die Zeit genommen.
- Wir haben in unserer Gruppe zusammengetragen, welche Situationen typisch für uns sind, und es stellte sich heraus, daß die Frühstückssituationen im Mittelpunkt stehen. Es wurde uns dabei klar, was auseinanderklafft zwischen dem, was wir schon wissen und dem, was wir eigentlich tun wollen. Der Wunsch nach Ruhe beim

Essen und Besinnung auf das Essen, der immer wieder am Alltag scheitert.

- Mir fällt auf, daß immer wieder das Thema Ruhe/Hektik beim Essen auftaucht. 'Ich will mehr Ruhe haben', das schwebt wie ein hehres Ziel über allem: alle wollen es, keiner schafft es. Ruhe ist für mich eher eine Situation, in der ich mich ruhig und gut fühle. Das kann auch heißen, ich habe nur 10 Minuten Zeit zum Essen, ich fühle mich wohl, dann esse ich eben, was zu diesen 10 Minuten paßt. Ich will wahrnehmen, was ist! Wenn ich traurig bin, vielleicht brauche ich dann eher etwas Weiches zum Essen usw.
- Um meine Sinne beim Essen tatsächlich beieinander zu haben, müßte ich möglicherweise alleine essen, um mich ganz auf mein Essen zu konzentrieren. Oder aber ich müßte in der Gemeinschaft schweigend essen. So will ich aber gar nicht essen, denn das Gemeinschaftserlebnis 'Essen' ist mir wichtig, die Gespräche über das Essen, aber auch über andere Themen. Beim Alleinsein vorgestern abend zu Hause - ich habe bewußt keine Zeitung gelesen, keine Musik gehört - habe ich mich nicht wohlgefühlt, es hat mir nicht geschmeckt.
- Das Essen und Trinken mit allen Sinnen bewußt wahrnehmen, ist doch nicht das einzige Ziel. Ich beziehe auch die soziale Komponente mit ein, die Umgebung. Ich denke nicht nur an mein Essen, und andere Menschen sind zweitrangig. Ich will im Zusammenleben mit anderen essen und genießen.
- Ich denke, daß wir Essen oft nur noch als 'Ware' von zweifelhaftem Wert betrachten. Würdigung des Essens, auch durch einen schönen Rahmen, ist mir sehr wichtig. Ich versuche das im Alltag so oft wie möglich.

Die Bewußtheit, zu der schon die Eßprotokolle weniger Tage geführt hat, zeigt den TeilnehmernInnen deutlich, daß Wissen, Wollen und Handeln - gerade für das Ernähren - am Eßalltag zu messen sind. Die alltäglichen Lebensbedingungen bestimmen durch lebenslang angeeignete Gewohnheiten, Bequemlichkeiten, Zeit- und Personenkonstellation, situativ bedingte Vorlieben und Abneigungen das *WIE* des jeweils individuellen Eßverhaltens. Das Eßverhalten gehört zu den stabilsten Verhaltensweisen des Menschen. Veränderungen sind langwierige Prozesse, die über das Aneignen und Verstehen der individuellen Lebensgeschichte führen und Bezüge zum aktuellen Eßalltag des betroffenen Menschen herstellen.

Das Ende der gemeinsamen Arbeit im Arbeitskreis I 'Ernährungsästhetik und Eßverhalten' bildet schließlich die Frage: "Was nehme ich von der Werktagung für mich persönlich, für meinen beruflichen Alltag mit?"

Äußerungen einiger TeilnehmerInnen:

- Der letzte Tag im Arbeitskreis war für mich der interessanteste. Meine alltäglichen Eßprobleme mit anderen zu teilen, zu wissen, andere haben auch Schwierigkeiten, macht mir Mut, nicht aufzugeben. Vielleicht will ich zuviel auf einmal? Vielleicht kann ich kleinere Schritte tun?
- Ich habe eine größere Bewußtheit im Umgang mit Nahrung erlebt. Hier war Nahrung keine 'Massenware'.
- Für mich war es völlig neu, sinnliche Wahrnehmung, Ernährung und Eßverhalten zusammenzubringen. Bisher wurden für mich die Sinne vor allem durch schönes Aussehen angesprochen. Absolut neu das weitere Verständnis. Durch das Wahrnehmen mit allen Sinnen habe ich eine Aufwertung von Essen erlebt.
- Ich bin verunsichert. Im Alltag Schule habe ich Ernährung bisher nur über den kognitiven Zugang erlebt. Zu keiner Zeit hat eine Reflexion dieser Art - wie während der Werktagung - stattgefunden.
- Ich bin hierher gekommen, um theoretisch und praktisch mehr zu erfahren über die Herstellung eines gesunden Schulfrühstücks. Ich habe einen anderen Sinn des Essens und Schulfrühstücks erfahren. Wie ich das, was ich aus dem Arbeitskreis und den Referaten mitnehme, auf die Schule übertrage, diese Frage stellt sich mir im Augenblick nicht. Ich sehe jedoch das Bild des Gärtners, das Rudolf zur Lippe gebraucht hat: Der Gärtner kann die Pflanze nicht zum Wachsen zwingen, er kann nur dafür sorgen, daß sie einen fruchtbaren Boden hat. Auf Lehrer übertragen meinte er, wenn wir den Schülern mit beiden Händen etwas darbieten können, können wir sie nicht zwingen, daraus zu nehmen. In diesem Sinne sind meine Hände jetzt gefüllter als vor der Werktagung.

Auszug aus dem Brief einer Teilnehmerin, ihrer Stellungnahme zur Werktagung:

"Da Kinder ihre natürliche Sensibilität der Sinne noch nicht in dem Maße verloren haben wie wir Erwachsenen, werde ich in meinem Unterricht versuchen, diese Sensibilität zu stärken. Durch langsames Hinführen möchte ich mit Schülern ähnliche Übungen durchführen, wie ich sie während der Werktagung kennengelernt habe."

Zum Schluß

Während der Tage der praktischen Arbeit zur ästhetischen Sensibilisierung sind wir erste Schritte auf den Wegen zur Sinnenentfaltung gegangen. Da gab es schöne und schlechte Gerüche, Anblicke, Geräusche, Gefühle, Geschmacksrichtungen oder Bewegungen. Wenn auch hin und wieder einzelne Sinne durch gezielte Übungen gestärkt werden konnten, so geschah dies immer in ihrer Verflechtung mit zusammenhängenden sinnvollen Wahrnehmungen und Ausdrücken und nicht durch ihre Isolation (BECK und WELLERSHOFF 1989). Es war allen Sinnen rund um das Ernähren Atmosphäre, Raum und Zeit gegeben, Zwischen-Räume waren mit Reflexionen, Stille und Wirkungen gefüllt.

Literatur:

Beck, J. und Wellersdorff, H.: SinnesWandel - Die Sinne und die Dinge im Unterricht. Kronberg/Ts. 1989.

Berendt, J.E.: Das dritte Ohr. Reinbek 1990.

Dienske, J.: Atmosphäre und Stimmung als Qualitäten der Lebenswelt. In: Danner, H. und W. Chippitz: Beschreiben, Verstehen, Handeln. G. Röttger 1984.

Kükelhaus, H.: Dennoch heute. Heidenheim 1954.

Lippitz, W. und Plaum, J.: Tasten - Gestalten - Genießen. Kronberg/Ts. 1981.

Tellenbach, H.: Geschmack und Atmosphäre. Salzburg 1968.

Werner Lauff

3. Gegessen wird mit den Sinnen - ernährt wird mit dem Verstand

Der Mensch ist nicht nur, *was* er ißt, vielmehr könnte man meinen, er ist auch, *wie* er ißt.[1] Das Essen ist ein sinnliches Geschehen zwischen Ekel und Lust. Kaum ein anderer menschlicher Vorgang - sieht man einmal von der Liebe zwischen den Geschlechtern ab - ist so von sinnlicher Zustimmung und Ablehnung abhängig wie das Essen. Geruchs- und Geschmackssinn sind dabei die dem Essen unmittelbar zugewandten Sinne. Geruchs- und Geschmackssinn sind die Prüforgane der Speisen. Naturwissenschaftlich wie philosophisch gehören Geruch und Geschmack allerdings zu den am wenigsten zugänglichen Sinnen. In seiner Schrift 'Anthropologie der Sinne' schreibt PLESSNER[2]: "Für den Erlebenden ist die Welt in den Sinnen gegeben, als Farbenwelt im Auge, als Tonwelt im Ohr, als Tastwelt an der Oberfläche seines Leibes." Die Sinnlichkeit der Geruchs- und Geschmackswelten bleibt hier unerwähnt und damit unerschlossen. Die Bildung der Sinne, die mit dem Essen zu tun haben, tut deshalb in unserer Kultur besonders not.

Unsere natürliche Geruchswelt wird immer kleiner, unsere künstliche immer größer. Viele Gerüche beseitigen wir aus unserer Umgebung und an unserem Körper. Das 'Ich kann Dich nicht riechen!' hat in unserer Gesellschaft kein Betätigungsfeld mehr. Statt Personen riecht man nur noch Drogerie. Schon der Säugling wird vielfach seiner Mutter entrissen, bevor er sie riechend überhaupt kennengelernt haben kann. 'Über Geschmack läßt sich streiten' soll ja wohl soviel bedeuten wie: 'Über Geschmack läßt sich nicht streiten'. Denn der Geschmack ist der individuellste aller Sinne. Geschmäcke, die dem einen Ekel auslösen, steigern den andern zu starken Lustgefühlen. Der Geschmack ist wohl der am wenigsten objektivierbare Sinn, weshalb er in der Wissenschaft auch nur eine geringe, in der Kunstbetrachtung aber eine so hohe Bedeutung gewonnen hat.

In dem physiologischen Vorgang des Essens spielen unter natürlichen Voraussetzungen Geruch und Geschmack allerdings die zentrale Rolle, nicht das Auge und das Ohr. Diese wirken nur begleitend, wie wir noch sehen werden. Was wir uns einverleiben, also beim Essen materiell aus der Außenwelt in unsere Innenwelt bewegen, muß letztlich die Vorprüfung durch unseren Geruch und unseren Geschmack durchlaufen. Dieser sinnlichen Verfeinerung muß deshalb die eigentliche Aufmerksamkeit sinnlicher Bildung in Zusammenhang mit dem Essen gelten. In seinem 'Emile' schreibt ROUSSEAU[3]: "Das Geriech ist für den Geschmack dasselbe wie das Geseh für das Getast." Die Nase wirkt demnach als Vorwarnstelle für die Zunge, ähnlich wie das Auge die verletzliche Haut vor schädlichen Erscheinungen in der Welt vorwarnt.

Im Zuge seiner phylogenetischen Entwicklung hat die Nase des Menschen in ihrer Riechkraft stark abgenommen. "Das Wahrnehmungsvermögen des Menschen für Geruchsreize ist z.B. ca. 1000 mal geringer als das eines Schäferhundes."[4] Der Mensch ist von der olfaktorischen Orientierung zunehmend auf die visuelle übergegangen. Aus dem Nasentier ist ein Augentier geworden. Hinzu kommt die menschliche Ernährungsumstellung vom Rohen zum Gekochten. Die dampfende Kartoffel läßt sich nicht riechen, der Mensch muß sie dampfen sehen, um assoziativ denkend sein Urteil treffen zu können: noch zu heiß. Wo kein Dampf sichtbar ist, wird die Haut als Prüfsinn hinzugenommen. Vor der Zunge prüft die Hand oder die Wange, ob die Nahrung in der Babyflasche wohltemperiert ist.

Mit Ausnahme des Ohres - auf dessen Spezialität gehen wir noch ein - wirken beim menschlichen Mahl alle Sinne prüfend und warnend, vorbereitend und einstimmend mit. Allerdings haben die Erfindung der Eßwerkzeuge (Gabel, Löffel) wie insbesondere das ausgeklügelte System der Hygienevorschriften (vor und nach dem Essen Händewaschen nicht vergessen) heute die Beteiligung des Tastsinns am Essen des zivilisierten Menschen weitgehend völlig ausgeschlossen und damit den Menschen weiter von einem unmittelbaren sinnlichen Kontakt zum Nahrungsmittel entfernt. Sinnlichkeit und Essen sind vielfältig und archaisch miteinander verknüpft. Wie sollte man die abgestumpften Sinne nicht ausgiebig üben wollen?

Nun ißt der Mensch nicht mehr nur Natur, sondern er genießt das Essen insbesondere auch als Kultur. Menschliches Essen ist sinnlich nicht mehr bloß ausgerichtet auf die Prüfung der Speisen und das Sattwerden des Magens, sondern vornehmlich auch auf den leckeren Genuß der Speisen, auf die fröhliche Gemeinschaft bei den Mahlzeiten und auf die schöne Atmosphäre beim Essen. Zum sinnlichen Verzehr der Nahrungsmittel kommt der sinnliche Genuß der Verzehrszeremonie. Zwar "kommt erst das Fressen und dann die Moral" (BRECHT), doch wer satt ist, sucht das Essen vermehrt als sinnliche verfeinerte Festlichkeit. Das Essen wird Mittel zum Zweck des schönen Genusses. Das nennt man Essenskultur.

Neben Geruch und Geschmack gewinnen hierbei Auge und Ohr als beteiligte Sinne vorrangige Bedeutung. Die kräftigen Farbtöne der reifen Früchte, Gemüse und Blumen auf dem herbstlichen Markt in der Sonne werden möglicherweise wichtiger als der Geruch und der Geschmack der Speisen selbst. Die Begleiterscheinungen der schönen Farbwelt und des schönen Klangs stimulieren die Vorstellungswelt der guten Ernährung im Kopf. Nicht Hunger und Geschmack lenken das schöne Gefühl des Essens, sondern Schönheitsgefühle lenken umgekehrt Hunger und Geschmack. Nicht der Geruch des Fleisches wird gerochen, sondern die Idee des Verwesungsgeruchs läßt den Vegetarier das Fleisch riechen. So gesehen kann Bildung der Schönheitssinne Umbildung der Essenssinne bewirken. Man ißt nicht mehr mit der Zunge, sondern mit erzeugten Vorstellungen.

Geruch- und geschmacklos vermögen die Werbemanager den Menschen mit schönen Bildern die Speisen in den Kopf zu hieven, die andere verkaufen wollen. Für eine 'gesunde' Ernährungsaufklärung suchen Werbeagenturen mit Schreckensbildern von Krankheit und Tod den Menschen jene Speisen von Mund und Nase fernzureden, die diese im Sinne der Volksgesundheit nicht essen sollen. In solchen Fällen wird nicht selbständige Essenssinnlichkeit entfaltet, sondern entfaltete Sinnlichkeit - auch entfremdete - wird nur funktional zur Essensbeeinflussung benutzt. Nicht der Ernährungsgehalt des Knabbergebäcks wird sinnlich prüfbar gemacht, sondern die Lust am Knackigen zwischen den Zähnen wird verkaufsstrategisch ausgeschlachtet. Nicht der Ernährungswert des Fleisches wird den Sinnen erschlossen, vielmehr wird die vegetarische Ernährungsideologie kognitiv verankert.

Sinnlichkeitsübungen müssen deshalb immer auch ideologiekritische Übungen sein. Überdies wirken die ideologisch induzierten Sinnlichkeitsvorstellungen nur solange wirklich einflußhemmend, wie sie der körperlichen Sinnlichkeit nicht entgegenstehen. Die Schokolade läßt der Wille nur dann im Schrank, wenn der Körper keinen Heißhunger auf sie anmeldet. Gegen den hungernden Körper kommt der ideologisierte Geist auf Dauer nicht an. Das sieht man an der Erfolglosigkeit der gängigen Ernährungsaufklärung, die zu keiner Zeit größere Ausmaße angenommen hat als heute. Sinnlichkeitsübungen, sollen sie zur Selbständigkeit führen, müssen mit den Sinnen, nicht mit Ideologien beginnen.

Bevor wir den Menschen - und insbesondere die Kinder - wegen ihrer Zähne vom schädlichen Zuckerkonsum erfolgreich entwöhnen wollen, müssen wir zunächst ihre Ernährungssinnlichkeit so entfalten, daß sie ihren Körper in einen ernährungsphysiologischen Zustand versetzen können, in dem suchtartiges Verlangen nach Zucker erst gar nicht mehr entsteht. Dann erst vermag der gebildete Sinn des Geistes über das sinnlich ungebildete Verlangen des Körpers zu obsiegen.

Gemessen an den anthropologischen Ernährungsvoraussetzungen des Menschen und seiner Vorfahren in bezug auf Geschmackssinn, Kau- und Verdauungsausstattung ist dabei davon auszugehen, daß der Mensch weder nur als herbivor (Pflanzen) noch nur als carnivor (Fleisch), sondern als omnivor, also als Allesfresser anzusehen ist. Gerade diese Ernährungsdisposition ermöglichte den Menschen seine vielfältige Anpassung "an eine größere Breite von Umwelten"[5]. Diese mögliche Ernährungsbreite und -offenheit versetzt den Menschen aber zugleich immer auch wieder in die Gefahr der Fehlernährung. Dies ist der eigentliche Tribut einer Freiheit aller Möglichkeiten. Dazu meinten bereits die Pythagoreer[6]:

> "Überhaupt zeigt das Menschengeschlecht in seinen Begierden eine außerordentliche Vielfalt. Ein klares Anzeichen ist die Vielzahl der Nahrungsmittel: geradezu unerschöpflich ist ja die Fülle von Früchten und Wurzeln, die das Menschengeschlecht genießt; dazu kommen noch mancherlei Fleischgerichte, und es ist schwer auszumachen, welches Tier auf der Erde, in der Luft oder im Wasser dem Menschen nicht als Nahrung dient. Ja auch mannigfache Arten der Zubereitung und Mischungen von Saucen hat man erdacht. Daher ist es kein Wunder, daß das Menschengeschlecht in seinen Seelenregungen zur Raserei in den verschiedensten Formen neigt."

Der Genuß des aesthetisch und geistig Schönen beim Essen ist in seiner Vielfalt nicht bedingungslos zu haben. Vor allem Schönen hat die Sinnlichkeit des Essens zuerst der wahren und guten, und damit der gesunden Ernährung zu dienen. Andernfalls entartet Essenssinnlichkeit zu harmonisierter Sinnlichkeitsidylle oder zu einer bloßen ideologisch beliebig einsetzbaren Kopfgeburt. Nicht der schöne, sondern der wahre und gute Geschmack will beim Essen primär entfaltet werden. Diese wahre und gute Orientierung erfährt der Mensch beim Essen nicht von Auge und Ohr, sondern vielmehr von Nase und Zunge sowie von dem sensibilisierten Tastvermögen der inneren Organe. Der rote, blanke Apfel war in Schneewittchens Augen schön, in ihrem Magen aber schlecht. Das sinnlich Schöne in Auge und Ohr vermag das Essen als Kau- und Verdauungsvorgang (beides kaum Erscheinungen des Schönen) also lediglich zu begleiten. Die sinnliche Vorprüfung der Nahrungsauswahl und die sinnliche Nachprüfung der Nahrungsbekömmlichkeit ist letztlich die Aufgabe der eigentlichen Essenssinne. Dabei bleiben die sinnlichen Prüforgane in Mund und Magen allerdings keinesfalls vom Eindruck des Schönen unbeeinflußt.

Im zwanzigsten Brief seiner Schrift 'Über die aesthetische Erziehung' bezeichnet SCHILLER den Sinn für das Schöne als mittleren Zustand zwischen der Macht der physischen Natur und der moralischen Kultur: "Diese mittlere Stimmung, in welcher das Gemüt weder physisch noch moralisch genötigt und doch auf beide Art tätig ist, verdient vorzugsweise eine freie Stimmung zu heißen". Die sinnlich schöne Essenskultur schafft also vornehmlich die freie und mußevolle Entspannung beim Essen, die alles determinierte Organische wie moralisch Zwanghafte fernhält und damit auch die Verdauung günstig beeinflußt. Die sinnliche Wahrnehmung dieses wohligen Einflusses auf das Essen ist der eigentliche Zweck der Entfaltung einer aesthetisch schönen Essenskultur, von der viele literarische Zeugnisse berichten.

So schrieb beispielsweise der Wiener Arzt DOPFER[7] zu Beginn des 19. Jahrhunderts: "Die Stunde des Essens muß für jeden Menschen eine wahre Feyerstunde seyn. Alle Sorge, jede Unannehmlichkeit muß von ihr entfernt werden. Eine Mahlzeit in einer frohen heiteren Gesellschaft bekommt doppelt so wohl. Das Lachen ist ein gutes Verdauungsmittel, und Freude und Schmerz ziehen aus jeder Nahrung gute Säfte und geben ein leichtes Blut".

Essenssinnlichkeit ist oft nicht mehr und nicht weniger als Stimmungssinnlichkeit. Obwohl die letztere nicht das ganze des ersteren ausmacht, ist sie ein wichtiger Teil des Ganzen. Gerade im Zeitalter der fast-food-Angebote ist darauf besonderes Augenmerk zu richten. In wievielen Familien wird heute nicht mehr gemeinschaftlich und unter ständiger Mißachtung der Stimmungen gegessen. In seinem Buch 'Die pädagogische Atmosphäre' bezeichnet BOLLNOW[8] die unbeschwerte fröhliche Stimmung als erste Grundvoraussetzung dafür, daß sich ein Kind "selber frei entfalten und in die Welt hineinöffnen" kann. Kummer hingegen halte "alle Kräfte des Wachstums nieder". Hastiges Essen und schlechte Essensstimmung können in einem solchen Sinne kontrafaktisch auf die Verdauung im allgemeinen und auf das Wachstum der Kinder im besonderen wirken.

Es zeigt sich, wie lohnenswert es also sein muß, die aesthetisch schöne Essenssinnlichkeit von den Alten wieder zurückzugewinnen, sei es am Tisch der Bauern, sei es am Tisch der Arbeiterfamilien. Im Sinne der guten Ernährung muß das Essen wieder mehr die Qualität eines grundlegenden Selbstzwecks erhalten und nicht nur mehr lästige Begleiterscheinung des Fernsehens oder der Tagesplanung einer Familie bzw. der Schulorganisation sein. Gerade hier gewinnt das am Essen direkt so wenig beteiligte Sinnesorgan des Ohrs seine besondere Bedeutung.

In seinem Aufsatz 'Tafelmusik aus medizin- und musikhistorischer Sicht' zitiert W.F. KÜMMEL[9] zahlreiche Autoren, die der Wirkung der Musik auf die Verdauungsvorgänge eine besondere Rolle zuschreiben. Der berühmte Arzt der Goethezeit, Christoph W. HUFELAND[10], meinte in seinem Buch 'Die Kunst das menschliche Leben zu verlängern', daß unter allen Künsten der Musik zur Verfeinerung unserer Sinnlichkeit beim Essen der Vorzug zu geben sei, "denn durch keinen Sinneseindruck kann so schnell und unmittelbar auf Stimmung, Ermunterung und Regulierung der Lebensoperationen gewirkt werden."

In der Mitte des 17. Jahrhunderts widmete John MILTON[11] in seinen Gedanken über eine Erziehungsreform einen ganzen Abschnitt zur Bedeutung der Musik für die Verfeinerung des Gemüts und für die Überwindung der "bäuerlichen Rauheit und schlechter Leidenschaften" beim Essen. Die Musik vor und nach dem Essen könnte dazu beitragen, "der Natur bei der ersten Verdauung zu helfen und sie zu pflegen, und ... die Gemüter in guter Stimmung und Zufriedenheit zum Studieren zurückzulenken". Der Leipziger Medizinprofessor FRANZ[12] meinte 1770 in seiner 'Abhandlung von dem Einflusse der

Musik in die Gesundheit des Menschen': "Das ganze Nervensystem wird auf eine angenehme Art gereizet."

Daβ das schöne Erlebnis die Organfunktion der Verdauung nicht unbeeinfluβt läβt, bestätigt auch die moderne physiologische Forschung. Über das Erleben des Schönen könne der gesamte Säugetierorganismus - im Gegensatz zum einzelligen Lebewesen - in bezug auf seine "vielen spezialisierten Zellgruppen bzw. Organe sinnvoll integriert und koordiniert werden"[13]. Dazu wirken 'Nervensystem und das endokrine System' im Menschen harmonisch zusammen. In der Gehirnregion des Hypothalamus könnten nämlich elektrisch-nervale Impulse in humoral-hormonale Reize umgesetzt werden. Das heiβt, daβ die sinnlich schöne Erregung der Nerven die Hormondisposition zur guten Verstoffwechslung der Nahrung Hilfsdienste zu leisten vermag. Graphisch stellen SILBERNAGEL und DESPOPOULOS[14] diese Zusammenhänge wie folgt dar:

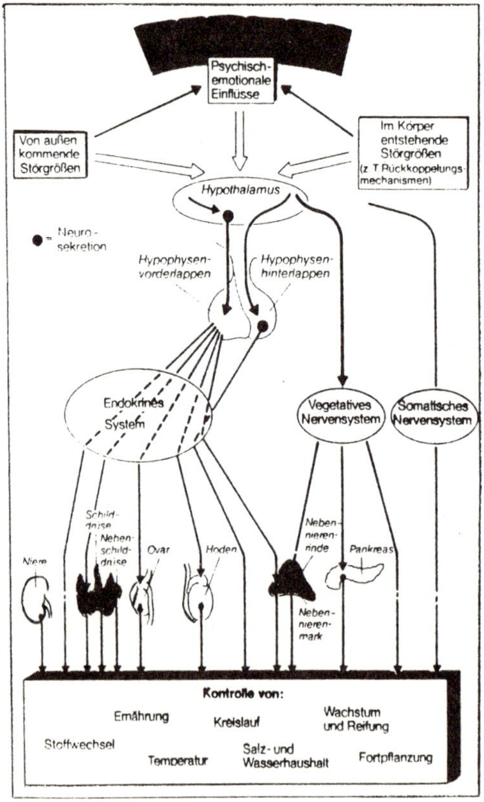

Vor einem solchen Erkenntnishintergrund mag nun deutlich werden, daß die Ernährung des Menschen ein umfassendes synästhetisch beeinflußbares Geschehen ist. Dabei erfährt die Sinnlichkeit des schönen Essens ihre Beschränkung aber in der Notwendigkeit einer erfolgreichen Sicherung der Organfunktionen durch Ernährung. Die Komplexität des Geschehens mag darüber hinaus auch daran zu erkennen sein, daß nicht nur die Sinne mit der Ernährung, sondern auch umgekehrt die Ernährung wiederum mit den Sinnen in einem permanenten Wechselverhältnis stehen dürften. Wo also anfangen?

Wenn René SPITZ[15] in seiner Hospitalismusstudie beispielsweise zeigt, daß die Säuglinge trotz ausreichendem Essensangebot an Unterernährung starben, so mag hiermit ein radikaler und schrecklicher Beleg dafür vorgelegt worden sein, daß man rein sinnlich essen kann, ohne ausreichend sinnlich ernährt zu werden. Die bloße Übung der Essenssinne ist also nur die leichtere Aufgabe. Die Übung der Ernährungssinnlichkeit kommt ohne Erkenntnis nicht aus. Zu dieser Erkenntnis gehört zentral diejenige von MARX[16], die besagt, daß nämlich die Bildung der fünf Sinne nicht nur "eine Arbeit der ganzen bisherigen Weltgeschichte" war, sondern daß "die Menschlichkeit der Sinne" auch erst durch die vermenschlichte Natur des Menschen zu erreichen sein wird. Das schöne Mahl ist deshalb nicht einmal die Hälfte der guten Ernährung.

Obwohl also viele Menschen die Sinnlichkeit des Essens für das Wichtigste im Leben überhaupt halten, ist Essen nur eine Bedingung der Ernährung. Theoretisch wie praktisch wird die Sinnlichkeit des Essens gerade dort groß geschrieben, wo die Ernährungskenntnisse klein sind. Fresser werden demnach nicht geboren, sondern gemacht.[17] Die Sinnlichkeit des Essens kann geradezu ein Feind der Sinnlichkeit der Ernährung sein. Diese Feindschaft ist in unüberlegten Essensgewohnheiten verwurzelt. Fressen und Saufen - so heißt es im Volksmund - macht die Ärzte reich. Nicht ein guter Esser, sondern ein guter Koch wird deshalb mit einem guten Arzt gleichgesetzt. Deutlicher als bisher üblich muß zwischen den Tätigkeiten des Essens bzw. des Nährens unterschieden werden. In dieser begrifflichen Vermischung liegt viel praktisches Übel.

Das Wort essen ist nämlich der Name für eine ganz andere Tätigkeit als das Wort nähren. In vielen Fällen lassen sich in etymologischen Wörterbüchern jene Bewegungsfiguren ausfindig machen, die

Tätigkeitswörtern als Urbedeutung zugrundeliegen. Danach stammt das Wort essen aus der idg. Stammwurzel ed, die die Bewegungen des Kauens bezeichnet. So geht auch über verschiedene Lautveränderungen das Wort Zahn auf diese Wurzel zurück. Essen meint demnach die zerkleinernde Bewegung der Speisen und ihre Verdauungsvorbereitung im Mund.

Die Urbedeutung des Wortes nähren ist in seiner sinnlichen Bewegung weniger klar zu ermitteln. Das Wort hat seinen Ursprung in der idg. Wurzel nes. Ihre Bedeutung war zunächst die Bewegung des liebevollen Herangehens an einen Mitmenschen. Im heutigen Wort genesen = gesundwerden ist diese Urbedeutung noch deutlich enthalten. Im got. nasjan, engl. nerian und ahd. neren gewann die Bewegung des liebevollen Herangehens dann die kausative Bedeutung des Errettens, des Genesen- bzw. Gesundmachens, des am Leben Erhaltens und damit des Heil-, Ganz- und Glückseligmachens.

Nähren bezeichnet heute also ein duratives und faktitives Tun der Gesunderhaltung des gesamten Körpers mit dem Mittel einverleibter Speisen. Meint essen - abgesehen von seiner genüßlichen Überhöhung - mehr einen äußerlichen Bewegungsvorgang im Mund des Menschen, so bezeichnet Nähren demgegenüber einen von außen initiierten, aber innerlich wirksamen Bewegungsablauf mit medizinischen Wirkungen im ganzen menschlichen Körper. Essen ist damit eine rein sinnlich gesteuerte Tätigkeit der Selbsterhaltung - wie sie unter der Bezeichnung fressen auch das Tier ausführt -, Nähren hingegen kennzeichnet als Tätigkeit die wohldurchdachten Bewegungen (mit-)menschlicher Essensversorgung.

Eine solche Versorgung ist weder allein sinnlich zu bewältigen noch nur sinnlich zu genießen. Nähren ist das bewußte Essenmachen mit der Sorge für eine gesundende Wirkung des Essenden. Vollzieht sich jedes Essen also momenthaft und situativ, so erfüllt sich das Nähren als Bestandteil bewußt planender und beobachtender Lebensführung. Was bei den Tieren instinktiv abläuft, bedarf beim kultivierten Menschen nicht nur sinnlicher, sondern auch kultureller Erfahrung. Schon bei den Griechen nahm das Nähren als Bestandteil der sechs "res non naturales"[18] eine zentrale Stellung in der philosophischen Lebensordnungslehre der Diaita ein. Ernährung war in der griechischen Diätetik ein zentrales Mittel zur permanenten Erhaltung und Wiederherstellung der Harmonie aller Lebenskräfte.

Mag zum Essen also die sinnliche Lust zur Befriedigung des Hungers gehören, die Ernährung ist nicht denkbar ohne das Moment existentieller Sorge um die Entfaltung eines sinnvollen Lebens, und zwar bei sich selbst wie beim Mitmenschen. Ernährung vollendet sich deshalb nicht im Sinnesmoment, sondern immer erst in der Erschließung des vorausgegangenen Lebens und im Entwurf des kommenden Lebens des bzw. der zu ernährenden Menschen. "Die ursprüngliche Einheit der Sorgestruktur liegt in der Zeitlichkeit", meinte HEIDEGGER.[19]

Im Gegensatz zur Essensversorgung schließt die Ernährungsversorgung die Sorge um den Sinn des menschlichen Lebens also mit ein. Ernährung offenbart sich so nicht nur als sinnliche, sondern vorwiegend eben als geistige Aufgabe. "Den Sinn der Sorge herausstellen, heißt dann: den der ursprünglichen existentialen Interpretation des Daseins zugrundeliegenden und sie leitenden Entwurf zu verfolgen, daß in seinem Entworfenen dessen Woraufhin sichtbar wird".[20]

Soll also Ernähren mehr sein als eine zufällige lustvolle Einverleibung der Speisen, soll Ernähren Genesenmachen des immer wieder aus seinem Gleichgewicht geratenden Menschen mit Hilfe der Lebensmittel bedeuten, so läßt es sich nicht ohne ein Verstehen vorausgegangener Ernährungszustände und nicht ohne einen vorausgreifenden Sinnentwurf nachkommender Lebensverfassungen verwirklichen. Die Ernährung eines hyperaktiven Kindes oder eines kreislaufschwachen Alten kann unter dem Aspekt der Sorge für die Wiederherstellung der ganzen Lebenskraft nicht erfolgen ohne Verständnis der Genese der Beeinträchtigungen und nicht ohne ein Bild einer wünschenswerten künftigen Befindlichkeit.

Liegt also im Lichtkegel des Essens primär mehr das wohlschmekkende und sattmachende Nahrungsmittel, so ist der Blickwinkel der Ernährung primär der ins Ungleichgewicht geratene und wieder in Gleichgewichtszustände zu bringende Mensch. Ist beim Essen also das verfügbare Lebensmittelangebot der primäre Ausgangspunkt des Vorgangs, so bei der Ernährung der stets neue Lebensmittelbedarf des zu ernährenden Menschen. Diese Unterscheidung mag sinnlich gesehen als gering erscheinen, erweist sich geistig aber als etwas diametral anderes. In beiden Fällen wird sinnlich gegessen, geistig aber ganz anders gedacht. Dabei ist das Ernährungsdenken viel schwieriger und komplexer als ein meistens durch die Sinne überdecktes Essensdenken, weshalb die meisten Menschen sich dann lieber auch gleich auf die Essenslust beschränken, als sich auf die Ernährungssorge überhaupt erst einzulassen.

Was eine solche Ernährungssorge erziehungspraktisch bedeutet, möchte ich im folgenden nun anhand zweier Beobachtungsbeispiele und ihrer ernährerischen Interpretation anschaulich machen. Die Beobachtungen und Messungen haben wir in unseren umfangreichen Untersuchungen zum Zusammenhang von 'Ernährung und Erziehung' 1988 in zwei Sommerfreizeiten des Jugenderholungswerks Hamburg erhoben.[21] In der einen Freizeit (B) bekamen die Kinder ein in solchen Ferienheimen übliches Essen angeboten. Bestimmend für ein solches Essensangebot sind weniger die Ernährungsnotwendigkeiten bei den Kindern - dazu ist das Küchengeschehen den Kindern auch viel zu fern[22] - als vielmehr küchenorganisatorische und -ökonomische Vorgaben. In dem anderen Heim (M) ließ sich die Ernährungsversorgung der Kinder, soweit es die Möglichkeiten der Küche, des Nahrungsmittelangebots und des Personals zuließen, primär von den jeweiligen Ernährungsbedürfnissen der Kinder leiten. Hier war Heinrich Tönnies, dem ich all meine Ernährungskenntnisse danke, selbst der Küchenchef. Seine Aufgabe bestand sowohl in der Beobachtung der Ernährungszustände der Kinder, er mußte also selbst häufig unter den Kindern sein, als auch in einer angemessenen Planung ihrer Ernährungsversorgung durch die Küche. Dabei galt es, die üblichen Kostenvorgaben zu beachten.

Damit im Verlaufe der Freizeiten immer mal wieder einander entsprechende Beobachtungssituationen in bezug auf das Verhalten der Kinder entstehen konnten, haben wir von Zeit zu Zeit zeit- und situationsgleiche Programmangebote in beiden Heimen gemacht. Die beiden folgenden leicht verkürzt wiedergegebenen Beobachtungssituationen vom 6.7. zwischen 16.30 und 17.30 Uhr beziehen sich auf einen Geländelauf, bei dem es am beobachteten Posten um eine Baumkletterstaffel ging. Dabei kam es darauf an, in möglichst kurzer Zeit möglichst viel Wasser in einem Becher den Baum rauf- und runterzutragen. Im Beobachtungsprotokoll B von 16.35 - 16.55 Uhr heißt es:

Die Gruppe Nico, Nancy, Oliver, Bianca, Sabrina, Hauke, Kim erscheint. Gesine ist die Betreuerin an diesem Posten. Die Gruppe kommt nicht gelaufen. Die Kinder sind deshalb auch nicht außer Atem. Es gibt Hick-Hack in der Gruppe, wer als erster das Wasser auf den Baum bringen soll und wer es wieder runterholt. Schlechte Stimmung. Nancy will als erste. Nico fragt Gesine: "Haben die vor uns das geschafft?" Ohne auf Nancys Frage einzugehen oder das Ende des Hick-Hacks abzuwarten, geht Bianca als erste. "Wehe einer verliert Wasser, den bring ich um", sagt Bianca. Nico lacht. Nico und Hauke streiten sich, wer als nächster drankommt. Nancy steigt in den Streit mit ein. Hauke zu Nancy: "Nein, du nicht, weil du mich mit dem Lasso gepeitscht hast." Nancy keift zurück: "Ja, weil du mich gewürgt hast." Kim klettert als zweiter. Dann erst Nancy. Hauke sitzt am Boden und hält einen belaubten Ast. Oliver steht distanziert abseits und hält einen Stock. Nancy fällt das letzte Stück vom Baum runter. Die anderen lachen. Als vierte geht Sabrina. Nico freundlich zu Hauke: "Sei ganz vorsichtig beim Runterholen." Hauke reagiert nicht. Nancy: "Der ist doch beleidigt." Kim: "Mädchen müssen ja nicht immer schlechter sein als die Jungen." Nico stimmt zu. Sabrina: "Hauke läßt seins bestimmt fallen." Kim zu Nico: "Hast du was verloren?" Nico zurück: "Na klar!" Die nächste Gruppe kommt schon. Hauke holt das Wasser vorsichtig tastend vom Baum. Keiner guckt mehr zu. Kim und Nico balgen sich. Hauke fragt Gesine "Wieviel habe ich verloren?" Ohne zu antworten, schickt sie die Gruppe weiter.

In dem Beobachtungsprotokoll aus dem Ferienlager M heißt es zur entsprechenden Situation am 6.7. von 17.08 - 17.22 Uhr:

Als nächste Gruppe kommen Wolfgang, Renata, Jörg, Karolina, Miriam, Matthias. Der Betreuer Söhnke gibt die gleiche Einführung wie vorher. Wolfgang sagt gleich, daß er es macht. Miriam stellt den Hocker an den Baum. Die Kinder lassen es Wolfgang machen. Miriam sagt: "Aber langsam." Die anderen Kinder stehen um Söhnke. Renata ist die nächste. Miriam: "Gut." Dann Matthias. Wolfgang und Miriam gehen mit ihm und stellen den Hocker hin und halten ihn. Matthias kommt nicht an die letzte Astgabel ran. "Streck dich und weiter unten anfassen", ruft Miriam. Wolfgang nimmt ihn auf die Schultern. So geht es. Karolina will sich nicht heben lassen. Miriam: "Du vermasselst uns das ganze Spiel." Renata redet auf polnisch auf Karolina ein. Söhnke will helfen. Karolina will nicht. Miriam bittet Karolina nochmals. Nun ist sie bereit. Wolfgang läßt sie langsam wieder runter auf den Hocker. Karolina beginnt zu weinen. Renata tröstet sie. Wolfgang schüttet das Wasser in den Eimer. Die anderen Kinder suchen schon den Pfeil für den weiteren Weg. Karolina geht ein Stück in den Wald und weint. Renata geht zu ihr hin. Wolfgang: "Wenn sie nicht mehr will, lassen wir sie hier." Dann sagt er: "Nee, das geht doch nicht." Schließlich gelingt es den Kindern, daß Karolina doch mitgeht. Karolina ist in der Gruppe wichtiger geworden als das Gewinnen.

In beiden Szenen treten ganz normale Kinder auf. Mal streiten sie sich, mal spielen sie harmonisch zusammen, mal weinen sie, mal lachen sie. Doch wenn das geschulte Auge näher hinsieht, das geschulte Ohr genau hinhört, dann sind die einen Kinder doch ganz anders als die anderen. Nun könnte man meinen, das läge an der besonderen Gruppenstruktur, an den vorausgegangenen Gruppenprozessen, an der Persönlichkeit der einzelnen Kinder, an der besonderen Art des einzelnen Betreuers usw. usf.. Wir wissen jedoch vor dem Hintergrund unserer 10jährigen Forschungen auf diesem Gebiet inzwischen, daß der alles entscheidende Unterschied beider Gruppen in ihrer unterschiedlichen ernährerischen Verfassung liegt.

Daß in der ersten Gruppe eher Kraftlosigkeit, Orientierungslosigkeit und der Geist des Streites, der Konkurrenz, des Angriffs, der Abwehr, der Schadenfreude, der Gehässigkeit usw. vorherrschen, in der zweiten Gruppe demgegenüber der Geist der Gemeinschaft, der Hilfsbereitschaft, des Aufeinandereingehens, der gemeinsamen Konfliktbewältigung, der Rücksicht und der Mitmenschlichkeit das Geschehen bestimmt, das hat damit zu tun, daß beide Gruppen ihrem jeweiligen sozialen Verhalten und ihrer geistigen Ausstrahlung entsprechend ernährt sind.

Es ist nicht so, daß die Kinder anders könnten, wenn sie nur wollten, vielmehr können sie gar nicht anders, auch wenn sie wollten. Es mangelt hier nicht an Erziehung, sondern an Ernährung. An Geist und Seele läßt sich hier mit erzieherischer Führung oder mit psychologischer Beratung gar nichts ändern, bevor nicht die ernährerische Verfassung der Kinder verändert wurde. Gegen die Widerstrebungen des Körpers bleiben die Zügelungen des kindlichen Geistes machtlos.
In einem solchen Sinne muß SALZMANN[23] in seinem 'Ameisenbüchlein' wohl zu der Aussage gekommen sein: "Bei ungesunden Kindern mißlingt alle Erziehung", und man könnte hinzufügen: bei ungesunden Erziehern ebenso. Vor aller psychischen Diagnostik sehe sich der Erzieher deshalb stets erst einmal den körperlichen Zustand der Kinder an.

Um einen groben Einblick in die unterschiedliche Ernährungssituation im Ferienlager B bzw. M zu erhalten, sind in der nachfolgenden Tabelle die tägliche Durchschnittsversorgung der Gruppen mit einigen ausgewählten Nährstoffen wiedergegeben:

Ferien lager	Gesamt-verzehr	Verhält-nis Vit B1/ Kohlen-hydr.	Niacin-versor-gung	Pantho-thenver-sorgung	Vit B6-versor-gung	Folsäure versor-gung	Magne-siumver-sorgung	Tryptophan versor-gung
	g/tag	mg/g	mg/Tag	mg/Tag	mg/Tag	mg/Tag	mg/Tag	g/Tag
B	1250	3	10	3	1	75	250	0.6
M	1750	7	15	6	2,5	200	400	1.2
Diff.	-500	-4	-5	-3	-1.5	-125	-150	-0.6

Aus dieser - gemessen an unseren Gesamterhebungen äuβerst lückenhaften - Tabelle mag ersichtlich werden, daβ die Kinder in B durchgängig in allen ernährerischen Belangen gegenüber den Kindern in M unterversorgt waren. In seiner Diplomarbeit macht H. NIETNER[24] den Zusammenhang zwischen kalorischer Versorgung und kindlicher Leistungsfähigkeit ganz offenkundig. Zusammen mit der durch Magnesium- und Tryptophan-Reduktion bedingten schlechteren Regeneration ist von vornherein bei den Kindern in B eine verminderte Körperkraft und Lebensdynamik zu erwarten. Der höhere Vitamin-B1-Gehalt in M ermöglicht mehr Strebsamkeit, Handlungsfreude und konzentriertere intellektuelle Bereitschaft. Ein Mehr an Niacin fördert hier die schöpferische Ideenbildung, eine genauere Umweltbeobachtung, vielseitigeres Interesse und mehr Verständnis für das Übergeordnete. Die Panthothensäure stärkt die Fähigkeit zur Steuerung der Gefühle. Das Kind kann sich besser selbst kontrollieren und selbst behaupten. Sein Blick für das Wesentliche wird geschärft. Das vermehrte Vitamin B6 in M steigert ferner das soziale Empfinden, die Menschenfreundlichkeit und die Hilfsbereitschaft. Schlieβlich steht das Mehr an Folsäure für mehr Gelassenheit, für schnellere Auffassungsgabe und für Suche nach höherem Lebenssinn.[25]

Hat man diese Zusammenhänge zwischen ernährerischer Versorgung und sozialem Verhalten bzw. geistig-seelischer Verfassung erst einmal erkannt - und an dieser Erkenntnis zweifeln wir nach unseren zahlreichen Untersuchungen trotz aller anfänglichen Skepsis inzwischen nicht mehr -, so wird klar, daβ die dargestellte ernährerische Unterversorgung der Kindergruppe im Heim B aus schlapperen und müderen, weniger strebsamen, vermindert interessierten, eingeschränkt selbstkontrollierten, herabgesetzt hilfsbereiten und weniger gelassenen Kindern bestehen muβ.

Steigt man weiter in die Versorgung einzelner Kinder ein, so zeigt sich, daβ der relativ stabile und freundliche Nico im Ferienlager B im gesamten Durchschnitt besser versorgt ist als alle anderen Kinder dieser Gruppe, während Karolina aus M auf allen Posten gegenüber den übrigen Kindern schlechter ernährt ist. Karolina hat insbesondere zu Beginn der Freizeit von allen am wenigsten gegessen. Bei dem für die psychische Stabilität so wichtigen Vitamin Pantothensäure liegt Karolina um 5 Punkte bei dem für die soziale Empfindsamkeit so bedeutenden Vitamin B 6 um 2.2 Punkte unterhalb des Durchschnitts dieser Gruppe. Abgesehen von ihrer besonderen psychischen Konstitution und abgesehen von ihrer besonderen sozialen Lage in der Gruppe, sie war eine der fünf Polenkinder, zeigt Karolina eine ernährerische Verfassung, die vor dem Hintergrund der Tönniesschen Erkenntnisse genau ihrem gezeigten psychischen Ausdruck entspricht.

So lieβe sich nun jede einzelne Gruppe und schlieβlich jedes einzelne Kind durchgehen, was wir zur Zeit in mehreren Diplomarbeiten auch tun, doch hier soll es uns auf weitere Details nicht ankommen. Mit diesem knappen Einstieg in unser 60 Millionen Daten umfassendes Zahlenwerk sollte der Leser nur erneut angeregt werden, einmal seine Sinne für den Zusammenhang von Ernährung und Erziehung vermehrt zu öffnen und zum anderen sich zunehmend für die gar nicht neue Erkenntnis aufschlieβen zu lassen, daβ Ernährung Leib und Seele mehr bestimmt und zusammenhält, als wir uns dies gemeinhin vorzustellen geneigt sind. In der 'Bibliothek der Alten Welt' schreibt W. RUEGG[26] den Pythagoreern folgende Gedanken zu, die sich auf die Wirkungen der Ernährung auf den Menschen und auf die weitgehende Unwissenheit der unsensibilisierten Menschen über diese Wirkungen beziehen:

"Denn alles, was man zu sich genommen hat, verursacht eine ganz bestimmte Seelenverfassung. Die Menschen sehen aber nur, was im Augenblick eine starke Veränderung hervorruft: so beim Wein, der in größerer Menge genossen bis zu einem gewissen Punkt heiterer macht, danach aber anfälliger für Raserei und unordentliches Wesen. Was aber keine so offenkundige Wirkung hat, davon wissen die Menschen nichts. Doch verursacht (wie gesagt) alles, was man zu sich nimmt, jeweils eine ganz bestimmte Seelenverfassung. Darum gehört tiefe Weisheit dazu, zu erkennen und einzusehen, was und wieviel man zur Ernährung verwenden soll."

Die Ernährungssinnlichkeit wie die Ernährungsweisheit haben also schon einen langen in Vergessenheit geratenen Weg hinter sich und sicherlich noch einen langen Aufklärungsweg vor sich. Es bleibt also derzeit lediglich das 'Prinzip Hoffnung', daβ sich die Einsicht durchsetzen wird: erzieherische Erkenntnis und erzieherisches Ethos sind nicht länger von ernährerischer Erkenntnis und ernährerischem Ethos zu trennen. Beide brauchen die gleiche Aufmerksamkeit der Sinne und den gleichen klaren Verstand sowie die gleiche Geduld in der Zeit und die gleiche Liebe zum Kind.

Literatur:

(1) vgl. L. Feuerbach: Die Naturwissenschaft und die Revolution. In: Anthropologischer Materialismus; Ausgewählte Schriften II (hrsg. v. A. Schmidt). Frankfurt/M. 1967, 212 ff.

(2) H. Plessner: Gesammelte Schriften Bd. VII. Frankfurt 1989, S. 25.

(3) J.J. Rousseau: Emil oder über die Erziehung. Paderborn 1985, S. 147.

(4) V. Schurig: Die Entstehung des Bewuβtseins. Frankfurt 1976, S. 118.

(5) B.G. Campbell: Entwicklung zum Menschen. Stuttgart 1972, S. 214.

(6) W. Ruegg (Hg.): Antike Geisteswelt. Zürich 1964, S. 304.

(7) M. Dopfer: Hygea für die Bewohner der Städte..., zit. nach W.F. Kümmel: Tafelmusik aus medizin- und musikhistorischer Sicht. In: E. Heischkel-Artelt (Hg.): Ernährung und Erziehungslehre im 19. Jahrhundert. Göttingen 1976. S. 388.

(8) O.F. Bollnow: Die pädagogische Atmosphäre. Heidelberg 1964, S. 26.

(9) W.F. Kümmel: Tafelmusik aus medizin- und musikhistorischer Sicht. In: s. Anm. 7.

(10) Chr. W. Hufeland: Die Kunst, das menschliche Leben zu verlängern; zit. n. W.F. Kümmel, s. Anm. 9.

(11) J. Milton: Von der Erziehung. Hamburg o.J., S. 20 f.

(12) J.G.F. Franz: Abhandlung von dem Einflusse der Musik in die Gesundheit der Menschen. Leipzig 1770, S. 5.

(13) St. Silbernagel u. A. Despopoulos. Taschenatlas der Physiologie. Stuttgart 1988[3], S. 232 f.

(14) St. Silbernagel u. A. Despopoulos a.a.O., S. 233.

(15) R.A. Spitz: Die Entstehung der ersten Objektbeziehungen. Stuttgart 1960[2], S. 113.

(16) K. Marx: Texte zu Methode und Praxis II. Pariser Manuskripte 1844. Hamburg 1970[3], S. 81.

(17) W. Lauff, H. Davidt, G. Herold: Adipositasbehandlung in Kinderkuren - neu gedacht; erscheint Mitte 1991.

(18) H. Schadewaldt: Diaita-Methoden der Gesundheitsbelehrung historisch gesehen. In: Deutsches Ärzteblatt, Heft 50, 1975, S. 3437 ff.

(19) M. Heidegger: Sein und Zeit. Tübingen 1986, S. 327.

(20) M. Heidegger: ebd. S. 324.

(21) Diese umfangreiche Untersuchung zum Zusammenhang von Ernährung und Verhalten wird derzeit im Rahmen von Diplomarbeiten und einer Dissertation an der Universität Hamburg, FB Erziehungswissenschaften, ausgewertet.

(22) vgl. W. Lauff u.a.: Bericht über den Modellversuch Selbstbewirtschaftung - Zusammenarbeit zwischen Küche und Betreuung. Manuskript Universität Hamburg 1990.

(23) J.G. Salzmann: Ameisenbüchlein. Stuttgart - Bad Cannstadt 1949, S. 32.

(24) H. Nietner: Untersuchung zur Bedeutung der alltäglichen Ernährung für die Pädagogik, Fallanalyse des Kindes Monika. Diplomarbeit Uni Hamburg 1987, S. 118 ff.

(25) H. Tönnies: Theoretische Arbeitsgrundlage einer gesunden Ernährung. Manuskript München 1985, S. 33 ff.

(26) W. Ruegg (Hg.): Antike Geisteswelt. Zürich 1964, S. 304.

Wolfgang Schmid

A. Ganzheitliches Wahrnehmen durch Hemisphären-Synchronisation

1. Die innere Stimme

...erzählt dem Menschen von seiner Wahrheit und zeigt ihm Bilder, in denen er sie zu betrachten vermag.

Die innere Stimme schweigt, wenn Intuition, Phantasie und Logik fehlen.

Intuition übersetzt dem Menschen Empfindungen in Sprache. Phantasie zeigt sie ihm in inneren Bildern. Logik bindet diese Bilder und setzt sie in Handlungsmöglichkeiten um. Das Zusammenwirken von Intuition, Phantasie und Logik (lógos) läßt sich als "interhemisphärische Kommunikation" näher beschreiben (W.F.SCHMID 1989, S.54 ff).

2. Interhemisphärische Kommunikation

Interhemisphärische Kommunikation (Hemisphären-Synchronisation) vollzieht sich auf der Basis des Austausches von bindenden und lösenden Kräften. Bindende Kräfte erzeugen aus sich heraus feste Bestandteile der Logik und vernetzen diese mit anderen. Lösende Kräfte heben solche Zusammensetzungen wieder auf und unter Umständen sogar auch die daran beteiligten Bestandteile. Bindende und lösende Kräfte pulsieren auf der Basis neuronaler Netze.

Es gibt Modelle, die den Hemisphären unterschiedliche Funktionen in der Verwaltung dieser Kräfte zuweisen. So soll z.B. die linke Hemisphäre für die Organisation bindender und die rechte Hemisphäre für die Organisation lösender Kräfte zuständig sein. Bindende Kräfte erzeugen aus sich heraus das, was im Zeitalter der Mythologie Kosmos genannt wurde. Lösende Kräfte erzeugen aus sich heraus das, was Chaos genannt worden ist. Zwischen beiden Kräften bestehen Wechselwirkungen. Die bindenden Kräfte versuchen, aus dem Chaos Ordnungen zu erzeugen, und umgekehrt versuchen die lösenden Kräfte, aus den Ordnungen Chaos zurückzugewinnen. Hinter dieser Wechselwirkung steckt die Tendenz kontinuierlicher Reorganisation bzw. Modifikation bestehender Ordnungen.

Die Auseinandersetzung zwischen bindenden und lösenden Kräften wird in dem abgebildet, was wir Bewußtsein nennen. Durch diese Abbildung haben wir die Chance, das Zusammenspiel dieser Kräfte zu beeinflussen. Während dieser Beeinflussung zeigen wir die Neigung, Bindungen herzustellen. Das Bindemittel, das uns hierbei unterstützt, ist die Sprache. Die Sprache ermöglicht uns, bestimmte Kräftespiele festzuhalten, um das Festgehaltene im Bedarfsfall erneut im Bewußtsein abbilden zu können. Die Tendenz, Kräfte zu Verbindungen zu veranlassen, folgt wahrscheinlich dem Bedürfnis nach Orientierung. So schaffen wir aus festen Bestandteilen unsere Welt, in der wir uns aufgrund fester Bindungen (Ordnungen) mehr oder weniger sicher bewegen können. Auch scheint es so, daß eine Beeinflussung zwischen bindenden und lösenden Kräften, also eine Mitwirkung bei der Gestaltung ihres Zusammenspiels, nur auf der Grundlage fester Bezüge möglich zu sein scheint. Die Überführung von uns erfahrenen Kräften (Funktionen) läßt sich durch Kalkülisierung erreichen. Kalküle eignen sich als Marken zur Bestimmung von Denkwegen. Man kann auch auf eine erste Weise sagen, daß sich Denken vollzieht, indem ein solches Kalkül aktiv wird und sich in Verbindung mit anderen setzt. Diese Gruppe aktivierter Kalküle kann dann einen Verband gründen, eine Ebene also, von der her sich die Bewegung der Kalküle bzw. deren Verhalten beobachten läßt. Die Betrachtungshöhe läßt sich dabei durch schrittweise Verbindungen von Verbänden so lange steigern, bis sich alle Verbände von einem Beobachtungspunkt aus betrachten lassen.

Das Bewußtsein zeigt das innere Gleichgewicht (die Stabilität des Systems) durch Gefühle der Zufriedenheit oder gar des Glücks an. Der Wunsch nach diesem Gefühl, folglich das Streben nach innerem Gleichgewicht, bestimmt das Verhalten (die Befriedigung der Grundbedürfnisse vorausgesetzt) maßgeblich.

Das Gefühl der Selbst-Zufriedenheit (= Ich-Stabilität) wird jedoch um so schwerer erreicht, je gestörter das Verhältnis des Subjekts sowohl zu sich selbst als auch zu seiner Umgebung ist. Eine längere Selbst-Störung, also eine andauernde Instabilität führt mit der Zeit zwangsläufig zur Erkrankung. Selbst-Störung führt natürlicherweise zur Selbst-Zerstörung, ein Mechanismus, der widersprüchlicherweise einen Selbstschutzmechanismus darstellt. Durch Reduktion der physischen Energien soll die zerstörerische Wirkung psychischer Kräfte gemindert werden.

Unter physischen Kräften werden die Vorstellungen bezeichnet, die das Handeln regeln. Jede Vorstellung erzeugt ein Soll-Gefühl (Zukunft), das durch die Verwirklichung zu einem Ich-Gefühl (Gegenwart) werden soll. Unwirkliche Vorstellungen machen zwangsläufig krank, weil die widersprüchliche Spannung zwischen Wunsch und Wirklichkeit nicht aufgehoben werden kann.

Diese Ich-Widersprüchlichkeit ergibt sich vor allem aus der Erziehung, die durch ihre Wert- und Normenvermittlung Ungleichgewichte schafft. Versuche und Irrtümer werden durch Belohnung und Strafe im Sinne der jeweiligen Aufsicht gesteuert, ein Vorgang der außerhalb des Menschen nirgendwo in der Natur zu finden ist.

Im Verlauf der Kulturgeschichte hat sich nun eine Wissenschaft entwickelt, die sich maßgeblich bestimmende Aussagen über die Erziehung eigens zum Ziel setzt. Vielleicht begegnet man dieser Wissenschaft, der Pädagogik also, deshalb mit so offener Geringschätzung, weil hier durch Normierung das angestrebt wird, was eigentlich durch Vorbildhaftigkeit geleistet werden müßte (W.F. SCHMID 1989, S. 208 ff).

3. Denken als interhemisphärischer Informationsaustausch

Denken ist das Zusammenspiel bindender und lösender Kräfte.
Intuitives Denken läßt dieses Spiel zufällig geschehen.
Logisches Denken versucht, im Zusammenspiel bindender und lösender Kräfte Regeln oder gar Gesetze zu entdecken.
Phantastisches Denken gestaltet aus dem, was sich aus dem intuitiven oder logischen Denken ergibt.

Die Unterscheidung zwischen künstlerischem und wissenschaftlichem Denken entsteht durch den Gestaltungswillen. Das Bedürfnis nach Sicherheit entwickelt die Neigung, alles zu binden, um Orientierungsmöglichkeiten zu schaffen (Tendenz zum geschlossen System). Das Bedürfnis nach Freiheit entwickelt eher die Neigung, Gebundenes zu lösen oder neue Lösungen zu schaffen, um den Bewegungsspielraum zu vergrößern (Tendenz zum offenen System). Diese Neigungen führen durch das Bestreben zum wissenschaftlichen Denken, das Entdeckte begrifflich zu fassen; das künstlerische Denken dagegen setzt neue Ideen eher gestalterisch um. Vom ins Werk gesetzten gedanklichen Ausdruck her läßt sich folglich auf den vorgängigen Gestaltungswillen schließen. Ob ein solcher Rückschluß bzw. die Unterscheidung zwischen wissenschaftlichem und künstlerischem Denken hilfreich sind, das hängt von der Zielsetzung ab.

Wer solche Einsichten pädagogisch umsetzen, also für das Unterstützen von Lernen nutzen will, muß sich natürlich im Klaren darüber sein, welche Hilfen für welches Lernen zu geben sind.

Sich Gedanken zu machen, das hängt von der Einstellung ab. Denken läßt sich nicht erzwingen. Es ist zweckmäßig zwischen Denken und Rechnen zu unterscheiden. Im Gegensatz zum Denken beschränkt sich das Rechnen immer auf den Umgang mit Vorhandenem; das müssen nicht Zahlen, das können auch Muster zur Bewältigung für bestimmte Situationen sein. In den Schulen wird mehr gerechnet als gedacht; Intuition und Phantasie werden kaum einbezogen.

In der Literatur ist statt der Unterscheidung zwischen bindenden und lösenden Kräften der Unterschied zwischen linker und rechter Gehirnhälfte (Hemisphäre) verbreitet. Wegen der Unmöglichkeit des Bewußtseins, auf diese unterschiedlichen Funktionen durch Beobachtung zuzugreifen, werden entsprechende physiologische Grundlagen (R.W. SPERRY 1977, B. EDWARDS 1985, N. HERRMANN 1988) zwar berücksichtigt, aber nicht zur Erklärung herangezogen.

Dem logischen Denken entsprechend (W.F. SCHMID 1980, S.156) lassen sich auch für die Phantasie Kategorien angeben. Aber im Gegensatz zur Logik sind diese nicht statisch, sondern dynamisch. Ihr Gebrauch führt folglich nicht zu allgemeingültigen Aussagen, sondern zu situativ bedingten.

Das phantasievolle Denken erzeugt aus Wahrnehmungen Vorstellungen. Sinnlich Vernommenes wird gleichsam zum Material für ein neues Bild. Gestalterische Möglichkeiten werden durchgespielt und ausprobiert, bis die Erfahrungen damit es zulassen, daß eine auf diese Weise entstandene Idee ins Werk gesetzt wird.

Phantasievolles Denken überführt Erscheinungen nicht in einen Begriff, um auf Wirklichkeit zurückgreifen zu können, sondern verschafft sich von ihr ein Bild, um sie durch das Werk wirken zu lassen.

Die 'Verflüssigung' der Kategorien "Vorstellung, Bild, Vorbild, Werksetzung, Thema" in "vorstellen, spielen, gestalten, er-fahren, ins Werk setzen" verdeutlicht den dynamischen Charakter ihrer Anwendung, durch die das Zusammenspiel bindender und lösender Kräfte viel eher zum Vorschein gelangen kann als durch den statischen Charakter der Kategorien logischen Denkens.

Der entscheidende Unterschied ergibt sich in der Analogie zur "Definition". Hier tritt an die Stelle des Begriffs jene Gestalt, welche die Erscheinung maßgeblich bestimmt. Der Eindruck, daß auch hier das Phänomen auf etwas hin gebunden wird, löst sich im anschließenden Prozeß des ins Werk Setzens wieder auf. An die Stelle des Algorithmus tritt ja das künstlerische Schaffen, die Fähigkeit, mit dem gewonnenen Element gestalterisch umzugehen (das Thematisieren).

Das Thematisieren läßt sich durch folgende Phasen in etwa beschreiben:

- Erscheinung: Gestalt-Übertragung auf die Wahrnehmung
- Überführung: Einordnen in das maßgebliche System
- Maß: Feststellung der Verhältnisse von Raum und Zeit
  Definition: Zusammenfassung als Begriff, Funktion, Formel, Modell oder dergleichen mehr.
- Reaktion: Konstruktionsvorschrift für den gewünschten Fall.

4. Von der Apperzeption zur Supervision

Das 'Zwiegespräch' (innere Stimme) entwickelt sich durch Meinungsverschiedenheiten. Vorhandene Ordnungen, die entweder unvollständig oder überholt sind, fordern Kräfte heraus, welche diesen Mangel zu beheben versuchen.
Der umgekehrte Fall tritt ein, wenn Unordnungen nicht mehr ertragen werden können und deshalb von entsprechenden Kräften wenigstens teilweise in Ordnungen überführt werden müssen.

Was hier nur in etwa beschrieben worden ist, läßt sich genau fassen, wenn der innere Dialog auf Kalküle des Denkens zurückgeführt wird.

Die Überführung von einer Wahrnehmung in eine Beobachtung wird von einer Funktion (Überführungsfunktion) geleistet. Diese Leistung hängt von folgenden *Voraussetzungen* ab:

1.) Es gibt eine sinnlich vernehmbare oder geistig vorstellbare Ursache.
2.) Es gibt eine Wirkung, die sich auf die vernommene oder vorgestellte Ursache zurückführen läßt.
3.) Dieser Zusammenhang muß sich strukturieren lassen, damit ein Grundsatz formuliert werden kann.
4.) Der Grund der Ursache muß ausgemacht werden können.
5.) Die Momente der Überführung, also die Wirkungsmomente, müssen festgestellt werden können.
6.) Es sollte festgehalten werden, wieviele Phasen oder Schritte zu berücksichtigen sind.

Auf der Grundlage dieser Voraussetzung(en) wird dann die Behauptung entwickelt.

7.) Durch Abstraktion wird der Begriff gewonnen, also das Wesen des sinnlich Vernommenen oder geistig Vorgestellten bestimmt.
8.) Die Begriffsbildung bezieht sich lediglich auf die wesentlichen Merkmale des zu Bestimmenden.
9.) Als Ergebnis der Abstraktion wird das Abstraktum in der Form eines Begriffes, einer Funktion, einer Formel oder dergleichen mehr gefaßt.
10.) Aus Voraussetzung und Behauptung wird der Beweis abgeleitet, der immer nur innerhalb jenes Systems gültig ist, auf welches er sich bezieht (W.F. SCHMID 1990, S.192 ff).

Diese Organisationsformen des Denkens (Reflexionsphasen) ermöglichen komplexe Innovationen. Reflexion ist die Betrachtung von Wahrnehmungsinhalten, also von sinnlichen Vorgängen (Apperzeptionen), die uns bewußt geworden sind. Wir können Wahrnehmungen folglich nicht nur erfahren, sondern diese Erfahrungen auch zugleich betrachten. Durch diesen Abstand sind wir Wahrnehmungen nicht

einfach ausgeliefert, sondern wir können über sie nachdenken, bevor wir handeln. Ohne Reflexion würde unser Verhalten auf bloßen Aktions-Reaktions-Mechanismen beruhen.
Durch sinnliche Wahrnehmungen entstehen neuronale Netze als Grundlage für Impulse, die wir dann als Bewußtsein erleben. Diese Impulse aktivieren bereits verfügbare Netze, welche diesen Impulsen schon verfügbare Wege (Reflexe) anbieten.

Die Reflexionen, also uns vertraute Wege der Auslegung von sinnlichen Wahrnehmungen, können aber selbst wiederum noch einmal betrachtet werden (Supervision). Wir können uns in unserem Bewußtsein gleichsam anschauen, wie diese Wege aussehen, und wir sind sogar in der Lage, sie nicht nur zu beschreiben, sondern auch zu analysieren. Diese Analytik wird als Ästhetik des Denkens bezeichnet, wobei Denken das deutsche Wort für reflektieren ist; Reflexion bedeutet dementsprechend: Gedanke.

Es sind demnach zu unterscheiden: Wahrnehmung als das, was wir sinnlich vernehmen (Apperzeption), Vorstellung als das, war wir uns dabei denken (Reflexion = 'Wahrnehmung' der Wahrnehmung), und schließlich die Supervision als die Wahrnehmung von Reflexionen.

Die Supervision (Denken des Denkens) vollzieht sich mit Hilfe von Abstraktionen. Im Gegensatz zur Reflexion bedarf sie einer eigenen Anstrengung. Abstraktion ergibt sich gewöhnlich nicht von sich her, sondern braucht eine eigene Entscheidung für die Auseinandersetzung.

Die Ästhetik des Denkens entwickelt ein System von Kalkülen, das sind Beobachtungsregeln im Hinblick auf das Denken. Ein Kalkül ergibt sich aus dem Zusammenhang zwischen Formation des sinnlich Vernehmbaren und der Information, die sich hieraus auf gedanklichem Weg ergibt. Die Ästhetik des Denkens erarbeitet Struktogramme durch Strukturierung sinnlicher oder geistiger Phänomene. Die Umwandlung von Betrachtungen in Beobachtungen vollzieht sich durch schrittweise Auflösung von Bildern im Bewußtsein. Aus solchen Struktogrammen lassen sich dann Regeln oder gar Gesetze für das Denken gewinnen. Man könnte deshalb auch sagen, daß der Gegenstand der ästhetischen Erforschung des Denkens die Natur des Geistes ist, und zwar so wie er uns in sinnlich Vernehmbarem und wissenschaftlichen Arbeiten, technischen Produktionen oder künstlerischen Werken erscheint.

Ganzheitliche Wahrnehmung wird vom Bewußtsein organisiert. Das Bewußtsein aber läßt sich in seiner ohnehin schon vorhandenen natürlichen Enge durch falsche Ernährung oder gar Drogengebrauch noch weiter einschränken.

Im Blick auf das Gedächtniskontinuum werden drei Zeitphasen unterschieden: 1.) Ultrakurzzeit-, 2.) Kurzzeit- und 3.) Langzeitgedächtnis (H. FRANK 1969).

Das Ultrakurzzeitgedächtnis speichert ungefähr 1 Sekunde, das Kurzzeitgedächtnis ungefähr 15 Sekunden, das Langzeitgedächtnis je nach Situation Minuten, Tage, Jahre oder gar Jahrzehnte. Die Nachteile des Ultrakurzzeit- und Kurzzeitgedächtnisses liegen in deren begrenzten Fassungsvermögen. Im allgemeinen lautet die Regel für das Kurzzeitgedächtnis 7 ± 2, d.h., zwischen 5 und 9 Einzelheiten (chunk oder Bündel genannt) lassen sich (für etwa 15 Sekunden) ohne Aufwand merken. Im einfachsten Fall erfolgt der Übergang vom Kurzzeit- ins Langzeitgedächtnis durch Wiederholung. Im Gegensatz zum Kurzzeitgedächtnis kann das Ultrakurzzeitgedächtnis nur 1 bis 3 Ereignisse bewältigen.

Den drei Zeitphasen entsprechend bewältigen die Gedächtnisarten unterschiedliche Programme: das Ultrakurzzeitgedächtnis: einfache Aktions-Reaktions-Muster, das Kurzzeitgedächtnis: unikursale und das Langzeitgedächtnis: multikursale Netze.

Diese Programme entscheiden mittels Aufmerksamkeit (nach außen gerichtete Wahrnehmung) und Konzentration (nach innen gerichtete Wahrnehmung) über das, was an sinnlich oder geistig Vernehmbarem tatsächlich erfaßt (bewußt) , also ausgefiltert wird. Unter Filterung der Wahrnehmung wird die gedächtnisstrategische Aussonderung von sinnlichen oder sprachlichen Inhalten verstanden. Sinnliche Inhalte sind immer Daten des Ultrakurzzeitgedächtnisses. Sprachliche Inhalte sind immer Inhalte des Langzeitgedächtnisses (=alphanumerische Adressen eingeprägter Sinneseindrücke). Im Kurzzeitgedächtnis bilden sich die Ergebnisse der Filterung ab. Durch mangelhafte Selektion können im Kurzzeitgedächtnis Abbildungen entstehen, zu denen es keine Originale gibt. Die Kunst des situationsgerechten Weglassens heißt (gr.) Phantasie. Es gibt eine Wissenschaft, welche die Abbildung im Kurzzeitgedächtnis hervorragend organisiert, und eine Wissenschaft, die diese Organisation hervorragend beschreibt (Mathematik und Kybernetik). In Richtung Sinne konkretisiert sich Mathematik als Physik, in Richtung Verstand als Metaphysik, wobei gesagt werden muß, daß ursprünglich alles eins war. Aber es gibt auch Wissenchaften, die nur auf Phantasie beruhen, nämlich die Theologie und die Pädagogik. Die Erfahrung von Abbildungsfehlern verselbständigt sich zur Religion.

Abildungsfehler können aber auch erziehungs-, ausbildungs- oder bildungsbedingt sein. Auf dem Wege der Information (über die unscharfe Vermittlung von Information) entwickeln sie sich gleichsam zu "Viren", welche die Organisationsformen des Bewußtseins (Kurzzeitgedächtnis-Programme) "zersetzen". Filterviren sind kognitive Viren, welche den Aufbau der verschiedenen Wahrnehmungsebenen verhindern. Die Anfälligkeit des Kurzzeitgedächtnisses für organisatorische Störungen dieser Art verringert sich um so mehr, je weniger ganzheitlich (komplex) die Wahrnehmungsebene ist. In der Rangfolge ihrer Reichweite (Komplexität) organisiert das Gedächtnis folgende Ebenen:

perzepieren	(unbewußtes Wahrnehmen),
apperzepieren	(bewußtes Wahrnehmen),
identifizieren	(nennen),
interpretieren	(erklären),
strukturieren	(ordnen),
systematisieren	(Überführungen bestimmen),
modellieren	(begründen).

Das ökonomische Lesen (minimaler Zeichenaufwand - maximale Information) beruht auf der kurzzeitgedächtnisgesteuerten Auswahl erwünschter Zeichenfolgen. Das Ultrakurzzeitgedächtnis funktioniert dann wie ein Retrievalsystem, d.h., es läßt nur jene Textteile bewußt werden, die für den Leser fachlicher Literatur interessant sind. Das klingt zwar erstaunlich, ist aber lediglich bewußt angewandte Selektion der Wahrnehmung. Natürlicherweise lernen wir zwar im Verkehrsunterricht, uns nur auf verkehrssicherheitsrelevante Ereignisse zu konzentrieren, aber in den übrigen Unterrichtsstunden erfahren wir nichts über irgendwelche Möglichkeiten, uns lernökonomischer zu verhalten.

Im Ultrakurzeitbereich haben Definitionen die Form von sensumotorischen Mustern, die aus automatisierten Routinen (Wiederholungen des immer Gleichen), im Kurzzeitspeicherbereich handelt es sich um Filter (Selektionsmuster), wobei der Übergang vom einen Bereich zu anderen gleitend ist.

Hier läßt sich jedoch als Regel festhalten, daß jene Operationen, welche im Ultrakurzzeitbereich erfolgreich verlaufen, auch im Kurzzeitbereich erfolgreich sind. Die Umkehrung gilt zwar aus Gründen der Kapazität nicht, aber man sollte dennoch keine Handlungsmuster akzeptieren, die nicht auch in Routinen überführt werden könnten und somit das Optimierungsbedürfnis des natürlichen Systems befriedigen.

Ob das Kurzzeitgedächtnis einwandfrei definiert, läßt sich leicht durch den erforderlichen Zeitaufwand überprüfen. Innerhalb der Gegenwartsdauer (etwa 15 Sekunden) sollte ein Text gestaltet werden, der eine Definition mit Hilfe von ungefähr zwei bis drei (bekannten) Begriffen erzeugt. Die mittlere Definitionsgeschwindigkeit beträgt vier Definitionen pro Minute (4 def/min).

Schon die Schwierigkeiten zu beschreiben, was eine Definition ist, zeigen zumindest Organisationsmängel im Operationsbereich des Kurzzeitgedächtnisses auf. Unwissenheit um den Begriff macht eine ordnungsgemäße Anwendung unmöglich. Als Beispiel begrifflicher Schlamperei kann immer wieder die Unfähigkeit angeführt werden, Begriffe wie den der "Erziehung", "Bildung" oder "Unterricht" zu erläutern. Ein Blick in die entsprechende Literatur verdeutlicht das Unglück in diesem Bereich. Wegen der großen Unschärfe in diesem Bereich gibt es ein Überangebot an Erläuterungen zum selben Begriff, obgleich es nur eine zulässige Definition geben kann.

Eine Definition ist die genaue Beschreibung eines Begriffs, der zur Bezeichnung eines mathematischen oder metaphysischen bzw. physikalischen Sachverhalts eingeführt wird. Dabei benutzt man meistens einen umfassenden Begriff (Oberbegriff) und gibt dann eine kennzeichnende Eigenschaft für den zu bestimmenden Begriff an.

Beispiel: Eine Raute ist ein Parallelogramm mit vier gleichlangen Seiten (mathematische Schreibweise des Adjektivs).
Begriff: *Raute*, Oberbegriff: *Parallelogramm*, kennzeichnende Eigenschaft: *vier gleichlange Seiten*.

Man schreibt auch: Raute:= Parallelogramm mit vier gleichlangen Seiten oder: Parallelogramm ist Raute: <=> Parallelogramm hat vier gleichlange Seiten.

Die explizite Definition ist die einfachste und verbreitetste; sie dient der Erklärung eines Gegenstandes derart, daß dieser eindeutig ausgemacht werden kann.

Jenes Netz, welches während der Gegenwartsdauer (Zeitphase, die als Kurzzeitgedächtnis bezeichnet wird) hergestellt wird, entscheidet darüber, "den Strom der Erfahrung so zu interpunktieren, daß er auf die eine oder andere Weise Zusammenhang und Sinn ergibt".

Die Sprache ist das Mittel zum Zweck der Unterscheidung (von Wahrnehmungen). Je sorgfältiger solche Unterscheidungen getroffen werden, um so größer wird der Sprachaufwand. Mit dem Sprachaufwand nimmt aber auch die Gefahr zu, daß nur noch unklar wahrgenommen wird. Diese Trübung (Herabsetzung der Trennschärfe) der Wahrnehmung heißt "Infektion".

Nicht physiologisch bedingte Störungen im Bereich der Kurzzeitspeicherung werden ausgelöst durch: infizierte Operatoren, Operanden oder Operationen. Der Operator ist eine Abbildung A --> B, also von der Art einer Überführungsfunktion. In der Mathematik bedeutet Operator auch: Funktionszeichen für eine arithmetische oder logische Funktion (+,-,*,/ oder =, <, >, ł). Unter *Operand* versteht man ein Objekt, mit dem eine Operation durchgeführt werden kann. Formal definiert man den Operanden als Element der Definitionsmenge (Menge A) einer Operation.

6. Zusammenfassung

Ganzheitliches Wahrnehmen ergibt sich aus dem harmonischen Zusammenspiel sinnlicher und geistiger Kräfte. Dieses Zusammenspiel erzeugt das Phänomen der "inneren Stimme" (Abs.1). Über diese Erscheinung beschreiben tradierte Geisteswissenschaften Bewußtseinsprozesse. Diese Möglichkeit entwickelt die Fähigkeit einer Art Supervision (Introspektion = Reflexion der Reflexion oder sehendes Wahrnehmen). Es gibt verschiedene Modelle der Hemisphären-Synchronisation (= interhemisphärische Kommunikation), die dieses Phänomen zu erfassen versuchen. Diese Erklärungsversuche werden nur berücksichtigt, soweit sie übereinstimmen (Abs.2). Unter dem Gesichtspunkt dieser Übereinstimmung zeigt sich die Vergleichbarkeit zu traditionellen geisteswissenschaftlich ermittelten Formen des Denkens (Abs.3). Der Weg von der Apperzeption (sinnlichen Wahrnehmung) zur Supervision (Denken des Denkens oder Wahrnehmen des Wahrnehmens) markiert den Gang vom naiven zum wissenschaftlichen Vorgehen (Abs.4). Dieser Weg ist anfällig für sowohl physische als auch psychische Störungen, und er wird gewöhnlich durch informelle Maβnahmen so stark gestört, daβ sich das ursprüngliche Ziel kaum mehr erreichen läβt (Abs.5). Häufigste Ursache dieses Mangels ist die Unschärfe in der Vermittlung von Information.

Literatur:

Edwards, B.: Drawing on the Artist - Drawing on the Right Side of the Brain: A Course in Enhancing Creativity and Artistic Confidence, Simon & Schuster, 1985.

Frank, H.: Kybernetische Grundlagen der Pädagogik, 2 Bde, Baden-Baden 1969[2].

Herrmann, N.: The Creative Brain, Buffalo 1989.

Schmid, W.F.: Der innere Lehrer, in: Beziehung statt Erziehung, hrsg.v. Dalichow, I. Freiburg 1989.

ders.: Technik des Lernens, Stuttgart 1980.

ders.: Denken & Handeln - Plädoyer für eine neue pädagogische Praxis, Religion heute - Interview in: Religion heute 4/Dez. 1988, S. 208 f.

ders.: Bild-Erleben - Bilder-Leben - Wie lassen sich Sprache und Bilder zu einem Erlebnis für Kinder verdichten?, in: Religion heute 3/Sept. 1990, S.192 f.

Sperry, R.W.: "Bridging Science and Values - A Unifying view of Mind and Brain" in: American Psychologist, 32 no. 4 (April 1977) p. 237-245.

II. Sinnliche Wahrnehmung und Bewegungsästhetik

Barbara Schwaner-Heitmann

1. Wahrnehmen, spüren, genießen - ein Teil persönlicher Gesundheitsbildung

"Bildung geschieht im Umgang mit den Dingen und Vorgängen, die als Sinneseindrücke, Zeichen der Erkenntnis und als Werkzeuge des Ausdrucks wirksam sind. Unsere Sinne ermöglichen die Vermittlung der wahrnehmbaren Wirklichkeit mit dem uns eigenen Empfindungs-, Vorstellungs-, Erkenntnis- und Gestaltungsvermögen" (BECK/WELLERSHOFF 1989, S. 9).

In diesem Beitrag geht es darum, sinnliche Wahrnehmung und Bewegungsästhetik als Teil von Gesundheitsbildung zu verstehen.

Als Kind spielte ich oft am Nordseedeich. Meistens kletterte ich auf allen Vieren, mich der Form des Deiches anpassend, die dem Wasser abgewandte Seite hinauf. Oben angekommen, legte ich mich auf die Krone des Deiches, spürte dem Herzschlag und Atem nach, lauschte dem Wind und den fernen Wellen, hörte die Schafe blöken, das Zwitschern der Lerche und spürte das kühle Gras zwischen meinen Fingern. Dann rollte ich wie ein Baumstamm die flache Deichseite hinunter. Ich spürte genau, wo der Körper den Boden berührte, spürte den Wechsel vom Bauch zum Rücken, vom Rücken zum Bauch und richtete den Körper so ein, daß er ganz rund wurde, anschmiegsam und harmonisch. Die Bewußtheit des Körpers, die innere Achtsamkeit, erschloß sich in der sich fließend wiederholenden Bewegung. Der rollende Körper, die unterstützende und formende Erde, das Rauschen des Meeres, der Wind auf der Haut, der Himmel über mir, bildeten eine Einheit: Frei gewählt, spielerisch, beglückend - schön!

Was ist es, das ich hier als 'schön' empfunden habe? Der Körper, der sich dem Rhythmus der ihm umgebenden Natur erschließt, der sich hineinfühlt, sich einläßt, macht die Erfahrung dazuzugehören, ein

Teil des rhythmischen Ganzen zu sein, das in uns ist und das uns umgibt. Durch die sinnliche Wahrnehmung wird die Gegenwart manchmal unendlich. Wir spüren, daß wir existieren, umgeben von vielen anderen Lebewesen, die auch existieren.

"Durch bewußtes Spüren werden wir allmählich zu dem breiten Gebiet in der Mitte des Spektrums zurückkehren, wo das, was uns von Geburt mitgegeben ist, mit unserer Kultur in Einklang steht und von wo aus wir freier sind, uns in jede Richtung zu bewegen" (BROOKS 1984, S. 25).

Ein anderes Spiel sehe ich in Gedanken vor mir: Das Marschland war kurz hinter dem Deich von gleichmäßigen, parallel verlaufenden Gräben durchzogen. Meine Freundin und ich liebten es, über diese Gräben zu springen, anzulaufen, über den nächsten zu springen, usw.. Am schönsten war es, wenn wir gleichzeitig sprangen, in gleicher Körperhaltung. Auch entgegengesetzt liefen wir an, um gemeinsam einen Moment über dem Graben zu schweben. Manchmal sprang die eine hoch, die andere flach, dann umgekehrt. Auf die mit dem Körper geformte Gestalt, auf die gestaltete Bewegung kam es uns an. Wir hatten Freude, so lange zu üben, bis uns die Form gefiel.
Schön war das.

Was war hier das Schöne an dem Spiel mit dem Körper, mit der Bewegung, mit den Bedingungen der Natur um uns herum?

Die Lehre vom Schönen wird gewöhnlich als Ästhetik benannt. Bei ARNHEIM ist die Ästhetik eine Theorie der Sinneswahrnehmung. Er definiert Ästhetik als die grundlegende Fähigkeit, "mit den Sinnen zu denken" (ARNHEIM 1979, S. 26).

"Ästhetik meint auch:

- die Lehre von der sinnlichen Erkenntnis
- die Lehre vom Gefallen
- die Lehre von der Kunst" (BRUGGER 1987, S. 25).

Die Auffassung vom Schönen, wie sie in den geschilderten Beispielen durch sinnliche Wahrnehmung und körperlich-gestaltende Erfahrung entstand, hat ihre Entsprechung in der Ästhetikauffassung und Tradition von BAUMGARTEN, KANT und SCHILLER. In dem berühmten Werk 'Aesthetica' definiert BAUMGARTEN Ästhetik als "die Wissenschaft der sinnlichen Erkenntnis", aber auch "der sinnlichen Darstellung und des Ausdrucks" (BAUMGARTEN, Ausgabe von 1983, S. 79).

Dem Sinn kam ein eigener Erkenntniswert zu. Er war nicht nur dazu da, um dem Verstand das Material zu liefern. Damit steht BAUMGARTEN in der Nachfolge der aristotelischen Erkenntnislehre und den Gedanken von LEIBNIZ und WOLFF.

Bei KANT gründet die Erfahrung des Schönen in der Harmonie von Verstand und sinnlicher Anschauung. Das Anschauen eines schönen Gegenstandes oder einer schönen Form wird vom Subjekt als ein Gefühl der Lust wahrgenommen. Dieser Gemütszustand wurde als entscheidendes Kriterium der ästhetischen Erfahrung des Schönen postuliert. Dabei ist die ästhetische Erfahrung auf den Gemütszustand bezogen und als "Nicht-Erkenntnis" definiert. "Schön ist das, was ohne Begriff allgemein gefällt" (KANT, zit. nach der Ausgabe 1981. KU, § 9, S. 93). KANT erkennt damit allgemein-menschliche Bedingungen als Erfahrung des Schönen an. Für Kant war das Schöne nur da gegeben, wo der Mensch ganz ist, wo Einbildungskraft und Verstand sich in Harmonie befinden.

Auch SCHILLER fordert eine Harmonie von Sinnlichkeit und Vernunft. Er beklagt die Entzweiung des Menschen in der modernen Gesellschaft (!) und das Problem der Entfremdung des Menschen vom Wesentlichen des Daseins und sagt: "Denn, um es endlich einmal herauszusagen, der Mensch spielt nur, wo er in voller Bedeutung des Wortes Mensch ist, und er ist nur da ganz Mensch, wo er spielt (15. Brief zur Ästhetischen Erziehung, zit. nach der Ausgabe von 1977, S. 63).

Was bedeuten die Gedanken von BAUMGARTEN, KANT und SCHILLER für mein Verstehen, das sich aus den oben geschilderten Bildern erschließt?

Beim ersten Spiel war es die ganzheitlich erlebte, sinnlich-körperliche Erfahrung, das Einssein mit der Erde unter mir und der Natur um mich herum, welches ein beglückendes Gefühl von Harmonie und Zugehörigkeit vermittelte. Es war die Erfahrung, daß die Erde mich trägt, daß sie Kraft und Energie ausströmt, die auf den Körper wirkt, ihn beeinflußt und formt. Das Wohlgefühl, welches sich daraus entwickelte, war eine Quelle der Kraft, am Leben teilhaben zu wollen. Es war auch das Vertrauen auf die Zukunft, die sich aus einer lebendigen Quelle immer neu gestaltet.

"Die Folge der Gestalten ordnet sich zuletzt also doch, aber nicht in die Ordnung des zeitlichen Nacheinander, sondern in der Folge der

Taten und der Erkenntnisse, der Lebensstufen und Geschlechterfolgen als Wiederkunft (v. WEIZSÄCKER, V., 1950, S. 190).

In der zweiten Geschichte steht das, was gefällt, der ästhetische Genuß im Mittelpunkt. Der spielerische Umgang mit den Körpern führt zu einer schönen Gestaltung in Raum, Zeit und Form. Diese Gestaltung wurde bewußt gewählt, es wurde an ihr gearbeitet, bis sie dem eigenen Anspruch genügte. Es gab keine Zuschauer, es gab keinen äußeren Anlaß zur ästhetischen Gestaltung. Die schöne Form hatte ihren eigenen Sinn. Das Schöne wurde ganz bewußt inszeniert und als erstrebenswerter Anteil des Lebens erkannt.

Friedrich v. WEIZSÄCKER definiert das Schöne als eine Erscheinungsform des Guten (1980, S. 102).

Er sagt, daß in der ästhetischen Erfahrung der Mensch die Objekte seiner Umwelt nicht einfach nach Maßgabe seines eigenen Vorteils, sondern mit Rücksicht auf einen größeren (ökologischen) Zusammenhang erfährt. Bewegungsästhetik kann so als Möglichkeit gesehen werden, die positiven Kräfte des Menschen zu entfalten, die Schönheit von Gestalt und Form in der Natur wahrzunehmen und sich als Teil dieser Natur zu verstehen.

Wie kann nun sinnliche Wahrnehmung und Bewegungsästhetik als Teil von Gesundheitsbildung verstanden werden?

SCHILLERs Klage über die Entzweiung und Entfremdung des Menschen von seiner inneren und äußeren Natur muß heutzutage lauter und deutlicher denn je erfolgen. Überall ist abzulesen, daß das Gleichgewicht zwischen Mensch und Natur verlorengegangen ist. Die Entwicklung von Naturwissenschaft und Technik und die 'moderne' Lebensweise des Menschen haben immer kleinere Teile des Ganzen zum Ausgangspunkt des forschenden Interesses gemacht. Dabei ging der Blick für das Ganze verloren.

Sinnliche Wahrnehmung erschließt unser gesamtes organisches Dazugehören, unsere persönliche Ökologie: wie wir uns bewegen, wie wir unseren persönlichen Bedürfnissen nachgehen, wie wir uns mit Menschen, mit Situationen und mit Dingen in Beziehung setzen und was die Welt um uns von uns benötigt. Die Gesundheit in uns bedingt die Gesundheit der äußeren Natur.

Eine gesteigerte Sinnlichkeit und Sensibilität gegenüber dem eigenen Körper und der ihn umgebenden Umwelt führt dazu, dem

Schönen einen größeren Wert zuzumessen. Nimmt man Speisen sinnlich wahr, riecht, fühlt und sieht man sie, bevor sie in Ruhe verspeist werden, so entsteht der Wunsch, das Essen an einem liebevoll gedeckten und geschmückten Tisch zu sich zu nehmen, um zu genießen.

Die Wahrnehmung der eigenen Körperformen führt dazu, daß Kleidungsstücke ausgewählt werden, die diese Formen unterstützen und ein harmonisches Bild abgeben. Dieses Bild dient dem Genuß.

Für die Bewegung gelten Harmonie und Ausdruck als ästhetische Dimension. Die harmonische Bewegung ist darüber hinaus aber auch ökonomisch und dient daher im besonderen Maße der Gesundheitsförderung. Die Ausdrucksgestaltung in der Bewegung ist eine freudespendende Kraft, eine Quelle des Genießens, die die Lust des Menschen auf das Spiel im SCHILLERschen Sinne darstellt.

So können die sinnliche Wahrnehmung und Bewegungsästhetik das 'Schöne' in der Gestaltung des persönlichen Lebens entfalten helfen und die inneren und äußeren Kräfte, die auf den Menschen wirken, zu einem gesunden und harmonischen Ganzen zusammenfügen.

Literatur:

Baumgarten, A.G.: Texte zur Grundlegung der Ästhetik. Hamburg 1983.

Beck, J./Wellershoff, H.: SinnesWandel. Frankfurt/Main 1989.

Brooks, Ch.V.W.: Erleben durch die Sinne. Paderborn 1984.

Brugger, B.: Die Psychologie vom Schönen. Frankfurt/Main 1987.

Kant, I.: Kritik der Urteilskraft. Stuttgart 1981.

Schiller, F.: Über die ästhetische Erziehung des Menschen in einer Reihe von Briefen. Stuttgart 1977.

v. Weizsäcker, F.: Das Schöne. In ders.: Der Garten des Menschlichen. Beiträge zu einer geschichtlichen Anthropologie. Frankfurt/Main 1980.

v. Weizsäcker, V.: Der Gestaltkreis: Theorie der Einheit von Wahrnehmen und Bewegen. Stuttgart 1950.

Barbara Schwaner-Heitmann
Holger Heitmann

2. Sinnliche Wahrnehmung und Bewegungsästhetik. Eine Praxisreflexion

1. Von der Last und der Lust der Füße

Die Füße sind ein wichtiger Organismus des menschlichen Körpers. Sie befinden sich in Bodennähe und haben mit unserem Vertrauen in die Tragfähigkeit der Erde zu tun.

Im Alltag sind wir uns unscrer Füße selten bewußt. Sie tragen mehr oder weniger große Last, werden in enge Schuhe gesteckt und führen die Bewegungen aus, die vom Kopf als Handlungsmuster entworfen werden. Füße werden oft nur wahrgenommen, wenn sie schmerzen oder wenn sie besonders warm oder kalt sind. Wenn wir aber unsere Füße beachten, wenn sie aufmerksam werden für das, was sie tun, dann können deutlich Veränderungen in ihrem Funktionieren wahrgenommen werden. Veränderungen, die eine größere Angemessenheit darstellen. Dazu braucht man keine besondere Technik oder eine bestimmte Fußgymnastik.

Beim bewußten Durch-den-Raum-Gehen können wir uns Zeit nehmen, in den Fuß hineinzuspüren und zu fühlen, wie er sich bewegt, was für eine Verbindung zum Boden besteht.

Welche Teile des Fußes berühren den Boden mehr, welche weniger? Gibt es Teile des Fußes, die eine größere Last tragen? Wo beginnt das Abrollen - an der Hacke? - am Ballen? Spüre ich beide Füße gleichmäßig belastet, trägt einer mehr Gewicht? Welche Zehen berühren den Boden und welche sind am Schritt nicht beteiligt?

Im bewußten Hineinspüren in das vom Kopf entfernteste Organ wird es plötzlich lebendig. Die Füße reagieren mit größerer Bewußtheit, sie werden wärmer, geschmeidiger, gehen mit dem Boden eine engere Verbindung ein. Ganz deutlich wird Energie verspürt, die vom Boden ausgeht und den Fuß durchströmt. Wir lassen uns Zeit, nur das wahrzunehmen.

Kann diese lebendige, oft auch kribbelnde Wachheit des Fußes im Bewußtsein weiter durch den Körper nach oben wandern?

Wer spürt die Berührung des Bodens bis in die Knöchel hinein? Kann die Veränderung in der Wahrnehmung auch im Knie wahrgenommen werden? Vielleicht eher, wenn die Knie leicht gebeugt werden, für Energieströme durchlässig?

Bei manchen Menschen wandert die Wahrnehmung sogar bis ins Becken, und dieses stellt sich auf die Wachheit ein. Es löst sich vielleicht unmerklich, bis es sich in der Haltung zu Knien, Fußgelenken und Fußsohlen wohlfühlt.

Auch die Atmung kann sich verändern, wenn Spannungen im unteren Teil des Körpers aufgelöst werden. Der Weg des Spürens beginnt immer bei der Verbindung der Fußsohlen zum Boden, aber plötzlich merken wir, daß wir freier atmen, der Brustkorb sich weitet und die Schultern an Last verlieren.

Immer ruhig weitergehend legen wir jetzt eine Hand auf unseren Kopf, die andere Hand auf den Bauch. Durch die Handflächen begrenzen wir den Raum, den unser Körper zwischen Himmel und Erde einnimmt. Beginnen wir in Gedanken eine Reise ins Innere unseres Körpers, fühlen wir, welche Bahnen, Leitungen und Verbindungen in uns entlanglaufen. Wo spüren wir die Flüssigkeiten und Stoffe, die in uns kreisen? Vielleicht gelingt es, durch das innere und äußere Ausmessen eine Wahrnehmung des Ganzseins zu gewinnen, ein Bewußtsein des in der Gegenwart Lebendigen.

Der eine oder die andere mag beim Hineinspüren in den eigenen Körper noch wenig erfolgreich gewesen sein. Zu viele Schranken und Barrikaden haben sich in den Gelenken und Körperkreuzungen aufgebaut, die den Energiefluß blockieren.

Um die Erforschung des Fußes tiefer gehen zu lassen, setzen wir uns hin, ziehen die Socken aus und nehmen einen Fuß in beide Hände.

Was spüren die tastenden Finger an den unterschiedlichen Knochen, Sehnen und Bändern? Spüren sie die Festigkeit des Knochens, der die Hacke bildet und zugleich die Weichheit der runden Form.

Welcher Teil des Fußes stützt und hält das Gewicht, und wo beginnt der Teil, der flexibel ist und nachgeben kann, wenn der Körper sich verlagert, um die Richtung zu ändern?

Aus wieviel Gelenken besteht eigentlich die Zehe, und wie ist das Gelenk gebaut? Wir spüren zwei Scharniergelenke und ein Drehgelenk. Was bedeutet das für die Beweglichkeit der einzelnen Zehen und des ganzen Fußes?

Manche Menschen forschen ganz unbefangen und mit Neugier an ihren Füßen. Sie sind erstaunt über die Form, die sie vorher nie bewußt wahrgenommen haben und freuen sich an der Weisheit der Natur. Durch das intensive Ertasten, Reiben, Drücken, Kneten und Drehen an den einzelnen Gelenken des Fußes werden die Glieder wacher, bewußter. Wärme breitet sich aus und durch diese Wärme Geschmeidigkeit für ein harmonisches Zusammenspiel. So sind die Füße vorbereitet, zu tanzen. Sie können jetzt mühelos abrollen, wenn das Gewicht nach vorne, zur Seite oder hinten verlagert wird, um Drehungen, Schritte oder Sprünge auszuführen.

Alle TeilnehmerInnen werden aufgefordert, eine(n) PartnerIn mit ausgestrecktem Arm jeweils die rechte Hand zu reichen und sich seitlich hinauszulehnen im Vertrauen darauf, daß der andere uns hält. Das ist ein Spiel der Kinder, die zum ersten Mal die Zentrifugalkraft entdecken, die sich immer weiter hinauslehnen, bis die Verbindung zerreißt und sie lachend zu Boden fallen. Hier verläuft das Spiel mit der Schwerkraft kontrolliert, weich, nach zugleich beschwingender und tragender Musik: Dem berühmten Kanon von Pachelbel.

Wenn zwei Körper sich einige Male umeinander gedreht haben, wenn das Gleichgewicht harmonisch verteilt ist und einen Augenblick beschwingten Tanzens zuläßt, lösen wir die Handfassung und kreisen, schwingen oder schweben der nächsten ausgestreckten Hand entgegen. So beginnt der Tanz aufs Neue, und die Gesichter werden gelöster, mit jedem erlebten Vertrauensbeweis: Ich kann dich halten, und es macht Spaß, mit dir einen Augenblick fast schwerelos zu tanzen.

Von oben gesehen erinnert dieses Formen, Lösen, wieder Zusammenfinden an ein Kaleidoskop, das sich nach der Musik des Kanons leise dreht und bunte, wechselnde Bilder in den Raum zaubert. Schön!

Das ist der Ausdruck, der immer wieder bei der sich anschließenden Reflexion in der Gruppe genannt wird. Als schön, als ästhetischer Genuß, wurde die Weichheit des schwingenden Tanzens empfunden, die Musik, die die kreisenden Formen zusammenhielt und die Geschmeidigkeit der Füße, die sich jeder auch noch so schnellen Bewegung anpassen konnten. Das Entdecken des eigenen Körpers brachte Erinnerungen an die Kindheit, in der Zeit und Muße da waren, um sich einem Ding ganz hinzugeben. Diese Hingabe an den eigenen Fuß bedurfte hier keiner Technik, keiner vorgefertigten Übung. Es waren die eigene Wärme, die eigene Energie, die eigenen Gedanken und Bilder, die den Fuß wach und geschmeidig machte, bereit, den Körper sicher zu tragen.

2. Aufwecken - Überlassen - Tragen

Menschen gehen im Alltag unterschiedliche Kontakte miteinander ein. Am meisten verbreitet ist der Augen-Blick, der, flüchtig geknüpft, schnell weiterwandert. Der Händedruck, ein weiterer Kontakt, wird in unserer Gesellschaft oft als angelernte Geste und Konvention behandelt, nicht als Anfang oder Ende einer tiefergehenden Verbindung.

Berührungen mit Körperteilen anderer Menschen sind oft ungewollt - in der drängelnden Menge im Straßengewühl oder in den engen Sitzreihen von öffentlichen Verkehrsmitteln.

Die Art, wie die Menschen den Wechsel von Kontaktaufnahme und Distanzierung erleben, kann sehr vielfältig sein. Mutter und Baby halten bewußt eine lange, enge Verbindung. Sie ist lebensnotwendig. Heranwachsende Kinder suchen oft die körperliche Nähe durch Umarmungen, Rangeleien oder Zärtlichkeiten. Je älter der Mensch wird, desto mehr verzichtet er auf körperlichen Kontakt, ersetzt diesen oft durch die sexuelle Begegnung und vergißt dann die wärmende und freudespendende Wirkung von Berührungen, durch die es möglich wird, Gefühle zuzulassen und auszuleben.

Um einen ersten Körperkontakt zum Partner herzustellen, gehen wir aufeinander zu und finden uns zu Paaren zusammen. Ein(e) Partnerin beugt sich vornüber, und der andere beginnt, von den Füßen bis zu den Schultern den Körper mit weichen Händen zu beklopfen. Das Klopfen kann eine Reihe unbewußter symbolischer Bedeutungen für beide Partner in sich tragen. Es kann freundlich aufmunternd, freundschaftlich-kumpelhaft oder auch bestrafend wirken, je nachdem, welche eigenen Erfahrungen gegeben sind.

Nach anfänglicher Unsicherheit dem Partner gegenüber wird es immer besser möglich, die Unterschiede des Gewebes und der körperlichen Strukturen zu spüren und sich mit nuancenreichen Variationen des Klopfens darauf einzustellen.

Sind es die angespannten Muskeln in den Waden, die nur leicht mit den Fingerspitzen gelockert werden können? Ist es der Rücken oder

Nacken, der sich mit jedem kräftigen Trommelschlag von der flachen Hand mehr entspannt?

Ist es die empfindliche Gegend der Nieren, an der die Hände sanft vorbeistreichen sollen, oder ist es die unempfindliche Muskulatur des Gesäßes, die ein stärkeres Klopfen erwartet und verträgt?

Klopfen lernen bedeutet das Erkennen der Eigenart und der Reaktionen des anderen, den man damit behandeln möchte.

Wir müssen ganz bei uns sein, um zu spüren, was wir gerade tun und wie wir das tun. Die Energie und Kräfte, die nötig sind, entwickeln sich aus der eigenen Wahrnehmung, an der Bereitschaft, Wohlgefühl und Freude zu schenken.

Ein noch stärkeres Erlebnis mag sein, sich mit mehreren anderen Partnern einem Energiestrom zu überlassen, bei dem ein ruhiges, erhöhtes Seinsgefühl entstehen kann:

In einer Dreiergruppe schließt jemand die Augen, die anderen beiden berühren dessen Körper mit beiden Händen. Einer von beiden gibt dem Körper in der Mitte einen Impuls, so daß dieser den festen Stand lösen muß - der andere fängt ihn auf. Durch die Verstärkung der Impulse, durch sanftes Schieben oder leichten Druck wird der Mensch zwischen den beiden anderen hin- und herbewegt und spürt, daß er den helfenden Händen vertrauen kann. Längst wird der Impuls nicht nur mit den Händen, sondern mit dem ganzen Körper ausgeführt, wird der andere im Sitzen, Knien oder Liegen in Empfang genommen. Je enger der Kontakt der beiden äußeren zu ihrem Medium ist, desto runder und harmonischer empfinden alle drei die gemeinsame Bewegung. Nur durch Blickkontakt und der Deutung von Körperhaltung und Körperausdruck, ohne verbale Verständigung, gehen zwei Menschen durch die Behandlung eines dritten einen intensiven Dialog miteinander ein.

Auf die sich anschließende Frage, was sich ereignet hat, gibt es bewegende Äußerungen über Wärme, Nähe, Freundlichkeit und Vertrauen. Nach dem letzten Rollenwechsel waren alle Körper noch weicher, wacher und achtsamer geworden, so daß die Einheit als beglückend empfunden wurde. Vergessen war die Scheu vor der Berührung des fremden Körperteils. Die TeilnehmerInnen waren gleichzeitig ganz bei sich und Teil einer größeren Einheit.

Der dritte Partner ist eine lebendige Hilfe für unsere eigene Wahrnehmung, für unsere Fähigkeit zur Kommunikation. Der 'bewegte' Mensch in der Mitte spürt die Rolle, die er als Medium der beiden hat und kann sie auch genießen, wenn ihre Kommunikation gelingt, d.h. wenn ihre Impulse verstanden werden, wenn sie spüren, wann und wie sie abgeben und nehmen können.

Eine geglückte oder weniger geglückte Kommunikation ist ein Teil der Erfahrung, wie wir uns allgemein mit anderen Menschen verständigen können.

3. Von der inneren Achtsamkeit zur Gestaltung in Raum und Zeit

Ein Ziel der Sinneswahrnehmung ist die Unterscheidung dessen, was wir wirklich spüren von dem, was wir uns in Gedanken vorstellen und vorschnell mit dem Kopf konstruieren. Wir sind es gewohnt, zunächst den Kopf zu befragen, wenn es zum Beispiel um die Position des eigenen Körpers im Raum geht. Auf eine Frage folgt schnell die Selbstanweisung: 'Denk nach!' - oder 'Sieh nach!'. 'Fühle!' rufen wir uns selten zu. Dabei sind es eigentlich die Sinne, die sehr viel schneller als der Verstand Klarheit über die Lage des Körpers, dessen Ausmaße und dessen Verhältnis zu anderen Menschen im Raum, vermitteln können.

Wir werden aufgefordert, eine beliebige Körperhaltung einzunehmen und sich ihrer ganz klar zu werden.

Sitze, stehe oder liege ich? Welche Teile meines Körpers berühren den Boden? Wie ist die Haltung der Arme, Beine und des Kopfes? Jeder vergegenwärtigt sich seine Position mit Hilfe der Sinne. Anschließend nehme ich den Raum und meine Umwelt wahr. Wie ist der Raum beschaffen? Ist er weit oder eng, hoch oder niedrig, hell oder dunkel? Befinde ich mich in einem hellen oder dunkleren Teil des Raumes? In der Nähe welcher Dinge im Raum habe ich mich niedergelassen?

Wo sind die anderen TeilnehmerInnen? Sind sie weit von mir entfernt oder dicht bei mir?

Nach einer Zeit des Klarwerdens suchen wir uns einen anderen Standort im Raum, zu dem wir uns gleich hinbegeben werden. Vorher entwerfen wir aber in Gedanken eine Position, die wir einnehmen wollen, und führen den Gedanken dann aus.

Wie hat sich von dort aus gesehen meine Umwelt verändert, wie habe ich mich selbst verändert? Aus welchem Blickwinkel beobachte ich mich jetzt, wie sehe ich die anderen? Bin ich mir über meine neue Position ganz klar?

Nach vielen Wiederholungen und sich ständig wechselnden Formen im Raum wird die Umgebung vertrauter, gehören die Menschen darin immer mehr dazu.

Nun schließen wir die Augen und nehmen den Raum mit den verbleibenden Sinnen wahr. Ganz deutlich wird, daß das Gehör sich jetzt schärft. Die Bewegungen von einem Ort zum anderen können rollend, schiebend, kugelnd ausgeführt werden oder schleichend, schlurfend, tastend. Die Geräusche werden immer deutlicher, zeigen die Positionen der anderen an.

Alle Dinge, die im Raum sind, werden jetzt in die Gestaltung einbezogen, besonders die Menschen, die sich darin befinden. Liegt, steht oder sitzt jemand auf dem Platz, den wir uns vorgestellt hatten, passen wir uns ihm an. Wir nehmen sinnlich wahr, welche Form der/die Partnerin bildet und in welcher räumlichen Nähe oder Ferne sich unsere Gestalt von den anderen Menschen oder den Begrenzungen und Gegenständen des Raumes befindet. So wird die Mit- und Umwelt ständig umgestaltet, und wir passen uns mit unseren Vorstellungen und Positionen dieser Umwelt an. Wir gestalten sie aber auch gleichzeitig aktiv mit und sind ein wichtiger Teil des Ganzen.

Die Aufforderung, den Raum zu begrenzen und sich auf dessen Mitte zu konzentrieren, führt dazu, daβ sich mehr Menschen begegnen. Es gilt, sich mit den eigenen Bewegungen, Haltungen und Positionen auf diese Begrenzung und Einschränkung einzustellen. Dadurch werden die körperlichen und räumlichen Veränderungen immer vorsichtiger und tastender vollzogen. Ruhig gestalten sich verschiedene Bewegungsqualitäten: Hoch und tief, weit und eng, auseinander- und zusammenführend. Durch die unterschiedlichen Ebenen ergeben sich Kontakte und Berührungen mit verschiedenen Körperteilen: Beine berühren den Rumpf des anderen, Hände spüren den warmen Kontakt zum Rücken. Ganz vorsichtig und langsam klettern einige über die Kauernden hinweg. Jeder spürt die Angemessenheit und Sensitivität, die erforderlich ist, um auf diesem engen Raum dicht beieinander sein zu können. Es ist auch eine Erfahrung darüber, wieviel ich bereit bin, von meinem Gewicht abzugeben und das des anderen zuzulassen, und mit welchen Körperteilen ich in der Lage bin, die Last des anderen zu tragen.

Einige TeilnehmerInnen waren nicht bereit, diesen Prozeβ mitzugehen. Sie hatten sich auf die Bank gesetzt und das Geschehen von auβen verfolgt. Die körperliche Nähe und Enge war für sie unerträglich, wie sie später feststellten. Der Schwerpunkt ihrer sinnlichen Wahrnehmung war der optische Genuβ durch die Gruppengestaltung, die einer Teilnehmerin vorkam "wie eine groβe, lebendige, fleischfressende Pflanze, die sich langsam öffnet und schlieβt".

Aus den vielen einzelnen Gestalten wurde eine gemeinsame Gestaltung, die für die Beobachter zu einem ästhetischen Erlebnis wurde. Das Ästhetische in dieser Bewegung waren die Klarheit und die Harmonie des Bewegungsflusses, der kein Ziel hatte, sondern sich immer wieder aus sich selbst heraus erneuerte.

Was eine Teilnehmerin aus dem Inneren des engen Raumes empfunden hat, schrieb sie in einer anschlieβenden Reflexion so auf:

"Für mich wohl am eindrucksvollsten - daher möchte ich auf diesen Teil eingehen - waren die Übungen, in denen wir uns mit geschlossenen Augen berühren sollten. Am eindrucksvollsten wahrscheinlich dadurch, daβ die Diskrepanz zwischen anfänglich negativen Gefühlen und später positiven am deutlichsten war. Bekanntlich gehören körperliche Kontakte (gemeint sind nichtsexuelle und nichterotische) bei vielen Naturvölkern zum gesunden Sozialverhalten, bei uns wurden sie durch kulturelle Traditionen zum Tabu, und jeder Berührung wird allzu schnell sexuelle Absicht unterstellt. Ich weiβ, daβ die Vernachlässigung körperlicher Kontakte, häufig verbunden mit der Vernachlässigung körperlicher Wahrnehmungen und der Unfähigkeit, Gefühle zu zeigen, die zwischenmenschliche Kommunikation erschweren. Trotzdem fällt es mir (und nicht nur mir) schwer, traditionelle Verhaltensweisen zu verarbeiten und zu ändern.

Von mir ausgehende körperliche Berührungen, die auf andere positive Auswirkungen ausüben sollen, z.B. beruhigen oder aufmuntern, sind selbstverständlich. Doch sollte ich bei euch Berührungen weitgehend gesunder Menschen an mir selbst zulassen und dabei auch noch auf Gefühle achten. Ich empfand hauptsächlich Abwehr und war versucht zu streiken. Ich streikte nicht, da meiner Abwehr vom Verstand her eine positive Einstellung gegenüberstand, und die Überwindung lohnte sich. So war ich erstaunt, daβ ich nicht, wie erwartet, nur auf die anderen achtete, sondern die Berührungen annehmen konnte und mich auch auf mich selbst und auf das, was ich spürte, besinnen konnte. Ich möchte nur einige Empfindungen nennen, die ich aus den Übungen mit nach Hause nahm: Entspannung, Leichtigkeit, Fröhlichkeit, Unbeschwertheit, Vertrauen mir und anderen gegenüber."

In diesem Text wird deutlich, daß die intensive Wahrnehmung dessen, was mit uns geschieht, viel über die innere und äußere Wirklichkeit in unserem Leben aufzeigen kann. Menschliche Beziehungen bestehen aus ständigem Austausch mit anderen Menschen und der uns umgebenden Umwelt. Bewußt oder unbewußt ist jeder ein Gebender und ein Nehmender zugleich. Die Rollen und Funktionen wechseln mit den Anforderungen des Alltags.

Von Bedeutung bei der sinnlichen Wahrnehmung ist das Aufspüren der Veränderung, die bei uns eintritt, wenn wir ganz 'bei Sinnen' sind. Je mehr Sinne sich angesprochen fühlen, desto intensiver wird die Empfindung für das, was uns selbst guttut. Gleichzeitig nehmen wir durch die intensivere Sinneswahrnehmung auch die Menschen um uns herum deutlicher wahr. Wir werden offen für deren Wahrnehmungsfähigkeit, vielleicht auch für deren Sorgen und Nöte. Offenheit für die Mitmenschen bedeutet auch Offenheit für das Leben um uns herum, für die Existenz von Pflanzen und Tieren als notwendige Teile eines Lebensraumes, den es gerecht zu teilen gilt.

Der oben aufgezeigte Ablauf von drei Praxistagen kann als Versuch angesehen werden, Sinnesbewußtsein zu erreichen. In dem Wort Bewußtsein steckt die Einstellung, daß uns klar sein muß, was wir tun. Wir sind fühlende Wesen wie die Pflanzen und Tiere, aber wir haben auch die Fähigkeit der intellektuellen Verarbeitung unserer Erlebnisse und Erfahrungen. Das Wahrnehmen durch die Sinne können wir eher spüren, wenn Gedanken organisch aus der eigenen Erfahrung hervorgehen und nicht nur aus Quellen zweiter Hand entstehen, die uns Informationen statt Erlebnisse liefern. Durch praktische Sinnesarbeit erfahren wir, daß wir zu den Dingen, mit denen wir umgehen, eine *sinn*volle Verbindung eingehen, die deutlich unterscheidbar ist von dem oft blinden, gefühllosen und achtlosen Umgang mit anderen Menschen und unserer Umwelt.

Sinneswahrnehmung ist keine Lehre, sondern eine Praxiserfahrung, die nie abgeschlossen oder beendet ist. Das Ziel hierbei ist nicht die Aneignung von Techniken oder Fertigkeiten, sondern nur die Fähigkeit zur Hingabe und Freiheit, mit allen Sinnen zu forschen und aus diesem Erforschten für uns selbst zu lernen. 'Die Entdeckung des Selbstverständlichen' nennt Moshé FELDENKRAIS eines seiner

Bücher. Der eigene Fuß ist so eine Selbstverständlichkeit, dessen wir uns kaum bewußt sind. Durch die Erforschung, durch den bewußten Umgang mit diesem Körperteil, wird es plötzlich ein lebendiger Teil von uns, mit dem wir einen Dialog eingehen können. Das erfordert eine offene und neugierige Haltung uns selbst und der uns umgebenden Welt gegenüber. Durch Körperarbeit lernen wir nach und nach, die Wahrnehmung von anderen Bewußtseinsstufen wie z.B. von Emotionen, Phantasien und Gedanken zu unterscheiden. Eine Schärfung der Wahrnehmung ohne eine intellektuelle Vorausschau auf das zu Erwartende kann uns zu neuen Erlebnissen, Einsichten und Empfindungen führen, die weit über das hinausgehen, was wir vorher mit dem Verstand konstruieren können. Das führt zu einer Erweiterung des eigenen Lebenshorizontes. Wenn ich mir über meine Sinne Klarheit verschaffe, wirkt sich diese Klärung auch auf andere seelisch-geistige Prozesse und intellektuelle Fähigkeiten aus.

Ein chinesisches Sprichwort sagt:
Ich höre und vergesse.
Ich sehe und behalte.
Ich tue und verstehe.

Das Tun, der bewußte, handelnde Umgang mit dem Körper benötigt viel Zeit. Wie bei einem feinen Musikinstrument, das sorgsam gestimmt wird, kann der Mensch durch Körperarbeit lernen, seine eigenen Harmonien zu entwickeln.
Die Anleitungen in der Praxisbeschreibung erscheinen auf dem Papier wie wenige Minuten. Dabei haben sie viele Stunden benötigt. Wenn den Sinnen Zeit gelassen wird, können sie sich in ihrem eigenen Tempo entfalten. Hier kommt es nicht auf ein Ziel an, das wir erreichen können, sondern auf einen Prozeß:

Sinnenbewußtheit und Sinnengenuß durch Bewegung.

Barbara Haselbach

3. Wahrnehmung und Gestaltung

...auf den Wiesen zwischen den Gebäudekomplexen der Flensburger Pädagogischen Hochschule grast ein junges Pferd, ein Mädchen in Reithosen tritt zu ihm, spricht leise mit ihm und streichelt ihm sanft über die Flanke. Ganz sacht beginnt es, ihm das Halfter anzulegen. Das Pferd weicht aus, das Mädchen folgt ihm aufmerksam und freundlich, die beiden sind in einen Dialog miteinander eingetreten...

Dieses Erlebnis nehme ich aus einer kurzen Zwischenpause in den Unterricht mit. 'Wahrnehmung und Gestaltung' heißt das Thema, zu dem sich gleich 30 Personen zu einer 'Schnupperstunde' bei mir einfinden werden. Der Eindruck der auf der Wiese beobachteten Begegnung war so intensiv, daß ich das Erlebte spontan in die Stunde einbringen möchte. Begegnen, sich-mitteilen, ausweichen, sich-durchsetzen, etwas miteinander - oder gegeneinander tun, Dominanz und Unterwerfung oder wechselseitiges Aufeinandereingehen, alle diese 'ex improviso' geäußerten Verhaltensformen werden zur eigenen, nonverbal zu gestaltenden Szene.

In dieser Situation, die sich tatsächlich so ereignete, hat eine Wahrnehmung des Leiters zwar das Thema eingebracht, die Gestaltung jedoch kam aus dem Wahrnehmungsgedächtnis, den Vorerfahrungen und Reaktionen jedes einzelnen Teilnehmers: Wahrnehmung wird zu Ausgangspunkt und Rohmaterial von Gestaltung!

Exkurs zum Begriff 'Sinnliche Wahrnehmung':

Wir erleben, empfinden und erkennen unsre Welt in wachsenden Ringen (R.M. RILKE) durch unsre Sinne. Alle Primäreindrücke sind zunächst Erfahrungen, die wir durch unser vernetztes Wahrnehmungssystem aufnehmen. Diese primäre Form des Welterlebens, die ursprüngliche Form des Erfahrens (A. PORTMANN, 1969) ist es, die unsre inneren Bilder und Vorstellungen prägt, die eine ungeheuer reiche Ansammlung von Erinnerungen in unserem Gedächtnis speichert und Grunderfahrung unseres Lebens setzt, auf der alles spätere Wissen sinnvoll aufgebaut und miteinander in Beziehung gebracht werden kann und aus der schließlich unser Weltverständnis erwächst. Die wahren Wissenschaften sind jene, die dank der Erfahrung durch die Sinne gegangen sind (Leonardo da Vinci). Durch unsere Sinne erleben wir uns selbst, unsere Mitmenschen, unsere natürliche und technische Mit- und Umwelt. Doch nicht die physikalisch bestimmbaren Eindrücke von Minuten oder Sekunden, Lichtstärke und Farbton, Temperaturen, Formen, Größen und Gewichten sind das, was in unserem Gedächtnis aufbewahrt wird. - Es ist vielmehr die Eingebundenheit dieser Phänomene in eine Atmosphäre, in eine wohltuende oder erschreckende, aufregende oder tröstende, langweilige oder beunruhigende Situation. Sie ist es, die uns den Klang einer Stimme, das Gesicht eines Menschen, den Geruch eines Zimmers oder den Schmerz eines Schlages über viele Jahre hindurch in Erinnerung behalten läßt. Es ist das Verhältnis von Sinneseindruck und emotionaler Reaktion oder von Sinneseindruck und plötzlicher geistiger Einsicht, welches in uns als Spüren seine Erinnerungen hinterläßt.

Ob der Terminus 'Sinnliche Wahrnehmung' eine Tautologie bedeutet, ist schwer zu entscheiden. Ohne Zweifel gibt es auch 'außersinnliche Wahrnehmungen', doch woher auch immer die auslösenden Reize solcher Phänomene kommen mögen, die Eindrücke, die sie hervorrufen, bedienen sich fast immer solcher Bild- oder Klangelemente, die in ähnlicher Form, wenn auch vielleicht in anderer Intensität und in anderem Kontext, in der Erfahrung der 'sinnlichen Biographie' des Individuums gespeichert sind.

Ist das Aufnehmen eines Reizes durch ein entsprechendes Organsystem jedoch an und für sich schon ein 'wahrnehmen', ein 'für wahr nehmen'?

Wie viele optische, wie viele akustische Reize erreichen uns in nahezu ununterbrochener Attacke, welche nehmen wir wahr? Die Weisheit der Sprache differenziert hier deutlich. Das etymologische Wörterbuch des Duden erklärt das Wort 'wahrnehmen' als: "in Aufmerksamkeit nehmen, einer Sache Aufmerksamkeit schenken". Das läßt darauf schließen, daß wir bei manchen Eindrücken achtsamer sind als bei anderen, daß wir bei einigen mehr aufmerken, mehr auf der Hut sind als bei anderen. Doch welche achten wir mehr? Wird diese Auswahl mitbestimmt von der Intensität des Reizes, vielleicht auch von der Stärke psychischer Reaktion und/oder gedanklicher Assoziation und des psychosozialen Ambientes? Sind synästhetische Wahrnehmungen intensiver als andere?

Eine spielerische Warm-up Übung zu Beginn des Unterrichts stellt die Aufgabe: 'auf und ab'. Dabei geht es darum, möglichst unterschiedliche Bewegungsarten zu erproben, z.B.:

Aufstehen, niedersinken, emporwachsen, umfallen, sich aufrichten, zu Boden gleiten, hochspringen, zusammenbrechen, sich nach oben strecken, stürzen, sich aufrappeln, sich niederlegen, sich erheben, umkippen, sich recken...

Die Bewegungen, die von den Teilnehmern gefunden werden, sind nicht nur mechanische Funktionen, manche erwecken bei den Ausführenden Erinnerungen, andere rufen Assoziationen, Bilder hervor. Meist ist die Bewegung zuerst da, doch gelegentlich entsteht auch zunächst eine innere Vorstellung, und diese löst erst in der Folge die Bewegung aus.

Es gibt viel zu beobachten, zunächst an sich selbst, später auch an den anderen. Die Überwindung der Schwerkraft, der Druck gegen den Boden, die Spannung der Muskeln, das gefährdete Gleichgewicht, die Streckung nach der gebeugten Position, das Um-sich-schauen-können in der Aufrichtung, das Am-liebsten-abheben-wollen, all das sind unterschiedliche Eindrücke bei der Aufwärtsbewegung. Ähnlich vielseitig sind die Wahrnehmungen bei der Abwärtsbewegung.

Wir lassen uns viel Zeit dabei, die einzelnen Bewegungen mit Aufmerksamkeit und Offenheit zu erleben, oft brauchen wir ein Kontinuum vielfacher Wiederholungen, bis Erinnerungen, Bilder, Assoziationen sich einstellen. Es ist keineswegs der Sinn der Aufgabe, sich etwas möglichst Originelles auszudenken, viel wesentlicher ist es zu erleben, was die gegenwärtige Wahrnehmung an neuen, an differenzierten Erfahrungen mit sich bringt, welche Zusammenhänge mit früher Erlebtem sich auftun oder wie die Phantasie von selbst zu spielen beginnt. Zulassen ist im Augenblick wichtiger als 'machen'...

Was hier geschieht, könnte sowohl als erlebnisorientierte Bewegungsimprovisation wie auch als Laborversuch in bezug auf Wahrnehmungsschulung bezeichnet werden. In der Reflexion mit den Teilnehmern stellt sich dann auch sofort die Frage: Kann man Wahrnehmung überhaupt schulen und wozu?

Wahrnehmungsschulung oder Sensibilisierung bedeutet, eine größere Feinfühligkeit, Genauigkeit und Differenziertheit für äußere und innere Vorgänge zu entwickeln. Im Umfeld der Kreativitätsforschung spricht LOWENFELD von Sensitivität als Voraussetzung für gestalterische Fähigkeiten und unterscheidet "perzeptuelle, geistige und soziale Sensitivität" (LOWENFELD, 1960), also die Fähigkeit, sinnliche, geistige und soziale Wahrnehmungen zu erfassen und innerlich zu verarbeiten. Die amerikanische Tänzerin/Pädagogin Anna Halprin erweitert in ihrem 'Life-Art-Process' diese Voraussetzungen für kreatives Gestalten auf alle vier menschlichen Wahrnehmungsebenen, nämlich die psychische, emotionale, mentale und spirituelle Ebene.

Wahrnehmung läßt sich, vorausgesetzt die Wahrnehmungssysteme selbst sind funktionsfähig, durch konzentrative Hinwendung und entsprechende Aufgabenstellungen durchaus differenzieren.

Die Frage nach dem Sinn von Sensibilisierungsarbeit, also der Vertiefung und Verfeinerung von Wahrnehmung wurde im Arbeitskreis gestellt und diskutiert:

- "Ich hätte nicht gedacht, daß solche Aufgaben so spannend sein können, daß in scheinbar 'zwecklosen Handlungen' soviel zu erleben ist."
- "Ich habe in diesen Stunden Erfahrungen mit meinem Körper, mit mir selbst gemacht, die ich vorher noch nie erlebt habe."
- "Das ging mir auch so, aber mehr oder stärker zu empfinden ist doch nicht immer positiv, da wird man doch auch verletzlicher, man bekommt eine 'dünnere Haut', alles berührt einen tiefer. Wer sensibler ist, leidet auch mehr, und warum soll man das verstärken."
- "Darauf kommt es, glaub' ich, nicht so sehr an, das Entscheidende für mich war, daß man weniger stumpf ist, daß man intensiver fühlt und reagiert, einfach daß man 'mehr lebt'."

Exkurs zu den Begriffen 'Ausdruck' und 'Gestaltung'

"Wir wissen etwas nur, insofern wir es selbst ausdrücken, d.h. machen können" (NOVALIS).

Die unübersehbar reichen Archive unserer Wahrnehmungen sollten nicht als Endlagerung, sondern als Umschlageplatz angesehen werden. All das, was mehr oder weniger bewußt wahrgenommen und aufbewahrt wurde, kann sich vom Eindruck in Ausdruck verwandeln, kann zur beabsichtigten Mitteilung, Erzählung, Gestaltung, Beschreibung werden, kann entweder als freie Assoziation und Phantasie, oder aber als sorgfältig gesuchter und geschliffener Beitrag eines gestalteten Werkes wieder in Erscheinung treten. Ein Kreislauf entsteht:

Eindruck
entsteht aus
Wahrnehmung externer Phänomene,
wird zu
Erlebnis und Erfahrung,
drängt über
Reaktion, Verarbeitung, Mitteilungsbedürfnis und Gestaltungswille
zum
Ausdruck.

Ausdruck eines Individuums wird für andere Individuen zum neuen Eindruck, der Kreis schließt sich...

'Ausdruckgeben' kann aus pädagogischem Verständnis Unterschiedliches bedeuten. Zum einen sind Ausdrucksreaktionen vorwiegend ein Ergebnis unmittelbaren Ergriffenseins (GÜNTHER 1962, S. 36), also ein 'Aus-sich-selbst-Herausstellen', um sich von einem Zustand der inneren Spannung loszumachen und sich von der Überwältigung durch ein Erlebnis zu befreien. Ein psycho-physischer Überdruck positiver oder auch negativer Art wird durch spontane Reaktion beantwortet und ausgeglichen. Es handelt sich um einen Akt der Befreiung, eine Art von Eigentherapie, um mit einer Situation zurechtzukommen. Jedes wütende Türenschlagen oder vor Freude 'außer Rand und Band' geraten ist so als individueller, nicht beabsichtigter Ausdruck zu verstehen.

Zum anderen kann Ausdruck als gewollte Mitteilung und Darstellung der eigenen Wahrnehmung erfolgen. Subjektive Erfahrung und Reaktion sowie die individuelle Verarbeitung und Interpretation des Erlebten werden gestaltet zu einem Akt bewußter Selbstdarstellung und gleichzeitig zu einem kommunikativen Vorgang. Dieser nun nicht mehr spontane sondern intendierte Ausdruck, die bewußte Präsentation zielt auf ein Gegenüber, benötigt Zuschauer und Zuhörer, braucht Mitspieler und Publikum.

Beispiel: Von der Wahrnehmung zur Gestaltung oder **vom Kinderspiel zur kreativen Interpretation von Skulpturen**

Ein altbekanntes Kinderspiel bildet den Anfang eines Gestaltungsprozesses. Zwei Partner stehen sich vor einer Mittellinie gegenüber, fassen sich an einer Hand und bemühen sich nun, den Gegenspieler über die Mittellinie zu ziehen. Impulse gehen hin und her, da wird gezerrt, gezogen, widerstanden, getrickst, entgegengestemmt, Ehrgeiz und Wetteifer kommen auf und die Absicht, den anderen mit Gewalt zu überwinden. Schließlich hat in jedem Paar einer 'gesiegt', einer 'verloren'.

Ein kurzes Zwischengespräch gibt jedem Teilnehmer die Gelegenheit, seine eigene Reaktion auf das Geschehen mitzuteilen. Lachend zwar, aber doch etwas betroffen wird zugegeben, daß Sieg oder Niederlage einen doch irgendwie berühren, ein ganz klein bißchen stolz oder ärgerlich machen. Die meisten sind selbst erstaunt über ihre emotionalen Reaktionen, die ihrer verstandesmäßigen Einstellung zu einem Warm-up Spiel zur Gänze widersprechen.

Nun wird die Wettkampfcharakteristik umfunktioniert. Es geht nicht mehr darum, stärker zu sein als der Partner, sondern ihm Bewegungsimpulse zu vermitteln und solche vom anderen zu empfangen. Gewichtsübertragung, Ziehen, Schieben, Drükken, Anlehnen und das Gewicht des anderen übernehmen, unterschiedliche Dynamik und Tempoveränderung von der Slow-motion Bewegung bis zu 'molto agitato' geben ein weites Feld für neue Bewegungs- und Partnererfahrungen.

Musik kommt hinzu (Arvo Pärt: Ausschnitt aus Fratres, EMC New Series 1275), die Bewegung läßt sich auf sie ein, löst sich von der Funktion, wird zum Tanz von Miteinander und Gegeneinander.

Zur eigenen Wahrnehmung und zur spontanen Gestaltung in der tänzerischen Improvisation tritt nun die Auseinandersetzung mit zwei Werken der Bildenden Kunst, die sich mit ein und demselben Thema beschäftigen, nämlich den beiden Skulpturen von Alexander Archipenko (Der Tanz, 1912) und von Michael Lekakis (Der Tanz, 1958).

Ruhiges Aufsichwirkenlassen ist die Voraussetzung für ein Gespräch, in dem die einzelnen Teilnehmer ihre Eindrücke von den Skulpturen beschreiben. Die vorausgegangenen Übungen zur eigenen Körpererfahrung ermöglichen gewissermaßen eine Identifikation des Betrachters mit dem betrachteten Werk, auch wenn dieses in einem Fall nahezu, im anderen vollständig abstrakt gestaltet ist (s. Haselbach, 1990). Gemeinsam wird das Charakteristische jeder der beiden Plastiken besprochen, werden Übereinstimmungen aufgespürt und Gegensätze diskutiert.

Die Reflexion über die beiden Werke hat geholfen zu verstehen, wie Gestaltung und Wirkung miteinander in Beziehung stehen. Material, räumliche Gestalt, Textur, Linie, Fluß, Balance, Schwerpunktlage, Focussierung und viele andere Wahrnehmungen bestimmen den Eindruck. Im Kontrast der beiden Kunstwerke verdeutlichen sich die Beobachtungen. Jedes hat seinen eigenen Ausdruck, abhängig von der Intention des Künstlers, seinem Verständnis des Themas und der Wahl seiner Gestaltungsmittel.

Die eigene leibliche Erfahrung und die Inspiration durch die Skulpturen, bzw. die Einsicht in Vermittlungsfunktion und Darstellungsmöglichkeiten durch künstlerische Medien wie Skulptur oder Bewegung und Tanz bilden nun den Ausgangspunkt für eine Partnergestaltung (man könnte auch sagen für ein Duett oder einen Pas de deux, doch würden möglicherweise diese Bezeichnungen sofort Hemmungen und Abwehr hervorrufen). Die Partner einigen sich auf einen Charakter, eine Stimmung oder eine Beziehung, die sie zum Ausdruck bringen wollen, ohne jedoch pantomimische Mittel zu benützen. Der Ausdruck wird nicht durch eine Story oder ein Libretto vermittelt, sondern vorwiegend durch die Auswahl der Bewegungen und Berührungen sowie durch Tempo, Dynamik und Raumgestalt, also durch bewegungsimmanente Mittel bestimmt. Nach einer ausreichenden Erarbeitungszeit werden die Gestaltungen der einzelnen Paare vorgestellt und in bezug auf Intention, Wirkung und Gestaltungsmittel gemeinsam besprochen.

Der Gestaltungsprozeß in einer pädagogisch intendierten Situation, wie der unseren in diesem Arbeitskreis, geht aus von der Konfrontation mit Wahrnehmungsangeboten, die vom Leiter, dem Thema entsprechend, ausgewählt und provoziert werden. In der Bewußtwerdung dieser Eindrücke assoziieren sich diese mit Vorerfahrungen, Bildern und Gedanken der Teilnehmer, über das objektive Angebot hinaus entstehen nun individuell geprägte Auffassungen und subjektive Interpretationen.

Eine der verantwortlichsten Aufgaben des Leiters, der einen solchen Prozeß initiiert und begleitet, ist die behutsame und doch anregende Einführung des Themas, die Vermittlung von Grunderfahrungen, einer Art Rohmaterial für die spätere Gestaltung. Hilfen zur Überwindung der Ausdruckshemmungen der Teilnehmer müssen angeboten werden durch spielerische Aufgaben und verständnisvolle Führung. Durch Motivation von außen soll die zunächst meist nicht besonders ausgeprägte eigene Motivation verstärkt werden. Trotz eines vielfältigen Ideenangebots durch den Leiter, das möglichst jeden einzelnen ansprechen sollte, muß Zeit für die Teilnehmer bleiben, eigene Vorstellungen, Bilder und Assoziationen entstehen zu lassen.

Nach einer Phase des improvisatorischen Versuchens und spontanen Gestaltens erwächst im allgemeinen das Bedürfnis nach einer gewissen, zumindest kurzfristigen, Gültigkeit der eigenen Ideen und Darstellung. Dadurch ergibt sich die Notwendigkeit zur Entwicklung und Realisation eines 'dramaturgischen Konzepts'. Beabsichtigte Aussage und stilistische Mittel, Auswahl der Bewegungen, ihre räumliche, zeitliche und dynamische Ausführung, Anfang, Durchführung und Abschluß einer Gestaltungsskizze und manche andere Gestaltungskriterien verlangen deutliche Entscheidungen. Oft wird es für die Ausführenden zum Problem, aus der Vielzahl der Möglichkeiten auszuwählen, aber erst durch solche Entschlüsse wird die Gestaltung zu einer persönlichen Aussage, die über die unverbindliche Beliebigkeit von aneinandergereihten Handlungselementen oder zufälligen Findungen hinausgeht.

Wahrnehmung und Gestaltung als Beitrag einer Gesundheitsbildung?

"Ich kann mir keinen Zustand denken, der mir unerträglicher und schmerzhafter wäre, als bei lebendiger und schmerzerfüllter Seele der Fähigkeit beraubt zu sein, ihr Ausdruck zu verleihen" (MONTAIGNE).

Dieser Ausspruch Montaignes, der lange Zeit vor der Entstehung von ästhetischer Erziehung und Kreativitätstherapie geäußert wurde, könnte gleichwohl als Leitsatz und Begründung für diese beiden Richtungen stehen. In ihm offenbart sich in konzentriertester Aussage das menschliche Bedürfnis nach psychischer Entlastung durch selbst-

bestimmten Ausdruck sowohl in seiner spontanen als auch in seiner intendierten, gestalteten Form.
Eine Erziehung, die bestrebt ist, dem Menschen zu einer Balance zwischen innerer und äußerer Welt, zur Bewältigung einer Überwältigung durch von außen auf ihn einstürzende Eindrücke zu verhelfen, kann nicht darauf verzichten, Ausdrucksschulung in ihr Programm aufzunehmen. Dabei geht es nicht vorrangig um künstlerische Gestaltung (die Auffassung, daß jeder Ausdruck grundsätzlich schon Kunst sei, erscheint mehr als fragwürdig), sondern vielmehr um eine psychische und eine geistige Komponente von Gesundheit, psychisch in bezug auf Entlastung und Bewältigung von Wahrnehmungen, inneren Bildern und Kräften durch Gestaltgebung, geistig als Weg des Erfassens und Begreifens von Eindrücken durch den Prozeß der verarbeitenden Formgebung im Sinne des Zitats von Leonardo da Vinci (s. oben).

Zusammenfassung:
Wahrnehmung und Gestaltung, Eindruck und Ausdruck schließen sich zum Kreis. Sie bewirken einander. Intensität und Vielfalt von Wahrnehmungen und deren individuelle Verarbeitung gehören zu den Voraussetzungen kreativen Gestaltens. Umgekehrt erklärt KLAGES die Fähigkeit zur Auffassung aus der Intensität der Gestaltungskraft: "Die Größe der Auffassungskraft geht somit letztlich zurück auf den Umfang des Vermögens zur Äußerung" (1968, S. 204). Zur psychischen Gesundheit des Menschen und zu seinem Lebendigbleiben bedürfen Wahrnehmung und Gestaltung, beeindruckt werden und ausdrücken können, In-sich-aufnehmen und Aus-sich-hervorbringen immer wieder einer neu zu erwerbenden und ebenso wieder zu verlierenden Balance.

Eine der überfachlichen Aufgaben ästhetischer Bildung besteht darin, Anregungen und Hilfestellungen im Sinne einer Gesundheitsbildung zu bieten.

Literatur:

Fritsch, Ursula: Tanz, Bewegungskultur, Gesellschaft. Verlust und Chancen symbolisch-expressiven Bewegens. Frankfurt 1988.

Gibson, James J.: Die Sinne und der Prozeβ der Wahrnehmung. Bern 1973.

Günther, Dorothee: Der Tanz als Bewegungsphänomen. Wesen und Werden. Reinbek 1962.

Haselbach, Barbara: Improvisation - Tanz - Bewegung. Stuttgart 1987[4].

Haselbach, Barbara: Tanz und bildende Kunst. Begegnung im Bereich ästhetischer Erziehung. Stuttgart 1990.

Homfeldt, Hans Günther (Hrsg.): Erziehung und Gesundheit. Weinheim 1988.

Langer, Susanne: Feeling and Form. A Theory of Art. London 1967[4].

Lippe, Rudolf zur: Am eigenen Leib. In: Kamper/Wulf (Hrsg.): Die Wiederkehr des Körpers. Frankfurt 1982.

Lippe, Rudolf zur: Sinnenbewuβtsein. Grundlegung einer anthropologischen Ästhetik. Reinbek 1987.

Lowenfeld, Victor: Vom Wesen schöpferischen Gestaltens. Frankfurt 1960.

Kamper, Dietmar und Wulf, Christoph (Hrsg.): Die Wiederkehr des Körpers. Frankfurt 1982.

Klages, Ludwig: Ausdrucksbewegung und Gestaltungskraft. Herausgegeben von Hans Eggert Schröder, mit einem Vorwort von Heinz Friedrich. München 1968.

Kükelhaus, Hugo: Fassen - Fühlen - Bilden. Organerfahrung im Umgang mit Phänomenen. Köln 1986.

Neumann, Erich: Kunst und schöpferisches Unbewuβtes. Zürich 1980[2].

Portmann, Adolf: Manipulation des Menschen. Zürich 1969.

Selle, Gert: Kultur der Sinne und ästhetische Erziehung. Köln 1981.

Eckart Balz

4. Sinnliche Bewegung - Gesunder Sport

Vergleicht man einmal die zentralen Begriffe aus der Ankündigung zu der Werktagung im September 1990 mit jenen aus dem Sammelband zum ersten Symposium, so fallen mir einige Unterschiede auf: Der Veranstaltungsrahmen bewegt sich zwar noch immer im Spannungsverhältnis von Gesundheit und Erziehung und öffnet damit einen pädagogischen Zugang auf die vielbemühte Gesundheitsthematik, aber zum einen scheint der Erziehungsbegriff (warum auch immer) durch den Bildungsbegriff abgelöst oder zumindest in Frage gestellt zu werden - denn es ist wohl nicht zufällig die Rede von sinnlicher Wahrnehmung, Körperbewußtsein und Gesundheitsbildung; und zum anderen wurde die Palette gesundheitsträchtiger Themenbereiche wie Ernähren, Bewegen, Naturerleben um das Kleiden erweitert.

Hinter solchen Veränderungen deutet sich an, daß die Suche nach tragfähigen pädagogischen Ansätzen im aufgewühlten Gesundheitsbereich derzeit kaum abschließbar ist. Um bei den Beispielen zu bleiben: Man könnte in einem weiteren Sinne auch von Gesundheitsförderung sprechen, und es ließen sich zusätzlich gesundheitsrelevante Themen wie Körperpflege, Rhythmisierung oder Entspannung nennen. All dies verweist auf jene offensichtliche Varianz in gesundheitspädagogischen Konzepten.

Das scheint nun auch für unseren Themenbereich zu gelten, der mit 'Bewegen' überschrieben ist und diesmal durch den Untertitel 'Sinnliche Wahrnehmung und Bewegungsästhetik' eine besondere Ausrichtung erhalten soll.

In den Praxisseminaren habe ich erfahren, daß bewußte Wahrnehmung in der Bewegung die Selbstreflexion anregen, das Aufeinanderzugehen fördern und unsere Gestaltungskraft provozieren kann oder daß man sich mit Hilfe geeigneter Sitzpositionen, Aufmerksamkeitslenkungen und genußvoller Bewegungsfiguren in sich selbst versenken kann. Hierüber werde ich im folgenden nur noch implizit reflektieren; und auch über Bewegungsästhetik möchte ich an dieser Stelle eigentlich nicht weiter nachdenken.

Was bleibt dann für meine Überlegungen?

Zuerst nehme ich Bezug auf die Positionen von B. SCHWANER-HEITMANN, H. HEITMANN und vor allem von J. FUNKE, die in den Texten des Sammelbandes 'Erziehung und Gesundheit' (H.G.

HOMFELDT 1988) zum Ausdruck kommen und um die Bedeutung sinnlicher Bewegungserfahrung für das Gesundsein kreisen (1). Kontrastieren will ich dies mit bekannten Wissensbeständen aus Sportmedizin und Trainingslehre, deren Beachtung und Anwendung sporttreibenden Menschen Gesundheit bescheren sollen (2). In einem dritten - quasi dialektischen - Schritt wird dann versucht, aus einer Kritik dieser beiden Sichtweisen ein Verständnis sportlicher Bewegung zu entwickeln, das sich zwar an Trainingsprogrammen orientieren kann, zugleich aber der eigenen Erfahrung und Befindlichkeit als ständiger Prüfinstanz verpflichtet ist (3). Anschauliches Beispiel soll hier der Fall einer Jugendlichen sein, die sich in ihrer Freizeit dem Triathlon widmet.

1. Sinnliche Bewegung: Quelle des Gesundseins?

Wenn wir beim Menschen von *Bewegung* sprechen, so ist zu bedenken, daß unser Bewegungsrepertoire größtenteils erlernt und kulturell geprägt ist. Solche Bewegung kann in anthropologischer Sicht als Medium für den Zugang zur Welt verstanden werden, als ein "Organ der Erfahrung" und ein "Instrument der Gestaltung" (O. GRUPE 1982, S. 72): Indem ich in der Bewegung etwas erlebe, spüre, erkunde, wahrnehme oder etwas ausdrücke, bewirke, darstelle, erreiche. Gegenstände des Erfahrens und Gestaltens lassen sich nach ihrer körperlichen, psychischen, materialen oder sozialen Bedeutung unterscheiden - nicht selten überlagern sie sich auch.

B. SCHWANER-HEITMANN (1988, S. 113-118) fordert nun in ihrem Beitrag eine "Besinnung auf die Anthropologie der Leiblichkeit" unter dem Aspekt Gesundheit. Für sie heißt das vor allem, den Menschen in einer technisierten und entfremdeten Welt für den Umgang mit dem eigenen Körper (wieder) sensibel zu machen und Bewegung als eine (fast schon verlorene) Chance für Wohlbefinden und Gesundheit neu zu vermitteln. Über das Thematisieren von Entkörperlichungen und Bewegungseinschränkungen soll ein Lernprozeß in Gang gesetzt werden, in dem es darum geht, aufmerksamer für den Körper zu werden, Bewegungsbedürfnisse zu erfahren und schließlich auch zu leben. Bewegungserziehung versteht sich in diesem Sinne als Erfahrungshilfe, eine Hilfe zur Wahrnehmung von

Körperprozessen, Gewohnheiten und Signalen, Spannungszuständen, Bewegungsgefühlen etc. Konkretisiert wird das Ganze am Zusammenhang von Alltagsbewegungen und ihrem Einfluß auf unser Befinden.

Hier beziehen sich B. SCHWANER-HEITMANN/H. HEITMANN (1988, S. 119-144) mit entsprechenden Erfahrungsübungen auf das Gehen, Stehen und Liegen; man kann das wohl auch Körperarbeit nennen. Gangbeobachtung und Atemschulung, gezielte Kopfhaltung, bewußtes Sitzen und Liegen sollen exemplarisch die Wahrnehmungs- und Bewegungsfähigkeit anregen, ja bereichern. Viele Zitate von Teilnehmern belegen den wichtigen Prozeß der Selbstreflexion, wirken in dieser Fülle aber auch ermüdend, wenn man etwa liest, daß sich die Beine von Regina bei der Übung 'Palme im Wind' wie ein dicker Stamm anfühlen, dessen Wurzeln tief in der Erde verankert sind (S. 128). Daß diese Erfahrungsübungen jedoch zu einfach oder gar schlicht seien, kann man gewiß nicht behaupten. Äußerlich erscheinen sie zwar leicht, erfordern aber ein hohes Maß an persönlicher Einlassung und Aufmerksamkeit, an Selbstoffenbarung und auch an Kreativität. Zurück bleibt sicher eine Menge körperlicher Selbsterfahrung, deren Wert im Alltag spürbar ist und durch Gewährsleute namens FELDENKRAIS, BARLOW und BROOKS gestützt wird. Welchen Platz diese Übungen in unserem *Bewegungsleben* insgesamt einnehmen können bzw. sollten und ob solche Bewegungserfahrung auch als Alternative zu verbreiteten Lifetime-Sportarten wie Tennis, Schwimmen, Ballspielen gedacht ist, vielleicht aber auch nur eine notwendige Ergänzung dazu bildet, das wird in diesem Gedankengang nicht deutlich. Solche grundsätzlicheren Betrachtungen im Kontext von Sich-Bewegen und Gesundsein liefert in einem dritten, bewegungspädagogischen Beitrag dann J. FUNKE (1988, S. 145-166). Er setzt sich mit dem Problem auseinander, wie man Menschen, die sich bewegen und Sport treiben, den Zusammenhang ihrer Tätigkeiten mit dem Ziel, dabei gesund zu sein und zu bleiben, erschließen kann: Welche Bewegungsformen dafür geeignet, welche Kenntnisse erforderlich und welche Auffassungen von Gesundsein grundlegend sind (S. 147). Das Unterscheiden zwischen unmittelbar sinnlicher Erfahrung und sich im Erklären vollziehender Erkenntnis der Welt führt ihn zu einer weiteren Differenzierung, nämlich der Abgrenzung des Begriffs Gesundheit - verstanden als ein meßbarer und fremdbestimmter Normalzustand körperlichen Funktionierens - vom Phänomen des *Gesundseins*, das durch ein Horchen nach innen, durch sinnliche Prüfung und die jeweilige Befindlichkeit nur subjektiv beurteilbar ist (S. 151-154). Individuelles Gesundsein setzt also vor allem eine intensive sinnliche Selbstwahrnehmung des Menschen voraus. Wie aber kann diese sinnliche Kontrolle im Handlungsfeld des Sich-Bewegens verstanden werden?

Nach J. FUNKE kommt eine Orientierung an Sportarten wie Laufen, Radfahren, Schwimmen oder Skilanglaufen, wenn sie (was zur Zeit die Regel ist) vornehmlich im Sinne einer Prävention von Bewegungsmangelkrankheiten trainingswirksam und funktional betrieben und damit außerhalb einer gesunden Selbsterfahrung gestellt werden, nicht in Frage. Für Leibesübungen, die bloß unsere Muskulatur stärken, unsere Beweglichkeit oder die Kreislauftätigkeit verbessern sollen (z.B. Kraftübungen, Funktionsgymnastik, Freiluftsport), gilt prinzipiell dasselbe: Der Mensch dürfe sich nicht im Rahmen eines Gesundheitsplanes programmierten Belastungen und Bewegungsnormen, Körperidealen und Diäten unterwerfen (S. 159-161). Gesunde Bewegung ist demnach etwas anderes, sie sollte, so J. FUNKE, als "ästhetische Selbsterfahrung" verwirklicht werden: "Jede Leibesübung ist in diesem Sinne gesund. Zusätzlich kommt es darauf an, daß sie im eigenen Fühlen und Spüren zu steuern ist, daß die Widerstände, mit denen gespielt wird, selbstbestimmt herbeigeführt werden und daß sie nach Maßgabe des eigenen Willens und der aufmerksamen sinnlichen Selbstkontrolle gehandhabt werden können" (S. 161).

Aus solchen Erwägungen gelangt J. FUNKE zur Ablehnung individuell zugeschnittener Gesundheitsprogramme, deren Anspruch auf Erfüllung den Übenden ganz und gar vereinnahme und von sich selbst entferne. Vielmehr gehe es um Bewegungsformen, die "im Motiv geselliger, fröhlicher und sinnlich interessanter Herausforderung zum Tun" stehen (S. 167) und in deren Vollzug sich gerade junge Menschen wohlfühlen können. Sie sollten durch pädagogisch inszenierte Bewegungsgelegenheiten in die Lage versetzt werden, mit geschärften Sinnen wahrzunehmen, was ihnen in welcher Form gut tut, und diese Erfahrung zur Grundlage gesunder Bewegung machen. Obwohl ich Kritik zu dieser Position angekündigt habe, scheint mir das hier postulierte 'Primat der sinnlichen Selbsterfahrung' gut begründet, pädagogisch bedeutsam und besonders für die Praxis unseres oft entsinnlichten Bewegungslebens erforderlich, ja einklagebedürftig. Wogegen wende ich mich aber nun?

Zuerst einmal ist mir Bewegung als Bezugsfeld für Gesundsein bei B. SCHWANER-HEITMANN/H. HEITMANN zu exklusiv, zu eng gefaßt, obwohl es doch eigentlich in einem weiten Verständnis angelegt sein müßte. Vorrangig geht es jedoch nur, so wichtig das auch ist, um Alltagsbewegungen, und für J. FUNKE steht, obgleich er doch unterschiedliche Auslegungen sportlicher Bewegung in Richtung Gesundsein will, der Sport in Abgrenzung zum offenen Bereich der Bewegung immer in Gefahr, Mord zu sein. Unzweifelhaft kann man dem Sport eine Reihe sehr problematischer, menschenunwürdiger und gesundheitsfeindlicher Entwicklungen nachweisen, reicht das aber aus, ihn nicht zur Kenntnis zu nehmen oder schlichtweg zu verdammen? Solche potentielle Ausblendung wiegt um so schwerer, wenn man berücksichtigt, wie viele Menschen in Vereinen und informell Sport treiben und dies nicht selten mit der Erwartung verbinden, damit auch etwas für ihre Gesundheit zu tun. Gerade für jene Menschen wird es wichtig sein, im Umgang mit ihrem Körper beim Sporttreiben mehr Sensibilität zu gewinnen, sich nicht gegen ihn, sondern mit ihm zu bewegen. Gebraucht würde demnach nicht so sehr ein spezielles System ausgeklügelter Übungen zur Bewegungswahrnehmung, gebraucht würde wohl eher eine gezielte Anleitung sinnlicher Erfahrung im Sport, ein bewußteres Aufsuchen der in ihm liegenden Chancen zur Selbstwahrnehmung: Wie fühle ich mich beispielsweise beim und nach dem Laufen, und was spüre ich in bestimmten Körperregionen - schneller Atem, wohlige Erschöpfung, müde Beine, verspannte Schultermuskulatur? Und wie kann ich dem in gesundheitlichem Interesse begegnen? Hierzu gäbe es noch einiges zu sagen, im Sport und für die Menschen, die ihn betreiben.

Neben diesem mangelnden Sportbezug beklage ich zum anderen die voreilige, beinahe voreingenommene Abkehr von sportmedizinischen und trainingswissenschaftlichen Vorstellungen darüber, was man in ihrem Verständnis gesunde Bewegung nennen kann. Natürlich beziehen sich solche Hinweise vornehmlich auf die körperliche Leistungsfähigkeit und empfehlen spezifische Formen und Dosierungen des Sporttreibens, die sich im Sinne von Trainingsnormen anwenden lassen. Was aber ist schlecht daran, durch Wirbelsäulengymnastik den Rücken wieder in Form zu bringen oder seine Puls- und Blutdruckwerte durch regelmäßiges Ausdauertraining zu senken und den gesamten Kreislauf und Stoffwechsel zu stabilisieren? Inwiefern Sporttreiben aus dieser weitgehend biologischen Sicht gesund sein kann, will ich als Gegenüberstellung zum bisher Gesagten im folgenden beschreiben.

2. Gesunder Sport: ein Trainingsprogramm?

Überlegungen aus Sportmedizin und Trainingslehre zum Thema 'Sport und Gesundheit' stehen meist in einem größeren Argumentationszusammenhang, der etwa diesem Denkmuster folgt: Eine hochtechnisierte Industriegesellschaft wie die unsere weist typische Strukturen des Krankheitspanoramas auf, wobei die sogenannten Zivilisationskrankheiten mit großem Vorsprung, noch weit vor dem Krebs, die Todesursachen-Statistik anführen; hiervon ist auch die enorme Kostenentwicklung im Gesundheitswesen betroffen. Erklären läßt sich diese bedrohliche Tatsache durch relativ ungesunde Lebensbedingungen und Lebensgewohnheiten - neben den ökologischen Belastungen sind es vor allem *Bewegungsarmut*, Ernährungsfehler und Genußmittelmißbrauch sowie Streßüberlastungen. Auch Kinder und Jugendliche tragen dieses Gefährdungspotential schon mit: Übergewicht, Koordinations- und Haltungsschwächen, Kreislaufstörungen, geringe körperliche Belastbarkeit und psychosomatische Probleme treten immer häufiger auf. Hier also ist mehr als ein sorgenvoller Blick angezeigt, aktive Vorbeugung tut Not. Und zu solchem *präventiven* Zwecke wird nun der Sport bemüht.

Neben der Förderung sportlicher Höchstleistung dürfte somit die prophylaktische Funktion des Sports für unsere Gesundheit auch in den nächsten Jahren eine wichtige Perspektive der Sportmedizin und Trainingslehre sein. Im Materialienband zum DSB-Kongreß 'Menschen im Sport 2000' nehmen die Sportmediziner H. de MARÉES/H. WEICKER (1986, S. 207-221) zu diesem Problemfeld Stellung. Sie konzentrieren sich in ihrem Beitrag auf eine gesundheitsorientierte Betrachtung des zukünftigen Breitensports, da Hochleistungssport - wie sie sagen - "bestenfalls gesundheitsneutral" (S. 211) betrieben werden könne. Breitensport aber sei ein geeignetes Feld, um die mit Degenerationsfolgen behaftete "körperliche Inaktivität" im Alltag zu kompensieren (S. 211). Systematische und individuell dosierte körperliche Beanspruchungen in bestimmten Sportarten, die natürlich auch Spaß machen sollten, sind dann die potentiellen Gegenspieler zu den verbreiteten Risikofaktoren. Dabei setzen de MARÉES/WEICKER zugleich auf eine Verstärkung des Gesundheitsmotivs in weiten Bevölkerungskreisen und haben Freizeitsportarten wie Squash, vor allem aber Ausdauersportarten im Blick.

Bisher galt in der Sportmedizin aus dem wiederentdeckten präventiven Blickwinkel vor allem ein kardiologisch funktionaler Sport als gesundheitlich bedeutsam. Von den motorischen Hauptbeanspruchungsformen Koordination, Beweglichkeit, Kraft, Schnelligkeit und Ausdauer wird eigentlich nur die letzte in die Kategorie 'unbedingt gesundheitsrelevant' eingestuft. Diese Einschätzung beruht - etwa nach HOLLMANN - auf den nachweisbaren körperlichen Anpassungsvorgängen an spezifische Ausdauerbelastungen: z.B. Zuwachs an Mitochondrien, verbesserte Kapillarisierung, Abnahme des Ruhepulses, tendenziell auch des systolischen Blutdrucks, Zunahme des Herzschlagvolumens (vgl. W. HOLLMANN 1986, S. 11-16). Als Trainingsempfehlungen werden dem Interessierten dann folgende Regeln mit auf den Weg gegeben (S. 19-20): Erforderlich ist eine dynamische Belastung möglichst großer Muskelgruppen; geeignete Sportarten sind Dauerlaufen, Skilanglaufen, Radfahren, Bergwandern, Schwimmen in selbiger Reihenfolge; die Belastungsdauer sollte mindestens zehn, besser dreißig bis vierzig Minuten betragen und drei- bis viermal in der Woche erfolgen; Pulsfrequenzen zwischen 130 und 160 sprechen in der Regel für eine angemessene Belastungsintensität; Anfängern werden kontinuierliche Steigerungen des Trainingspensums empfohlen, und allen Sportlern wird davon abgeraten, Ausdauerbelastungen mit vollem Magen, bei Infektionen oder auch bei einer Luftfeuchtigkeit von mehr als 80 % und Außentemperaturen von über 28° C durchzuführen. Damit wäre aus sportmedizinischer Perspektive für die Gesundheit auch schon das Wichtigste gesagt.

In der Trainingslehre werden solche Adaptionsprinzipien aufgenommen und für Anwendungszwecke weiter bearbeitet. Der Umgang mit den biologischen Gesetzmäßigkeiten, die für Untrainierte prinzipiell genauso gelten wie für Spitzensportler, folgt dabei dem zweifachen Ziel, sowohl Voraussetzungen für das sportliche Können zu schaffen bzw. zu verbessern als auch etwas für die Gesundheit, gemeint ist hier vor allem die körperliche Leistungsfähigkeit, zu tun. Im Schulsport haben besonders G. FREY und E. HILDENBRANDT diesen Gedanken verbreitet. Für die Gestaltung des Sportunterrichts wäre es aus dieser trainingspädagogischen Sicht erforderlich, Belastungsreize gezielt und wirksam zu verteilen, beim Ausdauertraining erst die Strecken zu verlängern und später das Tempo zu erhöhen, überhaupt Trainingsformen häufiger zu variieren u.v.m. (G. FREY/E. HILDENBRANDT 1988, S. 454-459). Insgesamt bleibt jedoch der wohl berechtigte Eindruck, daß jemand, der an sportlichem Training Interesse zeigt, schnell und in größerem Umfang mit einer Reihe von offenbar eindeutigen Gesetzen, Regeln und Rezepten konfrontiert wird, denen er sich in der Logik des Systems möglichst konsequent und beständig unterwerfen sollte. Er muß in der Bewegung bestimmte Reizschwellen der Belastung überschreiten und dies regelmäßig wiederholen. Und er sollte sich dabei auf spezifische Bewegungsformen, vor allem im Ausdauerbereich konzentrieren. Wer ein solches Programm einigermaßen systematisch absolviert, kann mit einer Verbesserung seiner Herz-Kreislauf-Funktionen rechnen und erhöht so die Wahrscheinlichkeit, nicht oder nicht so früh an selbigen Degenerationen zu sterben. Sport wird damit zum langfristigen Gesundheitsversprechen stilisiert.

Auch an dieser sportmedizinisch-trainingswissenschaftlichen Position möchte ich zweifache Kritik üben. Zum ersten geht es mir um die Rolle des Individuums im Trainingsprozeß, denn diese scheint hier zumindest problematisch. Im Sinne der Trainingslehre könnte man natürlich einwenden, Regeln für ein Gesundheitstraining seien - abgesehen von einer groben Orientierung - gerade nicht standardisierbar, sondern müßten für jeden einzelnen individuell und immer wieder neu bestimmt werden. Das ist gewiß richtig, aber darum geht es mir auch gar nicht. Bedenklich ist für mich vielmehr, daß die Erfahrungen des Sportlers im Trainingsprozeß nicht als Steuergröße für selbigen Prozeß herangezogen werden. Wie trainiert wird, entscheidet sich nach objektiven Vorgaben; was der einzelne wahrnimmt und was diese Wahrnehmungen für das Training bedeuten, ist offenbar unwichtig. An dieser Stelle werden auch schwer überwindbare Grenzen von Fachdisziplinen sichtbar, denn sonst hätte hier auf psychologische Sachverhalte und Erkenntnisse wenigstens verwiesen werden müssen. Die jedoch liegen anscheinend zu weit vom eigenen naturwissenschaftlichen Denkgebäude entfernt. Die subjektive Befindlichkeit jedenfalls bleibt als reflektierte Größe im Trainingskonzept außen vor. Für den Menschen und eigentlich auch für ein gesundheitswirksames Training kann das nicht gut sein.

Über solche Unsensibilität von Trainingsprogrammen hinaus kritisiere ich zum zweiten ihre ungeheure Funktionalität. Daß sie für etwas taugen und auch zur Gesundheit beitragen können, ist zwar schön, gerade dem Sport aber kann dies schaden. Je funktionaler ein Trainingsprogramm an gesundheitlichen Zielen ausgerichtet ist, desto mehr wird es sich vom Sport entfernen. Denn Zweckrationalität - auch für so eine hehre Sache wie die Gesundheit - läuft dem Wesen des Sports, eine zweckfreie und somit autotelische Beschäftigung zu sein, entschieden zuwider. Ein ausgefeiltes Bewegungsprogramm für die Gesundheit kann medizinisch wertvoll sein, mit Sport jedoch hat das nicht mehr viel zu tun. Nur wer ihn vor allem um seiner selbst willen betreibt, sich dabei möglichst auch wohlfühlt und nur sekundär auch weitergehende, z.B. gesundheitliche Absichten hegt, der macht im engeren Sinne Sport. Und vom Sport soll hier die Rede sein.

3. Gesundes und sinnliches Sporttreiben

Im dritten Kapitel wird nun so etwas wie eine Synthese erwartet, die zeigt, wie gesundes Sporttreiben und sinnliche Bewegungserfahrung vielleicht doch zusammenpassen und sich im Dienste der Sache ergänzen. Leicht ist das nicht vorzustellen, denn wir haben es mit zwei sehr unterschiedlichen Positionen zu tun. Und einfach kann es auch nicht sein, da mit einer bloßen Addition oder eklektischen Zusammenschau nicht viel gewonnen wäre. Den pragmatischen Versuch einer solchen Integration hat bereits J. FUNKE (1988, S. 165) in Aussicht gestellt: Er wollte nicht die beiden "Paradigmen gegeneinander ausgespielt" wissen, sondern zu einer "Aufwertung der schlichten Erfahrung" für gesunde Leibesübungen beitragen, gleichzeitig aber darauf verweisen, daß es "eine lebensweltliche Zusammenstellung aus beiden Paradigmen" geben sollte. Sein Schwerpunkt war dabei ein nachdrücklicher Hinweis auf die Bedeutung sinnlicher

Bewegungserfahrung, mein Schwerpunkt ist das notwendige Bemühen um Integration beider Ansätze. Diese angestrebte fruchtbare Verbindung möchte ich aus obiger Kritik entstehen lassen. Jene Kritikpunkte sollen dann konstruktiv gewendet und in Orientierungspunkte für ein gesundes und sinnliches Sporttreiben übersetzt werden.

An der Vorstellung, sinnliche Bewegungserfahrung könne eine vorzügliche Quelle des Gesundseins abgeben, habe ich kritisiert, daß diese Position noch zu sehr an Alltagsbewegungen (einschließlich spezieller Wahrnehmungsübungen) und zu wenig am weit verbreiteten Phänomen Sport orientiert ist und daß sie die sportmedizinisch-biologische Seite gesunder Bewegung überhaupt nicht berücksichtigt. An dem Denkmuster, sportliche Trainingsprogramme scien ein ideales Mittel der Gesundheitsförderung, habe ich kritisiert, daß diese Position den Wahrnehmungen und Erfahrungen trainierender Sportler keinen Platz bei der Steuerung des Trainingsprozesses einräumt und daß sie den potentiell zweckfreien Sport für die Erfüllung eines langfristigen Gesundheitsplans zu mißbrauchen droht. Wie könnte nun vor diesem Hintergrund ein Integrationsversuch aussehen?

Meine zentrale Aussage lautet, daß es vor allem darum gehen sollte, sportliche Aktivitäten durchaus auch im Sinne gesundheitswirksamen Trainings zu betreiben, dies aber unter die kritische Prüfinstanz der eigenen Wahrnehmung und jeweiligen Befindlichkeit zu stellen. Im einzelnen will ich diese dritte und verbindende Position durch die Formulierung von vier zentralen Orientierungspunkten präzisieren.

- Erstens: *Die Selbstbestimmung des Individuums in den Mittelpunkt stellen!* Das bedeutet, es darf keine zwanghaft verordneten Trainingspläne geben, auch wenn sie noch so viel Gesundheit versprechen. Hierzu kann man in pädagogischer Verantwortung nur einladen, anregen und zu überzeugen versuchen, nicht aber verführen oder verpflichten. Wer nicht trainieren und die damit verbundenen Anstrengungen auf sich nehmen will, wer sich vielleicht überhaupt nicht gerne bewegt bzw. sportlich betätigt, wer andere Elemente einer gesunden Lebensführung für wichtiger hält oder aber lieber in vollen Zügen genießen möchte, der muß das tun, sofern er sich seines Handelns bewußt ist. Für ein befriedigendes Bewegungsleben jedoch ist entscheidend, daß wir individuell sinnvolle Bewegungsformen finden, und das kann für jeden (etwas) anders aussehen.

- Zweitens: *Den Spaß am Sport als entscheidende Voraussetzung erhalten!* Im Sport tun wir einige verrückte Dinge, die von außen betrachtet unsinnig erscheinen können, von den Sporttreibenden selbst aber in vielerlei Hinsicht als reizvoll und freudvoll erlebt werden. Ohne diesen Spaß am Tun gäbe es keinen Sport. Und wer ihn betreibt, nur um seiner Gesundheit einen Dienst zu erweisen, wird in dieser eindimensionalen Verkrampfung den Spaß bald verloren haben und dann, wie motivationspsychologische Untersuchungen zeigen, schnell wieder aussteigen. Im Vordergrund also sollten sportliche Aktivitäten stehen, die mir auch Freude bereiten würden, selbst wenn sie in einem engeren Sinne nicht vorrangig gesund wären.
- Drittens: *Für die Gesundheit gezielt etwas tun!* Versteht man Gesundheit als eine unter mehreren Perspektiven sinnerfüllten Sporttreibens, so sollte man der Gesundheitsperspektive auch gerecht werden und gesundheitsträchtige Formen sportlicher Bewegung gezielt und regelmäßig betreiben, ohne sich jedoch damit selbst unter Druck zu setzen. Wenn jemand Wirbelsäulengymnastik braucht, Dauerschwimmer ist oder irgendetwas anderes praktiziert, so müßte dies in gesundheitlicher Absicht möglichst planvoll geschehen, also z.B. mit Hilfe der richtigen Übungen und unter einer angemessenen Belastungsdosierung. Gesundheitswirksames Sporttreiben erfordert demnach zielgerichtetes, bewußtes Handeln.
- Viertens: *Die eigene Wahrnehmung und Befindlichkeit zu zentralen Steuerungsgrößen machen!* Das vorgenommene und eingeplante Trainingspensum darf nicht zu einer Pflichtübung werden, an deren Erfüllung man sich sklavisch hält. Ein Trainingsplan sollte auch nicht nur Abstriche, Umwege, Varianten erlauben, sondern gerade das, was ich im Training an mir wahrnehme und dabei fühle, zur entscheidenden Regelgröße erheben. Weil dies jedoch nicht leichter ist als das Trainieren selbst und durch eine starke Leistungsorientierung oft verstellt ist, bedarf es ebenso der Anleitung, Schulung und Einübung. Sehr gute Vorschläge für Wahrnehmungszentrierung, Selbstbeobachtung und Körpererfah-

rung hat z.B. G. TREUTLEIN (1986, S. 31-97) mit Blick auf die Leichtathletik vorgelegt.

Um vielleicht etwas anschaulicher zu werden, möchte ich abschließend das *Fallbeispiel* eines siebzehnjährigen Mädchens bemühen (nennen wir sie einmal Elke), die in ihrer Freizeit - neben anderen Dingen - die Sportart Triathlon betreibt. Sie ist keine Leistungssportlerin, nimmt aber durchaus an Kurztriathlon-Wettkämpfen teil (das sind Steckenlängen von ca. 1-1,5 km Schwimmen, 40 km Radfahren und 10 km Laufen). Auf die Frage, warum sie sich dafür begeistere, antwortet sie, daß sie zum einen die Ausdauer und Leistungsfähigkeit als herausfordernd erlebe und zum anderen die Abwechslung und Vielseitigkeit der Bewegungsformen begeistere. Hinzu komme, daß sie sich dabei, danach und überhaupt sehr wohl fühle und zugleich etwas für ihre Gesundheit tun könne. Der Sport nehme zwar einige Zeit in Anspruch, aber sie sei auch mit netten Leuten zusammen. Den Anstoß hätten zwei ältere und schon aktive Mitschüler gegeben; ihre Eltern seien zunächst nicht begeistert gewesen, aber sie habe sich eben dafür entschieden und viel Spaß dabei.

Im Frühjahr und Sommer trainiert Elke regelmäßig, wöchentlich sind das so zwischen fünf und zehn Stunden: zweimal fährt sie ihre Hausstrecke mit dem Rennrad, zwei- bis viermal läuft sie, und etwa dreimal geht sie zum Schwimmen ins benachbarte Freibad. Ihr Training baut sie allmählich auf und steigert das Pensum im Laufe der Saison, bis es zum Herbst hin wieder abnimmt. Belastungsintervalle, Zweckgymnastik, Entmüdungsphasen etc. sind systematisch aufeinander bezogen. Elke trainiert für ihren Bedarf gezielt und sinnvoll, gesundheitliche Probleme hat sie bei diesem Belastungsumfang nicht. Im Gegenteil: Sie fühlt sich außerordentlich fit, und auf ihren Ruhepuls von 52 ist sie sogar ein bißchen stolz.

Wie aber nimmt sie sich im Training wahr, wie geht sie mit ihrer Befindlichkeit um, von der sie selbst als Sich-Wohlfühlen spricht? Viel kann Elke dazu nicht sagen. Nur manchmal sei das Training etwas anstrengend und lang. In solchen Momenten versuche sie dann, dieser 'Schwäche' bewußt gegenzuarbeiten und weiterzumachen, manchmal auch einfach an etwas ganz anderes zu denken, in seltenen Fällen würde sie sogar Tempo und Streckenlänge reduzieren. Ihr Körper, der sonst ganz reibungslos funktioniere, sei dann müde, besonders in den Beinen. Meist aber habe sie das Gefühl, locker und flüssig voranzukommen.

Nach meinem Eindruck kann hier von einer hinreichend entwickelten Wahrnehmungsfähigkeit und umfassend reflektierten Befindlichkeit noch nicht gesprochen werden. Wo aber soll diese Jugendliche solche Anregungen auch erhalten? In unserem nach Sportarten gegliederten Übungs- und Trainingsbetrieb spielt jener Aspekt bisher kaum eine Rolle. Und geeignete Literatur ist genauso rar; neben Fragen des Trainings, der Ernährung und des Materials steht dazu meist keine Seite geschrieben (vgl. z.B. T. DICKEY u.a. 1988, L. GEIGER 1988, B. de RUYTER 1990). Wenn wir jedoch der kritischen Prüfinstanz aus Wahrnehmung und Befindlichkeit in gesundheitspädagogischer Sicht mehr Gewicht verleihen wollen, muß dies zum einen im Sportsystem verankert und zum anderen mit konkreten Praxisvorschlägen unterstützt werden: Im Triathlon beispielsweise die Umgebungsbedingungen und Strecken bewußt variieren, den Trainingszeiten nach Möglichkeit dem Lebensrhythmus anpassen und nicht umgekehrt, mit anderen über die eigene Befindlichkeit reden, die Wahrnehmung im sportlichen Tun gezielt auf bestimmte Körperteile richten, öfter den wohltuenden Wechsel zwischen Spannung und Entspannung herbeiführen, sich durch gleichmäßiges Atmen in einen Rhythmus bringen, je nach Laune mehr oder weniger tun als man sich eigentlich vorgenommen hat und auch mal ohne Bedenken frühzeitig aufhören, sich von der Witterung durch entsprechende Kleidung im wörtlichen Sinne berühren lassen, Regen und Wind und Sonne genießen, barfuß laufen ... Ich bin sicher, es gibt noch eine Reihe weiterer Möglichkeiten. So gesehen ist das auch ein Aufruf, der wohl nicht so leicht umzusetzen sein wird.

Literatur:

BALZ, E.: Gesundheitserziehung - aber wie? Anmerkungen zu dem von H. G. Homfeldt herausgegebenen Sammelband 'Erziehung und Gesundheit'. In: Das Schullandheim 3/1989, 60-63.

BALZ, E.: Rundum gesund. Positionen und Perspektiven zur Gesundheitserziehung im Schulsport. In: sportunterricht 4/1990, 135-148.

DICKEY, T. u.a. (Red.): Triathlon. Optimale Fitness. O.O. 1990.

FREY, G.: Training im Schulsport. Bedingungen und Grenzen körperlicher Förderung durch Sport. Schorndorf 1981.

FREY, G./HILDENBRANDT, E.: Gesundheitsförderung durch Schulsport aus trainingspädagogischer Sicht. In: sportunterricht 12/1988, 451-460.

FUNKE, J.: Sich bewegen und gesund sein - Pädagogische Überlegungen. In: H.G. HOMFELDT (Hrsg.): Erziehung und Gesundheit. Weinheim 1988, 145-166.

GEIGER, L.: Ausdauersport-Leitfaden. Ein sportmedizinischer Ratgeber. Oberhaching 1988.

GRUPE, O.: Bewegung, Spiel und Leistung im Sport. Grundthemen der Sportanthropologie. Schorndorf 1982.

HOLLMANN, W.: Training und Sport als Mittel der Präventivmedizin in der Kardiologie. In: ders. (Hrsg.): Zentrale Themen der Sportmedizin. Berlin/Heidelberg/New York/Tokyo 1986[3], 1-23.

HOMFELDT, H.G. (Hrsg.): Erziehung und Gesundheit. Weinheim 1988.

MARÉES, H. de/WEICKER, H.: Sport und Gesundheit. Chancen, Gefahren, Forderungen. In: Deutscher Sportbund (Hrsg.): Die Zukunft des Sports. Materialien zum Kongreß 'Menschen im Sport 2000'. Schorndorf 1986, 207-221.

RUYTER, B. de: Triathlon. Reinbek 1990.

SCHWANER-HEITMANN, B.: Erziehung und Bewegung. Eine Besinnung auf die Anthropologie der Leiblichkeit. In: H.G. HOMFELDT (Hrsg.): Erziehung und Gesundheit. Weinheim 1988, 119-144.

TREUTLEIN, G.: Faszinierende Leichtathletik - auch durch Körpererfahrung. In: G. TREUTLEIN/J. FUNKE/N. SPERLE (Hrsg.): Körpererfahrung in traditionellen Sportarten. Wuppertal 1986, 31-97.

Hans Günther Homfeldt

B. Selbsterziehung - ein wichtiges Element pädagogischer Ausbildung

In der Hochschule wie in der Schule gibt es eine nekrophile Orientierung (E. FROMM 1968, S. 49). In der Tendenz wird Organisches in Anorganisches, Fließendes in Statisches und Offenes in Verschlossenes verwandelt. Je mehr Persönlichkeitsanteile ausgespart werden, desto markanter vollzieht sich die Umwandlung. In der Schule und vor allem in der Hochschule wird der Intellekt angesprochen. Erfolg und Mißerfolg resultieren aus dem Vermögen, Wissen, Schließen, Erinnern, Antworten - selten auch Erzählen und Fragen - verkaufsgerecht anbieten zu können. Die sinnlich-ästhetischen Fähigkeiten wie Fühlen, Wahrnehmen und Sich-Bewegen etc., sind zwar nicht ausgespart, sie erlangen jedoch keine Bedeutung für sich.

Das auf den intellektuellen Persönlichkeitsanteil ausgerichtete Interesse zwischen Lehrenden und Lernenden begünstigt die Auffassung, die Lernenden würden sich ihre Lernergebnisse ganz allein schaffen und Zensuren seien ein angemessenes Resultat des Lernenkönnens. Diese Auffassung fördert eine Erstarrung in den Beziehungen, ein Taktieren und ein zumeist heimlich bleibendes Denken, mit einem möglichst geringen persönlichen Aufwand einen maximalen Erfolg zu erzielen. Die an einem solchen Vorgang Beteiligten werden zu Phantomen, die es nicht mehr lohnt sinnlich wahrzunehmen und zu verstehen, sondern nur noch von den eigenen Sichtweisen her zu erfassen. Die vielfältigen Schattierungen pädagogischer Praxis, ihr sinnlicher Reichtum, ihre Sprüche und Widersprüche kommen so nicht ins Bewußtsein. Eine Einengung pädagogischer Praxis zeigt sich im Etikettierungszwang. Er ersetzt weitgehend sinnliches Wahrnehmen und Verstehen. Etikettierungsmuster sind Zuweisungsinstrumente für weitere Lebens- und Lernchancen, für Auf- und Abstieg, für Normalität und Anormalität. So sind Schüler und Schülerinnen in der Schule für Lernbehinderte nicht für sich lernbehindert, sondern sie sind es nur, weil sie vorgezeichnete Karrierewege erfüllen und es eine Institution gibt, für die sie wie vorgefertigt zu sein scheinen. Eine solche Herrichtung der Schüler und Schülerinnen wird dann naheliegend, wenn Lehrer und Lehrerin darauf fixiert sind, die Kinder zu verändern, nicht aber fähig sind, "das ganze Verhältnis von Erwachsenen und Kindern anders zu interpretieren. Solange das unterbleibt, wird die ursprüngliche Konfliktsituation immer wieder reproduziert. Die Beschränkung auf zweckhafte Verhaltensregulierung ist ein Alarmsignal, das ein Chaos auf dem Gebiet der menschlichen Beziehungen andeutet" (H. KUPFFER 1980 b, S. 23); denn das "Handeln des Menschen ist keine klar erfaßbare 'Sache', sondern ein komplexer Zusammenhang, der auch den interpretierenden Beobachter umgreift" (H. KUPFFER 1980 b, S. 25).[1]

Ebensowenig ist das für das pädagogische Handeln nötige Wissen Anwendungswissen, sondern Erfahrungswissen. "Es wird zum Wissen erst durch Reflexion der Praxis, ist also außerhalb des Erziehungsfeldes kumulierbares selbstgenügsames Sachwissen" (H. KUPFFER 1980 a,S. 28). Dieser Anspruch findet sich in der Ausbildung in Pädagogik kaum wieder. Nur selten ist sie gleichzeitig pädagogische Ausbildung (vgl. H.G. HOMFELDT u.a. 1983; H.G. HOMFELDT, W. SCHULZ 1990). Die Lehrkraft gibt so besten Wissens und Gewissens weiter, was ihr selber in Schule und Hochschule widerfahren ist. In der Hochschule hat sie gelernt, daß Erziehung Erziehung der anderen ist, für die es instrumentelle Fertigkeiten zu erlangen gilt. So sind Belehren, Kontrollieren, Bewerten, Beaufsichtigen sehr bald bestimmende Tätigkeiten der Lehrkraft, ohne daß sie je die Chance gehabt hätte, sich bewußt zu machen: Es geht im pädagogischen Handeln immer auch um mich oder noch zugespitzter formuliert:

"Der einzige Mensch, an dem ich planvoll 'arbeiten' kann und zwar so, daß es auch seinen wirklichen Motiven und Interessen entspricht, bin ich selbst. Bei keinem anderen weiß ich, ob ich ihn mit meinen erzieherischen Bemühungen überhaupt erreiche, ob ich den Kern seines Denkens und Fühlens treffe" (H. KUPFFER 1980 a, S. 49).

----

1. Wenn ich in diesem Beitrag insbesondere auf Überlegungen von H. KUPFFER eingehe, dann aus folgendem Grund: Immer wieder ist KUPFFER mit der 'Antipädagogik' in Verbindung gebracht worden, hingegen sind seine wichtigen Reflexionen zur Selbsterziehung kaum aufgenommen worden.

Insofern ist Erziehung sinnvollerweise immer nur *Selbsterziehung*. Sie ist in der Tendenz Verzicht auf das Machen, dafür aber um so mehr Nachdenken über das eigene Handeln. Selbsterziehung ist so eine Form bewußter Existenzführung.

Dieses Verständnis von Erziehung und das ihr entsprechende Verständnis von Erziehungs-Wissenschaft liegen nicht im Trend. Der herrschende Trend bestimmt, daß Erziehung die Erziehung der anderen ist. Nach diesem Prinzip wird - wie angedeutet - weitgehend an der Hochschule Pädagogik gelehrt und gelernt. "Selbsterziehung heißt dagegen: sich in einen anderen Bezug zur Welt setzen, als es üblich ist; über das hinausgehen, was ohnehin läuft; auf etwas gespannt sein, was man nicht bereits in sich trägt. Selbsterziehung erfolgt gerade nicht nach dem Wahlspruch "Werde, der du bist" (H. KUPFFER 1980 a, S. 59). Oder weiter: "Wenn ich von Freiheit rede, dann darf ich nicht nur stillschweigend meine eigene meinen, sondern ich muß begreifen, daß Freiheit unteilbar ist. Auf das Erziehungsfeld übertragen heißt dies, daß ich nicht nur die anderen bearbeite, sondern ebenso auch selbst betroffen bin, weil ich mit ihnen im nämlichen Bezugssystem stehe. Je deutlicher mir wird, daß ich im Grunde nur mich selbst erziehen kann, desto ernster werde ich die anderen nehmen." Selbsterziehung ist Befreiung von 'man muß/man soll'-Formeln. Sie schützt vor Denken in Merkmalsrastern und vor Bewertungen nach Funktionstüchtigkeit und Checkliste. Selbsterziehung schafft Feldbewußtsein, sie befreit zunehmend vom Sicherheits- und ständigen Vorsorgedenken. Sie ermöglicht, sich mit dem eigenen unverwechselbaren persönlichen Habitus, auch körperbewußt, auf ein Feld einzulassen. Mit J. NEUMANN (1956, S. 146) gesprochen, ermöglicht sie Individuation und den Durchbruch des eigenen Wesens. Selbsterziehung ist dabei die Befreiung von verdinglichenden Denkweisen wie 'Aufgrund dieser oder jener personalen, räumlichen, zeitlichen Gegebenheit ließ sich dieses oder jenes nicht umsetzen.' Selbsterziehung gibt Kraft zum Handeln (B. MÜLLER 1984, S. 114-124), klare und unverwechselbare Strukturen in einer Institution zu setzen - trotz widriger äußerer Strukturen. Sie verlieren ihren Entschuldigungswert, obwohl sie als Arbeitsbedingung da sind. Selbsterziehung ist geknüpft an Offenheit für die sinnlichen Eindrükke der laufenden Praxis und gibt dem eigenen Tun Anschaulichkeit und Dynamik.

Dynamische Beziehungen zur Welt aufzunehmen ist Entäußerung der eigenen körperlichen, geistigen und sozialen Kräfte, aber auch gleichzeitig Aufnahme der Kräfte anderer Menschen.

Selbsterziehung öffnet so Situationen und Strukturen. Sie löscht Berechenbarkeit auf der Grundlage äußerer Daten, befreit von Illusionen und verlangt, die Verantwortung für sich selbst zu übernehmen. In diesem Prozeß der Selbstwerdung lernt der Erzieher, "seine Klienten nicht nur zu behandeln, als sei das Feld, auf dem sich beide bewegen, schon abgesteckt, sondern mit seiner/ihrer Person dieses Feld allererst zu strukturieren" (H. KUPFFER 1978, S. 14). Auf die Pädagogen und Pädagoginnen als Personen kommt es also an. Sie sind es, die mit anderen einen menschlichen Zusammenhang und Zusammenhalt aufbauen. Die äußere Struktur ist nur Bedingung, aber nicht bereits Bestimmung. Selbsterziehung gibt Möglichkeiten frei, sich entscheiden zu lernen, Mut und Selbstvertrauen sind nötig, nicht geneigt zu sein, in der pädagogischen Praxis etwas Bestimmtes tun zu sollen, sondern sie als Möglichkeit zu gegenseitiger Abstimmung und Verhandlung zu begreifen. Die für diese Arbeit nötige Kraft kann nicht von außen bezogen werden, sondern nur in eigener innerer Einsicht wachsen. Sie setzt dem Drang, wenn nicht gar Zwang Grenzen, Experte werden zu wollen. Bei H. KUPFFER lese ich dazu: "Der Ehrgeiz des Pädagogen vom Erzieher zum Therapeuten 'aufzusteigen', ist ein Irrweg der Professionalisierung" (1978, S. 169). Ebensowenig sollen Pädagogen und Pädagoginnen Hilfsarbeiter von Psychologie und Soziologie sein. In der Interaktion zwischen Lehrenden und Lernenden ist Hinrichtung ebenso wie Emanzipation möglich. Hinrichtung vollzieht sich am ehesten dann, wenn die in der pädagogischen Institution Tätigen sich Züge auf dem ausformulierten Hintergrund äußerer Strukturen geben und sich auf Rollen und Funktionen verlassen, Emanzipation hingegen dann, wenn die tätigen Personen selber in den Vordergrund rücken und persönliche Vielfalt (Subjektivität) entwickeln.

Bedrohung und Sinnkrisen

Zur Selbsterziehung gibt es in meiner Sicht keine Alternative mehr. Der Zerfall von Öffentlichkeit ist nicht mehr durch die von Strukturkrisen befallenen Systeme aufzuhalten, sondern nur noch von tätigen

Menschen selbst. Die Überwindung von Pessimismus und Resignation fängt bei mir selbst an! Meiner Bereitschaft stellen sich aber zum Teil übermächtig erscheinende Hindernisse entgegen. Tag für Tag erhärtet sich zum Beginn des Jahres 1991 meine Angst und Gewißheit, daß unsere Zukunft global bedroht ist und wir am Abgrund unserer Geschichte stehen. Diese Bedrohung ist nicht naturgegeben, sondern Resultat fehlgeleiteter wissenschaftlicher und technischer Bemühungen. "Schon heute trägt für den, der sehen kann, das Leben auf dieser Erde die Züge eines Wettlaufs zwischen diesen oft lautlosen Wirkungen und der Aufklärung über ihre unausbleiblichen zukunftsbedrohenden Folgen. Dieser Wettlauf wird in den kommenden Jahren die Form eines Notstands annehmen, der Versuch seiner Bewältigung die Form eines permanenten Ausnahmezustands" (A.M.K. MÜLLER, o.J.).

Wer kann sich an diesem Wettlauf aussichtsreich beteiligen? Können dies Institutionen, die diese Entwicklung begünstigt haben? Sind sie nicht nach wie vor in territorialem und partikularem Denken und Tun verhaftet, in einem ausschnitthaften, fahrlässig selbstgenügsamen Denken, "das gleichwohl - auf seinen Ausschnitt unbedingt und unaufgebbar zentriert - mit dem Anspruch auftritt, komplett zu sein, alles Notwendige autark leisten zu können. Gegebenenfalls mit Gewalt"? (A.M.K. MÜLLER, S. 33).

Auf die Unfähigkeit der Systeme zur qualifizierten Verbesserung von Lebensverhältnissen hat bereits vor einem halben Jahrhundert W. REICH in seinen Überlegungen zur emotionellen Pest verwiesen (W. REICH 1973, S. 252 f.). Sie ist keine absichtliche Bösartigkeit, sondern nur eine spezifische Unfähigkeit, Leben im umfassenden Sinne zu bejahen. Sie tritt dann auf, wenn "die natürlichen Lebensäußerungen der Selbstregulierung unterbunden wurden". Im Gegensatz zu organischen Erkrankungen wird die emotionelle Pest nach wie vor kaum akzeptiert, im kleinen wie im großen nicht. Eine Ausdrucksform emotioneller Pest läßt sich so formulieren: Je maßloser die Taten, desto geringer die Hemmungen, ja auch Strafen. Verkümmertes kollektives Bewußtsein ermöglicht Nichtbetroffenheit. Weltbedrohenden Gefahren gegenüber gelingt es kaum, adäquate Gefühle zu entwickeln, wohl aber noch für die Dinge der eigenen familialen Lebenswelt. In der Welt des Berufs sind Gefühle weitgehend suspendiert. Dies fördert ihre Mißbrauchbarkeit und die Gefahr, außerhalb des eigenen Lebenskreises nicht über sie verfügen zu können und damit die Gefahr, den gegenwärtigen Prozeß auf eine ökologisch begründete Weltkatastrophe hin gar nicht begreifen zu können.

Die Entwicklung im 20. Jahrhundert läßt sich rückblickend umschreiben als wachsende Trennung zwischen privat und öffentlich, zwischen Wissen und Gewissen, zwischen Leben und Lernen, zwischen Erfahren und Erkennen. Ein mit dieser Entwicklung sich verschärfender Zwang in Ursache-Wirkung-Kategorien zu denken und zu schaffen, hat Ein-Wege geschaffen bis hin zu Einwegflaschen, Einwegtüten und Einweg-Persönlichkeiten. Letztere wollen über Unverfügbares verfügen, ohne es je begriffen zu haben und unterliegen einem menschlichen Machzwang 'auf Teufel komm raus' (vgl. O. MARQUARD 1982, S. 67). Das vermeintliche Wissen um die unverfügbaren Vorgaben begünstigt den Wahn nach der permanenten Verbesserung der materiellen Lebensumstände in den Industrienationen und nach der Weltverbesserung (etwa in Form eines weltpolitischen Menschenrechtsspektakels von J. Carter seinerzeit). Solange die Grenzen der Machbarkeit (wirtschaftlich wie waffentechnisch) nicht erreicht waren, ebneten neue Erkenntnisse und ihre technologische Umsetzung scheinbar neue Wege. Sie wurden akzeptiert, schufen sie doch für einen Großteil der Bevölkerung weitere Konsumannehmlichkeiten. Erst eine weitere sichtbare Zuspitzung waffentechnischer Eskalation in den letzten Jahren (etwa SDI) hat drastisch und unerbittlich offengelegt, wie Ost und West gleichermaßen über Unverfügbares (nämlich über Möglichkeiten, Leben auf der Erde auszulöschen oder zuzulassen) verfügen. Ost und West standen und z.T. stehen sie sich schon wieder in ihrer zumindest militärischen Machtfülle wie feindliche Götter gegenüber. Zum Beginn des Jahres 1991 kommen weitere Kontrahenten weltbedrohend hinzu. Die Menschen, die für diese Götter da sind, reagieren nicht nur in der Bundesrepublik zunehmend skeptischer und widerständiger auf sie - so meine Hoffnung.

Die herrschende Wissenschaft an ihren Grenzen

Noch immer herrscht die heimliche Theorie vor, eine der klassischen Physik folgende Wissenschaftsauffassung sei weiterhin in der Lage, die wichtigsten Impulse dafür zu geben, daß die Lebensqualität in den

Industrienationen weiterhin anwachse. Es gehe nur darum, sich noch effizienter um das Funktionieren dieses Konzeptes zu bemühen.

Entsprechend hat die Rationalität dieses klassischen Modells Welt zu verstehen unser alltägliches Leben geformt. So wirkt Wiederkehrendes, Statisches in der Tendenz vertrauenswürdiger als das sinnerfüllte, kreativ gestaltete Neue. Eine Lebensgestaltung, die nicht der festgefügten Vorstellung von Zeit und Raum entspricht, hat sich 'alternativ', wenn nicht gar heimlich auszudrücken.

Zu Recht stellt SLOTERDIJK fest (1983, Bd. 2, S. 547): "Der Streit um den Positivismus entflammte nicht um dessen unbestreitbares Verdienst, die logische Form und die empirische Basis von strengen Wissenschaften geklärt zu haben, sondern um die naive Annahme der Positivisten, sie könnten mit diesen Mitteln jedes 'beliebige' Forschungsgebiet erschließen und damit jede Realität der Beliebigkeit einer kaltschnäuzigen Erforschung unterwerfen." So kann ein universeller Positivismus als zynisch betrachtet werden, im Sinne SLOTERDIJKS als 'aufgeklärtes falsches Bewußtsein'. Gleiches gilt in meiner Sicht für den Funktionalismus vorherrschender Pädagogik. Funktionalismus steht (in künstlicher Objektivität) im Einvernehmen mit den Verhältnissen gegen leidende Personen.

"In den Methodenlehren des Positivismus und Sozialfunktionalismus finden jene Theoretiker ihr Organon, die mit abgeklärter Brutalität, indirekt und kühl, die bestehenden Systeme gegen die an ihnen zerbrechenden Individuen verteidigen" (S. 548).

Die Trennung von Bewußtsein und Welt hat dazu geführt, daß die Praxis nicht die ihr zugehörige Theorie mitschafft, sondern sich selbst überläßt. Umgekehrt gilt Gleiches. Daß Theorie nicht die ihr zugehörige Praxis mitschafft, hängt mit der Auflage zusammen, Erkenntnisse in möglichst hohe Grade der Verallgemeinerung überführen zu müssen. In dem Maße aber, wie dies gelingt, besitzt Theorie keine Praxisrelevanz mehr. Aufgrund eines überhöhten methodischen Anspruchs, der zu Lasten der Erfassung von 'life-Situationen' geht, einer höchst abstrakt formulierten, exklusiv verfügten Sprachregelung haben sich Erziehungswissenschaftler und Erziehungswissenschaftlerinnen ihre eigene Praxis geschaffen (vgl. entsprechend E. GOFFMAN 1974, S. 18): sich nämlich nur noch mit dem Denken der Fachkollegen/innen auseinanderzusetzen und mit den von ihnen herangezogenen Quellen weiterer Denker. Eine so geschaffene

Pädagogik wird zunehmend mehr an ihre Sinngrenze stoßen. Dies trifft nicht nur zu auf Pädagogik als Wissenschaft, sondern gilt auch für Pädagogik in ihren praktischen und institutionellen Ausformungen.

Praktische Institutionen an ihren Grenzen

Die Pädagogen- und Pädagoginnen-Ausbildung folgt immer noch dem Prinzip 'Wissen begründet Handelnkönnen'. Ausgegrenzt ist weitgehend die Perspektive von Hochschule als erziehungswissenschaftlich und erzieherisch bedeutsames Feld, in dem erziehungswissenschaftliche und erzieherische Qualifizierung als Erziehung der Pädagogen und Pädagoginnen nötig und möglich ist. Mit einer solchen Bestimmung von pädagogischer Ausbildung in Pädagogik kommt die Person des Pädagogiklernenden in den Blick und die Hochschule als Lernort, der über Wissensaneignung Lernprozesse zuläßt, in denen die Beteiligten selbst zum Lerngegenstand werden (vgl. H.G. HOMFELDT, W. SCHULZ 1990, S. 67-73) und so begreifen können, *wie* Theorie und Praxis zusammengehören.

In der Pädagogik ist mehr gefordert, als Daten zu erheben und zu allgemeinen Aussagen zu gelangen. In ihr haben Wissenschaftler und Wissenschaftlerinnen sowie Praktiker und Praktikerinnen interessierte Formen zu entwickeln. Als Erkennende sind Erziehungswissenschaftler zugleich Praktiker (vgl. W. LAUFF, H.G. HOMFELDT 1981; K.A. BAIER u.a. 1984), als Handelnde sind Erziehende zugleich Erkennende. Gegen diese Möglichkeit wird das hochschulische Feld jedoch immer noch von Lerntheoretikern und Didaktikern bestimmt, die Modelle schaffen und vermitteln, unverdrossen soziale Gesetze und Regeln aufstellen, obwohl bekannt ist, daß Gesetze in dem Maße ihren Umsetzungswert einbüßen, wie sie an Allgemeinheit gewinnen (vgl. A. WELLMER 1969, S. 35). Als Modelldenker und Modellpraktiker schaffen Erziehungswissenschaftler und Erzieher in ihren Institutionen quasi totalitäre Welten. Über sie stellt K. JASPERS fest: "In der totalitären Welt wird die Erziehung total geplant, daher bis ins Kleinste geregelt, nivelliert und erzwungen. Hier ist die Sache ihrer selbst gewiß, klar und eindeutig. Die Totalitären wissen, wie sie es machen wollen. Sie organisieren die Erziehung wie maschinelle Apparaturen nach wissenschaftlich-technischen, insbesondere psychologischen Gesichtspunkten. Die Reduktion der Erziehung auf die Herrichtung des Menschen zu einem brauchbaren Arbeitswerkzeug und zur gehorsamen Funktion erzeugt im ganzen einen vitalen Schwung der Teilnahme an einer Macht, die eine großartige Zukunft herbeizuführen verspricht. Es gibt einen die Massen ergreifenden Drang, sich hineinzustürzen in den Strom, in der Funktionalisierung sich selbst preiszugeben, Material zu werden und die anderen zum Material zu machen" (K. JASPERS 1983, S. 17).

In einer solchen totalitären Welt werden Mittel zum Zweck, der Mensch zur Funktion, Erziehung zur Abrichtung. In der Schule und Hochschule gestaltet sich weitgehend die Beziehung der Menschen über ihre Funktionen. Dies gibt Sicherheit. Die Rollen sind verteilt und können - guter Wille vorausgesetzt - störungsfrei gespielt werden. Die in den Rollen Wirkenden bedürfen des Regisseurs. Allein wissen sie nicht, was zu tun ist. So vergessen die Beteiligten, daß sie ihre pädagogische Institution ausgestalten können, daß Zensuren nicht zwangsläufig erfolgen, sogenannte Schrägversetzungen 'nicht im Interesse des Kindes' sein müssen. Diese Feststellung trifft trotz intensiven Bemühens um 'offenen Unterricht' in der Schule in der Tendenz immer noch zu, auf die Hochschule ohne Abstriche trotz aller Demokratisierungsbeteuerungen. In der Schule, in der pädagogischen Ausbildung an der Hochschule und in anderen institutionellen Brennpunkten gesellschaftlicher Produktion und Reproduktion verloren in den letzten 15 Jahren bis dato gutgehende 'Geschäfte' zwischen Erziehern und Erzieherinnen und Kindern, Lehrenden und Lernenden ihren Wert, weil Lebenschancen knapper geworden sind. Gesellschaftlich begründete Sinnkrisen können *die* Pädagogen und Pädagoginnen kaum auffangen, die wenig mehr "als industriell produzierte Sinnsurrogate anzubieten" (SCHÜLEIN 1981, S. 25) haben. Jugendlichen, die nicht dem 'Wenn-dann-Schema' folgen, bleibt wenig mehr, als zu versuchen, ihre Wünsche nach Geborgenheit in radikalen Subkulturen einzulösen.

Gegenwirkung können Pädagoge und Pädagogin ermöglichen, die Vorbild und Stütze sind, und Abarbeitungsmöglichkeiten für die Identitätsfindung anbieten, die es ferner verstehen, sich auf die vor ihnen stehenden Menschen einlassen zu können und die sich so wenig wie möglich durch die Umstände instrumentalisieren lassen. Für solche Pädagogen und Pädagoginnen kann Erziehung nicht die Bezeichnung für eine feststehende Sache sein, sondern einzig Ausdruck "für einen Komplex vielfältiger Prozesse, Interaktionen und Kommunikationsformen. Eine adäquate Theorie der Erziehung ist immer ein Element oder auch eine Folge kritisch erfahrener Praxis" (H. KUPFFER 1977, S. 38). Theorie, als erkennende Kraft verstanden, ist die Vorstellung von Handlungsmöglichkeiten. Als kritische Instanz bewahrt sie die Handelnden davor, sich hinter Sach- und Systemzwängen zu verbergen, etwa falsch und richtig als absolut gesetzte Größen zu verdinglichen. Als Element kritisch erfahrener Praxis sorgt sie dafür, eigene Normen in der Interaktion entstehen zu lassen und auf außerhalb der eigenen Person begründbare Vorsprünge zu verzichten. Eine dieser Theorie folgende pädagogische Qualifizierung korrespondiert mit der Auffassung, die äußere Natur nicht immer noch besser erklären zu wollen, um sie noch raffinierter auszubeuten, sondern durch mehr Selbsterkenntnis und Reflexivität sorgsamer mit ihr umgehen zu lernen. Die institutionelle Trennung von Berufseinübung und eine mit dieser Spaltung einhergehende Trennung von Handeln und Erkennen ist leider immer noch möglich, weil Erziehungs-Wissenschaft sich nicht von der alltäglichen Wirklichkeit her bestimmt, sondern immer noch als Bedingungswissenschaft faktorenorientiert arbeitet. Folglich wissen wir immer noch wenig darüber, wie sich das Zur-Welt-Kommen des Menschen vollzieht. W. LOCH (1984, S. 129) meint: "Was wissen wir schon von den Stufen der kindlichen Lebenswelt und ihrer Bedeutung für die Persönlichkeitsentwicklung: der 'uterinen Welt' des noch Ungeborenen; der 'materiellen', durch den Leib der bemutternden Personen und die Einsamkeit des ersten Bettes gebildeten 'Welt' des Neugeborenen; der 'Familienwelt', die sich in dem Maße aufbaut, wie das Kind die vertrauten Personen seiner Umgebung von fremden Personen unterscheiden lernt; der 'Welt der Nachbarschaft', in die das Kind erkundend vorstößt, um erweiternde und begrenzende Erfahrungen zu machen; von den durch Zuschauen und Beobachten, Selbermachen, Probieren und Fingieren aufgebauten 'imaginären Welten' der Nachahmung."

Wir wissen wenig darüber, wie Menschen lernen, wie sie Fehler machen und ihre Lernhemmungen abbauen. Kurz: Wir haben hinreichend Erkenntnisse über Lernen bei kontrollierten Bedingungen, aber wenig über Lernen im alltäglichen Werden. Dieser Zustand findet seine Entsprechung in der Tatsache, daß das Feste dem Beweglichen vorgegeben ist. Leben in Institutionen ist auf den Zustand abgestellt, nicht auf das Werden und das persönliche Zu-sich-Kommen.

Ohne Selbsterziehung bleibt im erstarrten Außen nur ein leidendes Innen. Sich aufsaugen zu lassen von dem Starren und Unbeweglichen, dafür gibt es aber glücklicherweise bei den Menschen keine unbegrenzte Bereitschaft. Sich nicht alles gefallen zu lassen, repressive, äußere Zwänge abzuschütteln, das sind Ausdrucksformen eines mühseligen Prozesses von Selbsterziehung.

Selbsterziehung ist nicht lehrbar, nur lernbar

Für mich ist Selbsterziehung ein wichtiger Bestandteil pädagogischer Ausbildung an der Hochschule. Als wichtiges Element der Persönlichkeitsbildung ist sie nicht lehrbar, sondern nur in der täglichen Auseinandersetzung mit sich selbst und im praktischen Umgang mit dem Erlebten und Erfahrenen anderer lernbar. Trotz aller Einmaligkeit und persönlicher Unverwechselbarkeit weist jeder pädagogische Lernweg Formen auf, die auch auf den pädagogischen Wegen anderer Lernender auffindbar sind. Diese Formen erfassen den Grad der Beteiligung und der Betroffenheit der Pädagogiklernenden, aber auch die Qualität des sich entwickelnden Handlungs- und Reflexionsvermögens. W. SCHULZ nennt folgende Entwicklungsmuster (Formen): Beobachten, Teilnehmen, Strukturieren und Erfahren (W. SCHULZ 1984, S. 224 ff.). SCHULZ zeigt an Beispielen aus seiner hochschulischen Praxis, daß der praktische Prozeß der Selbsterziehung als Folge komplexer werdender Formen möglich ist. Dieser Prozeß vollzieht sich krisenhaft und gebrochen, nicht selten hört er unversehens auf. Das Hineinwachsen in eine neue Form setzt die Entstrukturierung von Gewißheiten und Gewohnheiten, die Wiederherstellung von Offenheit voraus. Möglich ist eine solche Entwicklung nur, wenn die pädagogische Ausbildung den Lernenden zugesteht, Praxis *für sich* kennenzulernen und bemüht ist, selbsterzieherische Lernbewegungen systematisch zu fördern. Sie kann nicht durch Vermittlung von Wissen ersetzt, allenfalls in spezifischen Phasen der Lernbewegung durch sie ergänzt werden. Einzig die Lernenden selbst entscheiden über Tempo und Intensität ihrer Prozesse pädagogischer Könnenserweiterung.

Ich gehe davon aus, daß es in der Hochschule hinreichend Lernorte und -möglichkeiten gibt, die der Persönlichkeitsbildung (im Sinne einer pädagogischen Ausbildung förderlich sind. Ein solcher Lernort ist der Kontaktstudiengang 'Erziehung und Gesundheit' (vgl. H.G. HOMFELDT 1988) an der Pädagogischen Hochschule Flensburg. Die Ausbildungsstruktur des Kontaktstudiengangs basiert auf Ausbildungsformen. Dies sind Aneignung (Aspekt der Selbsterfahrung und Selbstbetroffenheit), Verarbeitung (Erkenntnisaspekt), Anleitung (Aspekt der Praxisgestaltung) und Anleitungsberatung (Aspekt der Praxisreflexion). Ziel des Studiums ist es, sich durch den Erwerb von Basisqualifikationen (vgl. U. BARKHOLZ, H.G. HOMFELDT 1991) in Pädagogik sowie in den semesterbezogenen Schwerpunkten Ernährung, Bewegung, Naturerleben/Umweltgestaltung und Kleidung für eine gesundheitspädagogische Berufstätigkeit auszubilden. Solche Basisqualifikationen sind nicht einzig durch die Differenzierung des Intellekts zu erwerben.

Das Bemühen des Studiengangs richtet sich auf den Rückgewinn sinnlich faßbarer Wirklichkeit im Menschen und um ihn herum. Und es geht um den geübten Umgang mit ihr. In der Praxis der Ausbildung gehen wir aus vom Erlebten, hin zum erfahrungsbezogenen Erkennen, zum Gestalten und schließlich Beraten. Zuerst gewinnen die Studierenden ein Sinnenbewußtsein ihrer selbst. (Wer bin ich in bezug auf meine Ernährung und meine Ernährungsgeschichte? - In bezug auf meine Kleidung und meine Kleidungsgeschichte?) Wie steht dieses Persönliche zu dem, was andere allgemein erkannt haben? Wie kann ich persönlich Erkanntes mit anderen für mich und sie gewinnbringend gestalten? Dies sind wichtige Grundfiguren unserer hochschulischen Ausbildungsarbeit. Selbsterziehung ist in ihr *die* treibende Kraft.

Literatur:

Baier, K.A. u.a.: Lernen im Lebenszusammenhang. Stuttgart 1984.

Barkholz, U./Homfeldt, H.G.: Gesund lernen ist mehr als Gesundheit lernen. In: Pädagogik, H. 3, 1991, S. 13-18.

Fromm, E.: Das Menschliche in uns. Zürich 1968.

Goffmann, E.: Das Individuum im öffentlichen Austausch. Frankfurt 1974.

Gutberlet, V.: Komplexität und Komplementarität. Frankfurt 1984.
Homfeldt, H.G.: Erziehung und Gesundheit. Weinheim 1988.
Homfeldt, H.G.: Lebensperspektive und Lernaufgabe. Lernhilfen für Haftentlassene. In: D. Spanhel (Hrsg.): curriculum vitae. Essen 1988, S. 95-107.
Homfeldt, H.G. u.a.: Student sein - Lehrer werden. München 1983.
Homfeldt, H.G./Schulz, W.: Formen pädagogischer Qualifizierung als Persönlichkeitsbildung. In: Forum Pädagogik, H. 2, 1989, S. 67-73.
Hübner, K.: Wie irrational sind Mythen und Götter. In: H.P. Duerr (Hrsg.): Der Wissenschaftler und das Irrationale Bd. II, Frankfurt 1981, S. 11-36.
Jaspers, K.: Wahrheit und Bewährung. München/Zürich 1983.
Kupffer, H.: Pädagogische Praxis und die Theorie. Weinheim 1977.
Kupffer, H. (Hrsg.): Erziehung verhaltensgestörter Kinder. Heidelberg 1978.
Kupffer, H.: Erziehung - Angriff auf die Freiheit. Weinheim 1980a.
Kupffer, H. (Hrsg.): Öffentliche Erziehung als Aufgabe der Gesellschaft. Heidelberg 1980b.
Lassahn, R.: Gegenstand und Methode. In: H. Konrad (Hrsg.): Pädagogik und Wissenschaft. Kippenheim 1981, S. 139-150.
Lauff, W./Homfeldt, H.G.: Pädagogische Lehre und Selbsterfahrung. Weinheim 1981.
Loch, W.: Die Wenden des Pädagogischen Bewußtseins als Herausforderung einer Phänomenologischen Pädagogik. In: Bildung und Erziehung, H. 2, 1984, S. 119-130.
Marquard, O.: Abschied vom Prinzipiellen. Stuttgart 1982.
Müller, A.M.K.: Die präparierte Zeit. Stuttgart o.J.
Müller, B.: Kraft zum Handeln. In: Neue Praxis, H. 2, 1984, S. 114-124.
Neumann, J.: Die Möglichkeiten einer Selbsterziehung. In: Erziehung wozu? Eine Vortragsreihe mit Beiträgen von O.F. Bollnow u.a. Stuttgart 1956, S. 135-147.
Schiek, G.: Rückeroberung der Subjektivität. Frankfurt 1982.
Schulz, W.: Pädagogische Qualifizierungsprozesse von Lehrerstudenten in der Studieneingangsphase. Frankfurt 1984.
Schülein, J.A.: Sinnprobleme in Industriegesellschaften am Beispiel der Jugendsekten. In: J.A. Schülein u.a.: Politische Psychologie. Frankfurt 1981, S. 13-38.
Sloterdijk, P.: Kritik der zynischen Vernunft, Bd. II. Frankfurt 1983.
Wellmer, A.: Kritische Gesellschaftstheorie und Positivismus. Frankfurt 1969.

III. Körperbewußtsein - Kleidungsbewußtsein

Traute El Gebali-Rüter

1. Von Körperbeherrschung durch Kleidung zu Selbst-Bewußtsein in Kleidung

"Ich erinnere mich noch, daß ich als erstes Zeichen der Weiblichkeit von meinem sich entwickelnden Körper ein dünnes, zerbrechliches Handgelenk forderte, das ich mit den Fingern der anderen Hand mühelos umfassen konnte. Als zweites eine schlanke, eng gegürtete Taille. Als nächstes beschäftigte mich das Problem, unter allen Umständen kleiner zu bleiben als die Jungen..." (BROWNMILLER 1988, S. 17/18).

Ob bei Ihnen als Leserin oder Leser vergleichbare Erinnerungen auftauchen?

Wie entwickelt sich Körperbewußtsein?[1] Setzt Kleidungsbewußtsein Körperbewußtsein voraus? Welche Rolle spielt für die Bewußtseinsbildung in diesem Bereich das Geschlecht? Was bewirkt ein entwickeltes Bewußtsein für das Verhältnis von Körper und Kleidung in der individuellen und sozialen Befindlichkeit des und der einzelnen? Es stellen sich mehr Fragen, als im Rahmen dieser Ausführungen behandelt werden können.

Als Kinder unserer leiblichen Eltern und 'Kinder unserer Zeit' leben wir in unserer physischen und psychischen Existenz sowohl anlagebedingt als auch umweltgeprägt. Die Umwelt, verstanden als

----

1. An der Bildung des Körperbewußtseins sind als die fünf Hauptfaktoren beteiligt: Vererbung, körperliche Verfassung und Aktivität, emotionale und psychologische Verfassung und Betätigung, Ernährung sowie Umwelt als Gesamtheit der uns umgebenden physischen, sozialen und psychologischen Strukturen (vgl. DYCHTWALD 1981).

die Gesamtheit der physischen, sozialen und psychologischen Strukturen, die uns umgeben, stellt für den Zusammenhang Körper - Kleidung einen wesentlichen Faktor dar. Die Loslösung ist äußerst schwierig, "denn auf eine bestimmte Weise verinnerlichen wir die Umgebung so, wie sie uns äußerlich beeinflußt" (DYCHTWALD 1981, S. 38). So spiegelt der Mädchenwunsch nach dünnen Handgelenken, einer schlanken Taille und mittlerer Körpergröße mehr als eine vom naturbedingten Unterschied der Geschlechter abgeleitete Erwartung an die körperliche Entwicklung. Die soziale Norm des weiblichen Idealbildes impliziert 'Zerbrechlichkeit' als ästhetische Lesart von Schwäche und das 'Überragen' des anderen, des 'starken' Geschlechts fordert Mißbilligung heraus.

Das Idealbild des weiblichen Körpers findet seine Korrespondenz in einem männlichen Körperideal. Und auch hier treffen wir Normabweichungen, vor allem das Unterschreiten der idealisierten Proportionen, das Selbstwertgefühl des einzelnen, auch wenn das "herrschende Geschlecht" sich im allgemeinen "eine breitere Skala der als akzeptabel geltenden Formen" vorbehält (WEX 1980, S. 301).

Medium der formalen Ausprägung des Körperideals ist in erster Linie die Kleidung.

In dem Eingangszitat ging es um eine schlanke, 'eng gegürtete' Taille. Die Schlankheit der Taille tritt durch die Gürtung als Element der Kleidung besonders hervor. Sie kann durch enge Gürtung verstärkt und - denkt man an Schnürmieder vergangener Epochen - bis zu einer gesundheitlich folgenschweren 'Abschnürung' getrieben werden. Schlankheit als Formideal trifft auch Handgelenke, Beine und Füße der Frau. Die Hebung der Ferse durch Erhöhung des Absatzes hat optisch zur Folge, daß sich die Figur streckt, der nunmehr auf der Fußspitze stehende Fuß zierlicher erscheint, das Bein aber länger. Da ferner die Absatzform selbst Schlankheit repräsentiert, ist der Effekt vierfach.

Aber die Absatzhöhe bewirkt mehr: "Durch den Absatz am Schuh wird die gesamte Körperhaltung verändert, der Bauch geht hinein, die Brust geht heraus. Um das Gleichgewicht zu erhalten, muß der Rücken eingezogen werden, dadurch markiert sich aber ganz von selbst das Becken, seine bevorzugte Schwellung wird auffälliger..." (FUCHS, zitiert nach ANDRITZKY 1988, S. 209). Der Stöckelschuh, als dysfunktionale Schuhform Auslöser für Gesundheitsschäden erheblichen Ausmaßes, wurde zum Inbegriff erotisierender Weiblichkeit.[1]

Schlankheit und Zerbrechlichkeit erhöhen ihrerseits die Wirkung üppiger, sexuell stimulierender Körperpartien.

Seymour FISHERs 1973 veröffentlichte Ergebnisse therapeutischer Untersuchungen ergaben z.B., daß "außerordentlich viele Frauen eigentlich alles an ihrem Körper sich kleiner wünschen, nur die Brüste sollten größer sein" (zitiert nach R. zur LIPPE 1987). Dazu merkt Rudolf zur LIPPE an, der festgestellte Wunsch drücke zweifellos "eher mehr von dem Körperbewußtsein der Männer als von dem der Frauen aus" (R. zur LIPPE 1987, S. 314) - eine behutsame Interpretation dessen, was in der Sprache feministischer Autorinnen 'Herrschaft des Mannes über den weiblichen Körper' heißt. Kleidung spielt wiederum eine verstärkende Rolle mit den Möglichkeiten der Formung, optischen Vergrößerung, Verhüllung wie Entblößung. Die erstrebte Wirkung wird durch Einsatz fester Einlagestoffe, aber auch Holz-, Fischbein-, Metall- und Kunststoffversteifungen, durch zusätzliche Polster, faltenreichen oder glatt liegenden feinen, transparenten Stoff in Unterstützung der Schnittform erreicht.

Die abendländische Geschichte der Mode ist seit dem 15. Jahrhundert die einer körpermodellierenden Kleidung. Modelliert, verformt und überformt wurde gemäß den wechselnden Schönheitsidealen.[2] Der Körper der Frau wurde in allen Epochen, bis an die Gegenwart heran, in unvergleichlich stärkerem Maße der "Verdinglichung, Disziplinierung, Zivilisierung" (R. zur LIPPE) unterworfen als der des Mannes. Die zunehmende Differenzierung in der Formgebung der

----

1. vgl. dazu DURST und GRAVENHORST (1988)

2. Man muß sich in diesem Zusammenhang vergegenwärtigen, daß lediglich die Angehörigen der höheren Stände und des Bürgertums, soweit sie einigen Wohlstand erlangt hatten, den modischen Körperbildern und Kleidungsformen folgten. Der weitaus größte Teil der Bevölkerung konnte sich glücklich schätzen, wenn das Notdürftigste an Kleidung verfügbar war.

Kleidung[1] korrespondierte offenkundig nicht mit einer Differenzierung des Körperbewußtseins. Die Verdinglichung des Körpers war umso leichter möglich, als physiologische und anatomische Zusammenhänge noch kaum erkannt, geschweige denn in ihrer Kenntnis verbreitet waren. Körper-Beherrschung und Natur-Beherrschung setzten ein, bevor der menschliche Körper und die Naturphänomene in ihrer Ganzheit, im Wechselspiel ihrer Funktionen erfaßt waren. Der Formwille des menschlichen Geistes stutzte, kanalisierte, überformte natürlich Gewachsenes hier wie dort. Wo die Natur einer realen Figur 'etwas schuldig geblieben' war, setzten die "Kunstgriffe der Mode", "verlängern, aufbauschen, verschlanken, auftragen, abnehmen, anheben" (BARTHES 1985, S. 266) korrigierend ein.

Als ZeitgenossInnen der zweiten Hälfte des 20. Jahrhunderts können wir eine relativ weit entwickelte 'Freiheit' in den Kleidungsformen und eine wachsende Sensibilität für das Verhältnis von Körper und Kleidung wahrnehmen.

Zur Entwicklung dahin haben im Verlaufe der letzten hundert Jahre viele Faktoren aus der politischen und sozialen, der ethischen und ästhetischen, der wissenschaftlichen und technischen Ebene unserer Gesellschaft, die alle das Lebensgefühl in der 'modernen Welt' mitprägten, beigetragen.

Mit der Zunahme an Freizügigkeit, auch verstanden als Bewegungsfreiheit, war einengende Kleidung nicht mehr vereinbar: Das Jahrzehnt nach dem ersten Weltkrieg brachte auch der Frau endlich die Befreiung vom Korsett, vom bodenlangen Rock und langem Haar.

----

1. Elli ROLF gliedert in ihrer 'Entwicklungsgeschichte des Kostüms' die Kleidungsformen in 4 "Kostümkreise" mit insgesamt 15 "Kostümfamilien", deren letzte die "Plastischen Kostüme", die körpermodellierenden, umfaßt. "Es sind das dreidimensionale, oft kompliziert zusammengesetzte Hohlformen, Schalen, die den menschlichen Körperformen entsprechend gemoldet sind" (S. 85). Sie postuliert, daß die Bewegungsfreiheit in ihnen nicht behindert werden dürfe, bleibt aber die Angabe schuldig, wie das bei einer die Figur faltenlos nachmodellierenden Kleidung gelingen soll. Etwas später fügt sie indessen in Klammern hinzu: "Eine heutenge Paßform verlangt allerdings zusätzlich elastisches Herstellungsmaterial, wie z.B. Skiwäsche, Ganztrikot und Strumpfhosen, die die letzte Konsequenz in der Entwicklung des 3-D-Kostüms (des dreidimensionalen K.) darstellen".

Zu den nicht mehr körpermodellierenden Schnitten der Kleidung kam in den 20er Jahren ein neues Kleidungsstück in Mode, das durch seine Herstellungstechnik Dehnbarkeit und Anpassungsfähigkeit und damit einen neuartigen Tragekomfort bot: der Jumper, später als Pullover bekannt.

Heute ist uns die Bewegungsbequemlichkeit, die der Pullover gewährt, zur Selbstverständlichkeit geworden. Die Einfachheit des An- und Ausziehens hat er mit seinen feinmaschigeren Verwandten, den T-shirts, gemeinsam. Als flexible, meist weiche und wärmende Hülle kann er als das Kleidungsstück angesehen werden, das dem informellen Kleidungsstil die Tore geöffnet hat. Über den Bereich des Sportes und der Freizeit hinaus hat er sich in der Tageskleidung neben dem formellen Kleidungsstil mehr und mehr durchgesetzt.

Als Merkmale informellen Kleidungsstils lassen sich weiche, den Körperformen folgende Konturen, glatt und auch faltig sitzende Stoffe mit teilweise gröberen Strukturen und einer Bandbreite verschiedener, oft flauschig-unebener Texturen kennzeichnen. Gewirkte und gestrickte Materialien kann man in ihrer Mehrzahl mit dem informellen Stil in Verbindung bringen.

Demgegenüber sind gewebte Stoffe aufgrund ihrer größeren Formbeständigkeit eher dem formellen Stil zuzuordnen, der durch klare Konturen der Kleidungsstücke, Formstabilität aufgrund von Material und Verarbeitung, glatt sitzende Stoffe und ebenmäßige Texturen charakterisiert ist.

Formelle Kleidung wird im beruflichen Alltag dort getragen, wo es um Signale von Korrektheit, Verläßlichkeit oder Bonität geht. Bei gesellschaftlichen Anlässen mit repräsentativem Anspruch ist formelle Kleidung vorherrschend. Berufswelt und gesellschaftliches Parkett fordern auf ihre spezifische Weise Anpassung. Ob diese im letzteren Fall indessen in dem Bewußtsein von Anpassungsdruck erfolgt oder vielmehr als spielerische 'Selbstinszenierung', die selbstbewußten ZeitgenossInnen Spaß macht, wird sich nicht auf den ersten Blick enthüllen.

Das Nebeneinanderbestehen verschiedener Ausdrucksmittel und Stilelemente in der Kleidung hat gegenüber früheren Epochen zugenommen, wohingegen die Unterordnung des Körpers unter ein Modediktat mit körperfeindlichen Zügen zurückgegangen ist. Bei den Bekleidungstextilien erhöht sich der Anteil schmiegsamer, weicher und dehnbarer Materialien, die auch eng anliegender Kleidung Bequemlichkeit und Bewegungsfreiheit verleihen können.[1] Beim Versuch einer Deutung dieser Fakten kann auf günstige Bedingungen für die Entwicklung eines körperbewußten, selbst-bewußten Umgangs mit Kleidung und Mode geschlossen werden, wobei der Weg sicherlich nicht kontinuierlich verlaufen wird.[2] Nutzen wir die Möglichkeiten, die Spielregeln mitzugestalten und unsere Identität in Kleidung lustvoll zu entfalten!

"Identität und Andersheit" (BARTHES 1985, S. 261) sind beide im Umgang mit Kleidung angelegt. In welcher Nähe oder Ferne zum Modegeschehen die und der einzelne ihre Identität in Kleidung entwickeln, ist nur für sie selbst wichtig und entzieht sich einer Wertung. Mag es dem einen Menschen insbesondere um auffällige Akzente in Formen und Farben seiner Kleidung gehen, einem anderen eher um schmucklose Gebrauchstauglichkeit, wieder einem anderen um subtile Farbabstimmungen und einem weiteren um die Hochwertigkeit von Material und Verarbeitung - alles Schlaglichter auf die komplexen und wandlungsfähigen Ausdrucksmöglichkeiten der Identität einer Person.[3]

----

1. Was heute an 'Körperfreundlichkeit' eines Textils noch zu wünschen übrig bleibt, ist eine Frage, die vorrangig an die Textilveredelungsindustrie zu richten ist, deren vorwiegend chemische Hilfsmittel zum Teil zu unbedenklich eingesetzt werden.

2. Im Hinblick auf die von den Frauen in den 80er Jahren in der Kleidung - wieder - benutzten Ausdrucksmittel ist die Einschätzung feministischer Autorinnen geteilt, ob darin ein Rückfall in weiblich angepaßtes Kleidungsverhalten oder die selbstsichere Wahl der Requisiten bei einer modischen Selbstinszenierung zu erblicken sei.
vgl. dazu BRUDER-BEZZEL (1986); BROWNMILLER (1988); DURST/GRAVENHORST (1988)

3. Zu den Zeitgenossen, die ihre Identität in hohem Maße durch ein 'Eigenkleid' manifestieren, gehört Ot HOFFMANN (1983). In seinem beeindruckend konsequenten Ansatz in 'Kleidung statt Mode' fällt allerdings das vollständige Fehlen eines spielerischen Zuganges zu den Ausdrucksmöglichkeiten mit Kleidung auf.

Neben Identität auch Andersheit: Sich verkleiden, in seinem Äußeren verwandeln, die Rolle wechseln, in eine andere Haut schlüpfen[1] - das Spiel mit den Möglichkeiten, die auch in uns liegen, aber in den Grenzen unserer sozialen Rollen nicht ausgespielt werden können. Auch sie sind ein Teil unserer Identität, sozusagen unser 'anderes Ich'.

Es gibt im Bereich des Umgangs mit Kleidung eine Menge zu entdecken auf dem Wege zum eigenen Ich. Einiges bieten die nachfolgenden Beiträge von Marita Bechthold, Eva Schmidt und Brigitte Beyer an.

Literatur:

Barthes, Roland: Die Sprache der Mode. Frankfurt/M. 1985.

Brownmiller, Susan: Weiblichkeit. Frankfurt/M. 1988.

Bruder-Bezzel, Almuth: Die Zurichtung der Frau geht über den Körper. In: Schock und Schöpfung, Jugendästhetik im 20. Jahrhundert. Hrsg. Deutscher Werkbund und Württemb. Kunstverein. Damstadt 1986, S. 139-142.

Dychtwald, Ken: KörperBewußtsein (Anm. d. Hg.: Die Abweichung von der Normalschreibweise soll die Gleichwertigkeit und Untrennbarkeit von Körper und Bewußtsein deutlich machen). Essen 1981.

Durst, Anneliese/Gravenhorst, Lerke: Frauenschuhe: Spannungen, Paradoxien, Entwicklungen in der Inszenierung von Weiblichkeit. In: Z.B. Schuhe. Eine Kulturgeschichte der Fußbekleidung. Hrsg. M. Andritzky, G. Kämpf, V. Link. Gießen 1988, S. 202-207.

Fuchs, Eduard: Die Rolle des Absatzes am Schuh. Auszug aus Illustrierte Sittengeschichte, Bd. 2. München 1910. In: Z.B. Schuhe. Eine Kulturgeschichte der Fußbekleidung. Hrsg. M. Andritzky, G. Kämpf, V. Link. Gießen 1988, S. 209.

Hoffmann, Hans-Joachim: Kleidersprache. Frankfurt/M., Berlin, Wien 1985.

Hoffmann, Ot: Kleidung statt Mode. Frankfurt 1983.

Lehmann, Paulus J.: Die Kleidung unsere zweite Haut. Dreieich 1981.

zur Lippe, Rudolf: Sinnenbewußtsein. Grundlegung einer anthropologischen Ästhetik. Reinbek 1987.

Rolf, Elli: Entwicklungsgeschichte des Kostüms. Wien 1979.

Wex, Marianne: 'Weibliche' und 'männliche' Körpersprache als Folge patriarchalischer Machtverhältnisse. Frankfurt 1980.

----

1. vgl. dazu das Kapitel Spiel und Ernst der Verkleidung in H.- J. HOFFMANN: 'Kleidersprache' (1985).

Marita Bechthold

2. Gesundsein in Kleidern

> "Unser Wahlspruch muß also sein: Reform des Bewußtseins nicht durch Dogmen, sondern durch Analysierung des Mythischen, sich selbst unklaren Bewußtseins... . Es wird sich dann zeigen, daß die Welt längst den Traum von einer Sache besitzt"
> (Karl MARX: Brief an Ruge. Kreuznach September 1843).
> (wiederentdeckt bei Pier Paolo PASOLINI: Der Traum von einer Sache. Frankfurt/Main 1986. Einleitung).

Was bedeutet in der aktuellen, sich fast inflationär verbreitenden Diskussion um Gesundheit und Umwelt der Zusammenhang von Gesundheit und Kleidung?

Welches Bewußtsein haben wir davon, und wie lassen sich die theoretischen Erkenntnisse in die Bildung von Praxis überleiten, ohne sie dem praktischen Handeln einfach überzustülpen?

Zunächst sollten wir für uns selbst einiges neu vergegenwärtigen: Die Leibeinheit von Kleidung und Mensch ist uns in großen Teilen verlorengegangen; wir sind nicht (mehr) in einer Weise eins mit unserem ganzen Leib (nicht Körper!) und unserer Kleidung, wie das z.B. Karl Philipp MORITZ an seinem Anton Reiser noch beschreibt, der ein 'Nichts' ist ohne seine Kleidung (MORITZ 1979, S. 128) und auch Gottfried KELLER im 'Grünen Heinrich' an der Gestalt der Judith, deren Hemd, auch wenn es abgestreift ist, noch ganz zu ihr gehört (KELLER 1981, Bd. II, S. 444) oder auch an dem Schneider, der 'Alles' ist mit seinem Mantel in dem Erzählzyklus 'Die Leute von Seldwyla' (KELLER a.a.O., Bd. I, S. 254).

Wir nehmen uns in unserer Kleidung trotz Spiegel oft gar nicht mehr deutlich als ganze Gestalt wahr oder wenn, dann wohl eher wie die Mabel in Virginia WOOLFs Kurzgeschichte 'Das neue Kleid' (WOOLF 1978, S. 58 ff), die sich grauenhaft fühlt in ihrem 'nicht richtigen' Kleid, und den Grund dafür aber nicht so richtig weiß, sondern nur noch ahnt.

Die Selbstverständlichkeit, mit der wir unsere Kleidung als vorrangig 'bequem', 'praktisch' und 'vernünftig' bezeichnen und auch so empfinden und Ausnahmen von dieser Regel möglicherweise als Ausrutscher oder Fehlkauf erklären - oder wenn wir auf unsere Kleidung als eine 'Zweite Haut' (BÖHM, LOCK, STREICHER [Hg.] 1987) verweisen -, sollte uns im Umgang mit unserem Selbst nicht sicher machen, sondern beunruhigen und nachdenklich stimmen. Denn dieser selbstverständliche Umgang weist schon auf einen Verlust und eine Teilung in Kopf, Körper und Seele hin, die sich auch im Umgang mit unserer Kleidung als jeweils isoliertes und hierarchisiertes Verhältnis zu allen Dreien fortschreibt:

- Kleidung für den Kopf (Ratio)
- Kleidung für den Körper (Sinnlichkeit und Sexualität)
- Kleidung für die Seele (Psyche).

Die aus der Trennung entstehenden spezifischen 'physiologischen' und 'psychologischen' Hüllen unserer ersten, zweiten und der weiteren Häute werden damit zu Hilfsfunktionen der 'Konstruktion' unserer *sozialen Kontakte* (LUHMANN [4]1984, bes. S. 155 ff) oder zur *inszenierten Bedeckung* (NEWTON 1984) unseres 'Selbst', eines Selbst, das nicht mehr leibliche Ganzheit, sondern stets schon die Trennung von 'Körper' und 'Geist' akzeptiert und verinnerlicht hat, und damit Kleidung als je unterschiedliche und notwendige Ausstaffierung für verschiedene Gelegenheiten und Ziele degradiert. Kleidung drückt nicht mehr eine innere Verfassung *aus*, sondern prägt sie *ein.* Mit dieser Zuordnung werden Handlungen, auch Kleiderhandlungen, zu Funktionen der definierten und zugeschriebenen sozialen und individuellen Bedürfnisse, der Körper zur steuerbaren Maschine unter der Vorherrschaft der Ratio oder der Psyche und Kleidung zur adaptischen Ergänzung der Szenerie.

Im Konzept einer modernen Leistungsgesellschaft, die das Leben von Menschen nicht mehr in ganzheitlichen Räumen versteht, sondern in Zeiteinheiten von Arbeit und Freizeit, Gesundheit und Krankheit im Sinne der Norm von 'richtigem' und 'falschem' Verhalten, 'richtiger' und 'falscher' Kleidung trennt, stellt sich ein Denken ein, das Gesund*heit* in Selbstverantwortung von *Haben* und *Besitzen* fordert, Kritik am *Nichthaben* bzw. am *Nichtbehalten* übt und deshalb einen präventiven Umgang mit Gesundheit, so auch mit gesunder Kleidung, fordert.

Eine sorgsame Achtsamkeit durch Übung des Gesundseins im Verständnis eines dauernd sich bewegenden Lebensvollzuges, als eine Haltung zum Sein, Dasein und Selbst von Menschen in unterschiedlichen Lebensaltern können wir m.E. *so* nicht lernen. Die oben angedeutete Denkweise ist mit ihren Forderungen eine mechanistische, in der nur Fakten bzw. sichtbare Ergebnisse zählen, und diese möglichst eindeutig, schnell und perfekt (vgl. dazu PICHT 1986, S. 392 ff). Doch der Mensch in seiner Ganzheit besteht eben nicht nur aus Sichtbarem! Diesem momentanen Stand der Gesellschaft liegt eine lange Entwicklung zugrunde. Doch hier ist nicht der Ort, dieses historische Gewordensein theoretisch in umfassender Weise nachzuzeichnen. In diesem Zusammenhang sei aber stellvertretend für den hier angedeuteten Zusammenhang auf einige Autoren hingewiesen, die auf unterschiedliche soziologische oder erkenntnistheoretische Weise von den Wandlungen der "Affektregulierung" in der europäischen Kultur (ELIAS ^{6}1978), der "Geometrisierung des Menschen" (zur LIPPE ^{2}1981) und über die Zurichtung der Natur auch von der "Selbstzurichtung des bürgerlichen Subjekts" (zur LIPPE 1975) sprechen und diese Dimensionen geschichtskritisch analysieren. Dabei fehlt es nicht an immer wieder neuen Versuchen, dieses "Andere der Vernunft" im "Fremdwerden des eigenen Leibes" (BÖHME/BÖHME 1983, bes. S. 56 ff und 1985, S. 113) sowohl geschichtlich als auch gegenwärtig (siehe u.a. KÜKELHAUS/zur LIPPE 1984) und darüber hinaus als Bemühen und Bewußtsein von Frauen (siehe u.a. VERDIER 1982 und DUDEN 1987) wieder aufzuspüren.

Nun können wir in der Alltagspraxis weder allein über das theoretische Verständnis von Geschichtswissen noch über Erziehungs*konzepte* und erst recht nicht über praktische Erziehungs*rezepte* Zerbrochenes wieder kitten oder Verlorenes wiederfinden bzw. -gewinnen. Ebensowenig hilft uns 'Sonntagsüben'. Wir müssen unser Bewußtsein im Alltag für den Alltag und damit auch unser Kleiderbewußtsein auf andere Weise neu bilden. Wir können versuchen - und dies ist meine Intention - Vergessenes über Achtsamkeit in Reflexion und durch tätiges Üben wieder zu *erinnern* und *neu* zu *bilden*. GADAMER (GADAMER ^{5}1986, S. 15 f) weist zurecht auf die Wortgeschichte von Bildung im Sinne des Sichbildens hin; "denn das Sein des Geistes ist mit der Idee der Bildung wesenhaft verknüpft" (HEGEL in: GADAMER a.a.O. S. 17), wird "leiblich erfahren" (a.a.O. S. 18) und ist nicht die "letzte Phase einer Entwicklung, als vielmehr der Zustand der Reife, (...) der eine harmonische Bewegung aller Glieder ermöglicht" (ebd.; siehe auch KLEIST 1980, S. 13 f). Weiter gehört zum

"Verhältnis von Behalten und Sich-Erinnern (...) in einer lange nicht genug beachteten Weise das Vergessen, das nicht nur ein Ausfall und Mangel, sondern vor allem nach F. NITZSCHE eine Lebensbedingung des Geistes ist" (GADAMER a.a.O. S. 22). Nur durch "das Vergessen erhält der Geist die Möglichkeiten der totalen Erneuerung, die Fähigkeit, alles mit frischen Augen zu sehen, so daß das Altvertraute mit dem Neugesehenen zur vielfältigen Einheit verschmilzt. Behalten ist eben zweideutig. Es enthält als Gedächtnis (Mneme) die Beziehung zur Erinnerung (anamnesis) (GADAMER a.a.O. S. 21).

GADAMER warnt aber auch gleichzeitig davor, daß *Bildung* nicht als *Bildungsziel* mißverstanden werden dürfte, denn damit wird die Kultivierung einer Anlage und Entwicklung von etwas Gegebenem bloßes Mittel zum Zweck (vgl. a.a.O. S. 17). Dieses Verständnis bedeutet auch eine Übung zum Ziel und nicht zum Erfahren im Sinne von *Durchfahren* oder Erleben am Leibe (vgl. zur LIPPE 1989, S. 39 und S. 45) und damit zu einem *Begreifen* durch *Begreifen* im real gemeinten Wortsinn, wie es auch KÜKELHAUS (KÜKELHAUS/zur LIPPE a.a.O.) fordert.

Meines Erachtens geht es im Umgang mit unserem Leib und unseren Kleidern theoretisch wie praktisch vorrangig um vier Arten des Sich-Einlassens:

- Erfahrung und Erfahren
- Erinnerung und Erinnern
- Vergessen und
- Träumen (vgl. ILLICH 1987, S. 14 ff).

Damit gilt, sich anders als *rational vernünftig* auf unsere *leibliche Vernunft* und auf die *Vernunft von Kleidung* einzulassen. Diese ist nicht nur die äußerliche, wenn auch schützende Hülle unseres Körpers, sondern als zum Leib gehörig zu spüren.

Nun sind dieses aber noch keine Handlungsebenen, mit denen wir konkret etwas beginnen können, sondern sie zeigen zunächst einmal die Fähigkeiten und Möglichkeiten unserer Einbildungskräfte und Phantasien auf. Die metaphorisch-sinnlichen Kräfte sind Kräfte, über die Menschen grundsätzlich ebenso verfügen wie über ihre metaphysischen, mit denen sie in unterschiedlichen geschichtlichen und kulturellen Situationen und Räumen handeln.

Manchmal müssen sie eben wieder geweckt, gebildet und spielend neu erträumt werden; denn - ob verschüttet oder irgendwo und irgendwie lebendig - vorhanden sind sie!
Das Sichtbarwerden des anders als 'rational vernünftigen' Bewußtseins und das Einlassen auf unsere 'leibliche Vernunft' können wir spielerisch üben:

1. über *geschichtliche Beispiele* von Stoffen und Kleidungen unserer Kultur
2. über *ethnologische Beispiele*, also Stoffe und Kleidungen fremder Kulturen
3. über die *sinnlich-konkrete Dingerfahrung* mit Stoffen und Kleidungen, die direkt am Körper ohne Vorbild entstehen.

Im Entstehen einer ganzen Gestalt bildet sich auch das Sinnhafte, und dieses "verändert sich Schritt für Schritt durch das Zusammenspiel von Mensch und Ding. (...) Wir und die Dinge bringen Sinn hervor. (...) Sinn wird im Wechselspiel hervorgebracht, dies aber nicht als willkürliches Machen, sondern im 'Spiel'" (DANNER 1989, S. 85 f). DANNER verweist zurecht darauf, daß wir und die Dinge Sinn hervorbringen (ebd.).

Was ist aber das *und* in diesem Zusammenhang von Mensch und Kleidung, Kleidung und Mensch?

Seine Bedeutung und das reale, auch leibliche Verstehen erschließt sich erst über die Bewegung! In der Erfahrung z.B. von komplementärer oder konträrer Bewegung mit und in einer Stoffhülle erleben wir Widerstände, Behinderungen, neue oder bereits gekannte Bewegungsmöglichkeiten, vielleicht aber auch ein Einfühlen in eine uns noch unerschlossene Erfahrungswelt oder auch ein Gefühl von Ausdehnung oder Zusammenschließen unseres Leibes - Entgrenzungen, Begrenzungen unseres Selbst, Distanz und Nähe zu anderen.

Dieses zu erfahren erfordert Gemeinsamkeit, Vertrauen und Zeit, eine offene Haltung zu sich selbst und ein Einlassenkönnen auf scheinbar banale Übungen; denn erst über das, was uns heute so häufig als Umweg erscheint, nämlich einer Bewußtwerdung der *eigenen* Leib- und Kleiderfahrung, können wir diese auch an *andere* weitergeben - seien es Kinder, Jugendliche oder Erwachsene. Sie vermittelt sich über die gemeinsame Sinnerfahrung und das gemeinsame Bilden einer Lernerfahrung, die dann auch in neuen Zusammenhängen wieder aufs Neue erlebbar und vermittelbar wird.

Nicht nur nach Moshé FELDENKRAIS (FELDENKRAIS 1987, S. 50 ff) ist "Bewegung der beste Schlüssel zum Leben (...) die eben nicht zufällig zustande kommt" (vgl. auch zur LIPPE 1987, S. 549, darin E. BLECHSCHMIDT a.a.O. S. 109 ff), und die dann nicht nur als wissenschaftliche Erkenntnis dargelegt, sondern auch in ihrer praktischen Wirksamkeit erforscht wird (vgl. FELDENKRAIS 1978, 1987). Er sagt:

> "Ich fasse also mit meinen Händen an und habe dies an tausenden und abertausenden Menschen aller Art getan. Dieses Anfassen, Berühren, Bewegen, dieses Be-greifen und Be-handeln (...) ermöglicht es mir, die Erkenntnisse großer Forscher und Autoren in die Praxis umzusetzen und dadurch etwas zu erreichen (...), nämlich die unmittelbare Nutzanwendung ihres Wissens hier und jetzt, indem ich es in die nicht-verbale Sprache der Hände (und des Leibes überhaupt, M.B.) übertrage als funktionale Integration und in die verbale, die Wortsprache, als Bewußtheit durch Bewegung" (FELDENKRAIS 1987, S. 25).

Das, was Feldenkrais *funktionale Integration* nennt, sind einfachste Körperübungen in kleinen Schritten, "Bewegungen und Reaktionen, die in frühester Kindheit gebraucht, dann aufgegeben und auf die übliche Art in unserer Gedächtnisbank aufbewahrt worden sind" (a.a.O. S. 202 ff). Wichtig ist dabei für ihn, daß im Verlauf der Übungen die Übenden eigenen Neigungen und Intentionen nachgehen und er selbst als Anleitender nur an wenigen Stellen dazu Anstöße gibt. Er achtet darauf, daß diese sich in sich selbst vollziehende Bildung in die nachwirkenden Übungen integriert sind und daß sie nicht äußerliche Anweisungen und Anleitungen für die Übenden sind, damit eigene Erfahrungen des Bewegens nicht verstellt werden (vgl. a.a.O. S. 142 ff).

Gesundheit und Kleidung heißt eben nicht: "Aneignung von Körper und Umwelt in sozialer Aktion" (Aussage eines Sozialpädagogen in: Gesundheit. Wohlbefinden, Zusammen leben. Handeln. Friedrich Jahresheft VII, 1984, S. 8), denn "(dieses) wäre unserer Kultur abträglich, Gesundheit wieder - wie in den letzten hundert Jahren - geistig und argumentativ in einzelne Aspekte zu zerlegen und irgendeinen Teilaspekt dann als entscheidend anzusehen: Die Bekämpfung eines Risikofaktors macht den Menschen eben nur partiell gesünder. Damit ist Gesundheit letztlich keine Frage einzelner Bereiche wie der Pädagogik, der Biologie, der Medizin oder Soziologie, sondern der Ganzheit unserer Kultur: eben der Fähigkeiten und Fertigkeiten, am Leben in menschengemäßen Bedingungen teilnehmen zu können (SCHNEIDER a.a.O. S. 9; siehe auch SCHIPPERGES a.a.O. S. 14 ff). Gesundsein in Kleidung würde dann heißen können, im Alltag die Bewegung darin zu spüren, sie nicht zu verlieren, Fixierungen immer neu auflösen und neue Bewegungen und Bewegungsmöglichkeiten neu zu leben und zu erleben.

Was heißt das nun alles für praktische Überlegungen und Übungen im Themenfeld Kleiden?

Voranstellen möchte ich, daß es mir in Kleid-Körper-Übungen nicht um erzieherische Intentionen geht und es auch nicht um die gegenwärtig aktuelle Diskussion von Gesundheit und Krankheit als Gegensatz im modernen Verständnis des textilphysiologischen Zusammenhangs von Kleidung und Körper gehen kann.

Es geht mir eher darum, die Selbstverständlichkeit unseres unklaren Bewußtseins im Tragen von Kleidung über Übungen der Irritationen zu erschüttern und damit um den Versuch, Grundsätzliches und Tieferliegendes im Umgang mit stofflichen Hüllen und mit unserem Körper zu erfahren.

Im Wiederentdecken von Vergessenem und Vertrautem auf neue Weise und im Erkennen von Fremdem in eigener und fremder Kleidung sehe ich eine Chance, das Gemeinsame und Zusammengehörende von Kleidung und Mensch in seiner Ganzheit auf neue Weise wieder zu entdecken und zu erleben. Man muß allerdings den Ernst und den Mut haben, sich darauf auch einzulassen.

In der Wahl der obengenannten Möglichkeiten möchte ich vorschlagen zu beginnen mit der 'Nichtselbstverständlichkeit' von Kleidung aus einer uns fremden Kultur, dem Kimono und einem vielleicht weniger unbekannten Kleidungsstück japanischer Arbeitskleidung, dem Mompe, der große Ähnlichkeit mit europäischer Hauskleidung oder auch mit früherer Arbeitskleidung hat. Im weiteren Verlauf der Übungen könnten die Teilnehmer und Teilnehmerinnen von diesen fremden Erfahrungen zu eigenen freien Kleid-Gestaltungen übergehen, weil ich mir vorstelle, daß vertraute und neue Erfahrungen im Ausprobieren entstehen, über die wir uns dann, wenn die Zeit es zuläßt, während der Übung und im Nachgespräch verständigen können.

Sicher sind diese japanischen Kleidungsstücke nicht zwingende Beispiele für das Üben der Wahrnehmung im körperlich-leiblichen Erleben. Begrenzungen, Ausdehnungen und spezifische Bewegungsmöglichkeiten unseres Leibes können wir auch in unterschiedlicher, uns fremd gewordener europäischer Kleiderumhüllung, erfahren. Es geht nicht um die Exotik fremder Kleider, sondern um die Fremdheit unserer vertrauten Bewegungen, die deutlicher wahrnehmbar werden in ungewohnten Kleidern. Bewegungen und Haltungen vermitteln zwischen unserem Leib und dem Kleid und zeigen uns einen Zusammenhang auf, der mit unserer Lebensgrundhaltung und unserer An-Wesenheit in uns, mit uns selbst und unserem Da-Sein in der Welt zu tun hat: die Idee, die wir verkörpern.

Es kommt darauf an, nicht nur theoretisch und damit immer schon distanziert zu 'wissen', welche Bewegungen und welche Hüllen Distanz oder Nähe zu sich oder zu anderen schaffen. Es reicht nicht aus, daß wir vom Hörensagen oder durch Lesen 'wissen', daß wir uns so oder anders in einem Kleid bewegen. Es geht darum, es am eigenen Leibe zu probieren, zu spüren und damit zu erleben und zu erfahren, was es bedeutet, in ein bestimmtes Arbeits- oder auch Festkleid gekleidet zu sein.

Auch wenn wir 'wissen', daß wir aufgrund unseres optisch fixierten, ziel- und leistungsgerichteten Kulturverhaltens z.B. nicht mehr hocken können, da von Kindheit an durch fehlende Übung bedingt, die Sehnen an den Achillesfersen nicht mehr mitgewachsen sind, ist es doch etwas anderes, es als Nicht-Können zu erfahren. Dieses Nicht-Können hat, so zeigt sich alsbald, nicht nur zur Folge, daß z.B. uns diese Körperhaltung nach kurzer Zeit stark schmerzt, sondern wesentlicher noch, daß z.B. unser Atem nicht mehr bis zum Zwerchfell hinunterzuströmen vermag und durch unzureichende Durchblutung sich im Laufe der Zeit eine Reihe von Unterleibsverkrampfungen einstellen, deren erstarrende Verfassung zunehmend schwerer wieder aufzulösen ist.

Dabei ist es das ausgewogene Wechselspiel von Spannung, Entspannung, Schwere und Leichtigkeit, die durch eine solche Übung - wenn auch als mühsam und schmerzend wiedererinnert - erlebbar wird: eine notwendige Erfahrung der Lebensgestalt(ung) des Menschen. Sie wird auch und gerade verhindert durch unsere 'vernünftig-praktische' Alltagskleidung. Jeans und Bluse lassen eine solche Zwischendurchübung im Alltag nicht zu, ein enger Rock erst recht nicht.

Eine andere Übung, die uns auf einen ähnlichen Mangel aufmerksam macht, ist das aufrecht, knieende Sitzen auf unseren Fußsohlen, das den Menschen der östlichen Tradition im Alltag noch selbstverständlich ist. Wir brauchen stützende Hilfsmöbel, wie Stühle zum 'aufrechten Sitzen' (neue Büromöbel etwa sind für die Haltung inzwischen konstruiert, jedoch nicht unbedingt in dem Sinne, das sie sie ermöglichen, sondern vielmehr darin, daß sie sie erzwingen), und wir brauchen zum 'aufrechten Gang', der kein wirklich aufrechter (aufwärts gerichteter) Gang mehr ist, einen ständig wiederholten inneren Aufruf: Brust 'raus, Bauch 'rein! Den älteren Generationen noch paukend eingeübt, verfällt die Generation von heute als Antwort auf den ständig wachsenden Leistungsdruck in das Gegenteil dieser Haltung, in das Einziehen der Schultern und damit das Zusammensacken einer aufrechten Haltung. In beiden Haltungen, dem versteiften und versteifenden Festhalten der Schultern, wie auch der schlaffen Nichthaltung äußert sich diese Schutzhaltung als Fehlhaltung, die körperliche Schäden, wie Rückenverkrampfungen, Rückenverformungen, verflachende oder blockierte Atmung hervorruft. Wesentlich ist sie "Ausdruck einer personalen Selbstbetonung, Abwehr und Sicherung des (ganzen, M.B.) Menschen. (...) Wo diese Fehlhaltung eingefleischt ist, blockiert sie die lösende, erneuernde und erhaltende Kraft aus der Tiefe" (DÜRKHEIM [8]1984, S. 40).

Die Betonung dieser jeweils gegensätzlichen Haltungen finden wir, verlängert über die Kleidung, in der Überbetonung der 'geraden' (nicht der aufrechten) Schultern durch Schulterpolster, an der 'lässigen', unbeteiligten Haltung durch das Dauerverschwinden der Hände in den Hosentaschen oder auch an dem 'Festhalten an der Zigarette'; wie auch die Abstützung des 'Brust 'raus und Bauch 'rein' über das Tragen sehr hoher Absätze.

All diese über Kleidung verstärkten Haltungen, die gleichzeitig auch Unbeweglichkeiten ausdrücken, verhindern oder zumindest behindern das Aufrichten in uns selbst und die Übung, den eigenen Schwerpunkt zu finden.

DÜRKHEIM verweist zurecht auf den japanischen Begriff 'Hara', als den "eigenen Begriff für den Raum der (...) Mitte des Menschen" (a.a.O. S. 41), der zwar wörtlich übersetzt Bauch bedeutet, "im übertragenen Sinne jedoch (...) diejenige Gesamtverfassung des Menschen, (...) d.h. jener (...) Mitte, die uns zugleich löst, trägt und in wesensgemäßer Weise 'aufrecht' sein läßt; (sie) ist die Grundübung für alles rechte 'Da-Sein in der Welt'. Es ist die Übung, darin das Ganze vom Bauch, Becken und Kreuz zum zuverlässigen Wurzelraum der rechten Haltung wird" (a.a.O. S. 42).

Nicht nur das Nachdenken darüber, sondern auch das Ausprobieren und Üben, wie DÜRKHEIM hervorhebt, läßt den Unterschied des Schultern-fallen-lassens als einer rein technischen Übung, die nichts bewirkt, deutlich werden und die etwas grundsätzlich anderes ist, als das sich in den Schultern loslassen, das eine Umstellung der ganzen Person bedeutet. Das gleiche gilt auch für das-nicht-aus-der-Mitte und in-die-Mitte-atmen, was bedeutet, die unbewußte, nicht kontrollierte Tätigkeit des Zwerchfells, das Atmen seinem Wesen gemäß zuzulassen und nicht durch die willentliche Steuerung der Brustmuskulatur zu ersetzen, womit wesentliche Lebensprozesse ins Gegenteil verkehrt werden (vgl. a.a.O. S. 43 und S. 45).

Unsere europäische Kleidung unterstützt diese Verkehrungen und verhindert, daß sich andere als unsere gewohnten Erfahrungen bilden können, entfalten und erlebbar werden. Es sei denn, wir steigen beim 'Sonntagsüben' in unsere Trainingskleider für 'Freizeit', die wir dann nicht mehr als behindernd empfinden. Umgekehrt verführen sie aber auch zu einer Entgrenzung, deren Schwierigkeiten wir als nächstes in unserem Körper als nicht mehr gespürtem Leib ahnen. Wir meinen dieses Problem als neues 'Trainings-' und 'Erziehungsprogramm' wegschulen zu können oder in den Griff zu bekommen. Hier liegt genau die Unterscheidung von DÜRKHEIMs Beispiel des unterschiedlichen Umgangs im Loslassen und im willentlichen Fallenlassen.

Alle diese hier aufgeführten Beispiele sind Teil und Inhalt der verschiedenen praktischen Übungen. Sie sind bewußt nicht systematisch vorangestellt und vorgestellt, damit sie das Üben nicht verstellen. Ein Bewußtwerden entsteht im Nach-Denken und im Neu-Üben. Sie können, wie hier entwickelt, entstehen, sie können aber auch aus dem Interesse der Lernenden sich anders entfalten, denn es geht nicht um das 'Durchziehen eines Programmes' und um das Verteilen unterrichtsfertiger Rezepte zum Mitnehmen. Üben im Sinne eines Weges muß erst geübt werden, "bevor geübtes Üben ein Wissen vom zu gehenden Weg zu ahnen erlaubt" (zur LIPPE in: DÜRKHEIM 1982, S. 69).

Abschließend läßt sich vielleicht ein Beispiel im 'Was soll das alles' der Übungen des Seminars als Bewußtwerdung des Erlebnisses einer möglichen Leibeinheit von Kleid und Mensch anfügen. Dabei möchte ich betonen, daß ich selbst dieses auch nicht immer und sofort erfahre, sondern übend manchmal als vertraut und manchmal als fremd wahrnehme.

Wir beginnen also einstimmend mit der oben beschriebenen Sitzhaltung zu üben, die bei etlichen Teilnehmerinnen schon nach kurzer Zeit schmerzt und als ebenso unangenehm empfunden wird wie das Sitzen auf dem harten Fußboden. Für den nächsten Schritt der Übungen, das Anziehen des Kimonos, erklärt sich eine Teilnehmerin bereit, die wohl mühsam werdende Prozedur auszuhalten. Im fortschreitenden Versuch des Ankleidens dieses fremden Kleides, dessen Übung des Anziehens uns schon fehlt, stellt sich heraus, daß der Kimono bestimmte Möglichkeiten des Bewegens zuläßt und andere einschränkt bzw. ganz verhindert. So ist es möglich, die Arme in verschiedene Richtungen auszubreiten, außer nach oben. Ein Ausschreiten mit großen, kraftvollen Schritten ist genauso wenig möglich wie schnelles Laufen, ohne sich der Gefahr des Auseinanderfallens der Gesamtheit des Kleides auszusetzen.

Der während des 'Einpackens' geäußerte Vergleich zum europäischen Eingeschnürtsein eines Korsetts weicht dann am Ende aber einem staunend geäußerten Empfinden des Wohlfühlens als Einheit eines In-sich-Ruhens. Selbst die deutliche Einschränkung schneller Laufbewegungen fügt sich schließlich nicht mehr negativ in die Beschreibung des Ganzen. Die anfangs verständlicherweise skeptische Beurteilung der verhinderten gewohnten Bewegung in dieser fremden Kleidung weicht einer anderen Haltung und Bewußtwerdung, die auf alle folgenden Übungen jeweils neu übertragen werden kann, wenn die vorher entwickelten Grunderfahrungen existentieller Lebensäußerungen von Atmen, Bewegen und Halten mitgespürt und mitgedacht werden.

Die Übungen mit freigestalteten Kleidformen gehen ebenso von diesen Grunderfahrungen aus, entwickeln die Bewußtwerdung nur vom anderen Ende her.

Literatur:

Die zweite Haut (1987).Hg. von Böhm, Th., Lock, B. u. Streicher, Th.. Berlin.

Böhme, G. (1985): Anthropologie in pragmatischer Hinsicht. Darmstädter Vorlesungen. Frankfurt/Main.

Böhme, G; Böhme H. (1985): Das Andere der Vernunft. Zur Entwicklung von Rationalitätsstrukturen am Beispiel Kants. Frankfurt/Main.

Danner, H. (1989): Vom Bambus zur Panflöte. Über den Zusammenhang von Sinnen, Sinn und Bildung. In: Lippitz, W.; Rittelmeyer, C. (Hg.): Phänomene des Kinderlebens. Beispiele und methodische Probleme einer pädagogischen Phänomenologie. Bad Heilbrunn.

Duden, B. (1987): Geschichte unter der Haut. Ein Eisenacher Arzt und seine Patientinnen um 1730. Stuttgart.

Dürkheim, K.G. ([8]1984): Der Alltag als Übung. Bern, Stuttgart, Wien.

Elias, N. (1978): Über den Prozeß der Zivilisation. 2 Bände. Frankfurt/Main.

Feldenkrais, M. (1987): Bewußtheit durch Bewegung. Der aufrechte Gang. Frankfurt/Main.

Ders. (1987): Die Entdeckung des Selbstverständlichen. Frankfurt/Main.

Gadamer, H.-G. ([5]1986): Wahrheit und Methode. Tübingen.

Gesundheit. Wohlbefinden. Zusammen leben. Handeln. (Jahresheft 8/1990 des Friedrich Verlages). Hg. von Gropengiesser, G. und Schneider, V.

Illich, I. (1987): H_2O und die Wasser des Vergessens. Reinbek bei Hamburg.

Keller, G. (1981):Werke in zwei Bänden. München, Wien.
Kleist, H.v. (1980): Über das Marionettentheater. In: Kleine Anektdoten und Geschichten. Wiesbaden 1984.
Kükelhaus, H.; zur Lippe, R. (1984): Entfaltung der Sinne. Ein Erfahrungsfeld zur Bewegung und Besinnung. Frankfurt/Main.
Zur Lippe, R. (1975): Bürgerliche Subjektivität: Autonomie als Selbstzerstörung Frankfurt/Main.
Ders. (²1981) Naturbeherrschung am Menschen. 2 Bände. Frankfurt/Main.
Ders. (1982): Der zielfreie Weg. In: Dürkheim, K.G. (Hg.): Kraftfeld initiatischer Therapie. Freiburg.
Ders. (1987): Sinnenbewußtsein. Grundlegung einer anthropologischen Ästhetik. Reinbek bei Hamburg.
Ders. (1989): Ödipus und die verweigerte Seelenfahrt. Wien.
Luhmann, N. (⁴1984): Liebe als Passion. Zur Codierung von Intimität. Frankfurt/M.
Moritz, K.Ph. (1979): Anton Reiser. Ein psychologischer Roman. Frankfurt/Main.
Newton, H. (1984): World Without Men. New York.
Picht, G. (1986): Kunst und Mythos. Stuttgart.
Verdier, Y. (1982): Drei Frauen. Das Leben auf dem Dorf. Stuttgart.
Woolf, V. (1978): Das neue Kleid. In: Die Dame im Spiegel und andere Erzählungen. Frankfurt/Main.

Eva Schmidt

3. Was wir auf dem Leibe tragen. Zur Erschließung der materiellen Komponente von Kleidung

1. Einführung

Zum Thema 'Gesundheit und Kleidung' findet man sowohl in der Literatur als auch in Gesprächen die unterschiedlichsten Ansätze. Um die Jahrhundertwende untersuchte z.B. ein Dr. Gustav Jäger die Auswirkungen von tierischen Fasern auf das Wohlbefinden des Trägers und empfahl in seinem 'Wollregime', aus gesundheitlichen Gründen das Tragen von Wolle, von der Unterwäsche bis zum Taschentuch. Während der Stilepochen, die Mieder und Schnürleib als unverzichtbar für die weibliche Mode deklarierten, gab es immer wieder aus medizinischer Sicht vehemente Angriffe. So wurden zu groß geratene Dekolletées auch wegen drohender Schwindsucht angeprangert. Empfehlungen zur 'gesunden und hygienischen Pflege' gibt es ebenso wie 'gesunde modische Kleidung' bei Sonne, Kälte, Schnee und Sturm.

Diesen unterschiedlichen Betrachtungsweisen entsprechend diffus waren auch die Erwartungen der Teilnehmer an der Werktagung, die sich 'im Praxisseminar Kleiden' eingefunden hatten. Einige kamen mit der Hoffnung, endlich unmißverständlich zu erfahren, daß gesunde Kleidung aus Naturfasern bestehen muß. Andere wiederum suchten in erster Linie zuverlässige Informationen über die Vielfalt der heutigen Fasern und Beurteilungskriterien für neue textile Materialien, die in den letzten Jahren auf den Markt kamen. Weiterhin waren Fragen nach sinnvoller und umweltfreundlicher Pflege ebenso aktuell wie durch Textilien bedingte Hauterkrankungen. Sehr wichtig erschien auch das Sich-Wohl-Fühlen in der Kleidung, abhängig von Schnitt, Material, Farbe und Musterung oder der Kombination von Kleidungsstücken, d.h. stilistische Fragen rangierten hier vor funktionalen oder bekleidungsphysiologischen Eigenschaften.

Diesen verschiedenen Frage- bzw. Feststellungen lassen sich zwei Kategorien zuordnen: Die Anforderungen, die wir an Kleidung stellen und die Eigenschaften, die wir erwarten, beziehen sich zum einen auf das Aussehen. Bei diesen sogenannten Repräsentationseigenschaften muß die Kleidung bestimmten ästhetischen, modischen und gesellschaftlichen Normen genügen. Je nach Situation soll sie schön, modisch aktuell oder unauffällig sein. Bewußt oder unbewußt senden wir über unsere Kleidung deutlich für alle Signale an unsere Umgebung. Diese können individuell unterschiedlich ausfallen: auffallen wollen oder sich verbergen, gesellschaftlich und modisch 'in' sein oder als Außenseiter sich verstehen, einer bestimmten Gruppe oder einem Berufsstand angehören usw.

Diese Absichten lassen sich ablesen an der Art der Kleidung, d.h. an der Farbe, der Musterung, am Schnitt und an der Wahl des Stoffes, des Materials. Trägt jemand z.B. Kleidung aus Naturfasern, so zeigen Art der Farbgebung, der Musterung, des Kleiderschnittes deutlich, ob es sich um einen 'Naturfaserfan' handelt oder ob er einem modischen Naturfasertrend huldigt. Auf der anderen Seite fordern wir von unserer Kleidung bestimmte funktional-praktische Eigenschaften, deren Bedeutung sich am Verwendungszweck orientiert. Sie soll, vor allem wenn es sich um Berufs- oder Arbeitskleidung handelt, besonders strapazierfähig sein, d.h. Reißfestigkeit, Scheuerfestigkeit und Haltbarkeit der Verarbeitung sind gefragt. In jedem Fall soll Kleidung angenehm zu tragen sein, wärmen oder kühlen, Feuchtigkeit durchlassen, aber keinen Wind, nicht kratzen oder zwicken. Sie muß also bestimmte bekleidungsphysiologische Eigenschaften haben.

Außerdem sollen geeignete Pflegemaßnahmen sowohl das Aussehen als auch die Funktionalität der Kleidung wieder herstellen können.

Um diese Vielfalt von Ansprüchen an Kleidung, in der wir uns wohlfühlen sollen, zu verdeutlichen, waren zwei Themenschwerpunkte vorgesehen, die etwa zeitgleich behandelt wurden:

- 'Optik und Feeling' oder die Repräsentationseigenschaften von Kleidung und
- praktisch-funktionale Eigenschaften der Kleidung. - Wie weit können wir uns auf unsere Sinne verlassen?

Ziel der Veranstaltung war, Hintergründe und Zusammenhänge möglichst 'handlungsorientiert' den Teilnehmern selbst erfahrbar zu machen durch eigenes Ausprobieren, Befühlen, Tragen, Verändern von textilen Materialien, durch Experimente und Eigenversuche. Wo dies nicht möglich war, dienten Statistiken, Auszüge aus Zeitungsnotizen oder Buchartikeln als Ergänzung.

2. 'Optik und Feeling' oder die Repräsentationseigenschaften von Kleidung

Wenn 'Optik und Feeling' stimmen, dann wird eine neue Mode zum (Kassen-)Erfolg. Volle Kleidersäcke und überquellende Container zeugen jedoch davon, daß das 'stimmende' Gefühl und das Aussehen von nicht allzu langer Dauer sind. Voll funktionsfähige Kleidungsstücke werden weggegeben, wenn man sie 'nicht mehr sehen kann', d.h. wenn man sich darin nicht mehr wohlfühlt.

Nach einer Umfrage könnte der durchschnittliche Bundesbürger sieben Jahre ohne Neuzukauf von Textilien auskommen, ohne Mangelerscheinungen zu erleben und ohne zerlumpt einherzugehen. Statt dessen verbrauchen wir derzeit über 20 kg Textilien pro Kopf und Jahr - entschieden zuviel an Verschleiß von wertvollen nachwachsenden Rohstoffen bei Naturfasern oder endlichen Ressourcen bei Synthesefasern.

Dieses heute so kurzfristige 'Sich-Wohl-Fühlen' berührt die Gesundheitserziehung zentral, da jedes Umweltproblem irgendwann die Gesundheit tangiert. Früher bereitete es offensichtlich keine Mühe, längere Zeit 'passende' Kleidungsstücke zu finden. Heute hingegen gibt es weltweit genügend Beispiele, daß unser Kleidungsverhalten unmittelbar zivilisationsabhängig ist.

Normalerweise denkt der Durchschnittsbürger wenig über sein Modeverhalten nach - und wenn er es tut, fällt es auch schwer, die eigenen Motive ehrlich zu durchleuchten. Die Mode wird als Faktum hingenommen, dem man früher oder später irgendwann seinen Tribut zollen muß. Es gibt tatsächlich nur sehr wenige, ganz von der Mode unabhängige Zeitgenossen, die sie entweder gar nicht wahrnehmen oder einen eigenen sehr persönlichen Stil dagegen setzen. Nun kann und soll es nicht Ziel sein, für oder gegen einen Zeitgeschmack erziehen zu wollen, schon gar nicht, wenn es sich um Heranwachsende handelt, die ihre eigene Identität zum großen Teil aus einer Gruppenzugehörigkeit ableiten, die ihnen Sicherheit und Selbstvertrauen vermittelt.

Dennoch: Auch Gesundheitserziehung ist ohne Erziehung zur Selbständigkeit, zur Fähigkeit, die eigene Haltung, das eigene Tun zu reflektieren, bruchstückhaft.

Ein eigenständiges Verhalten der Mode gegenüber setzt in erster Linie voraus, daß ihre Elemente und ihre Mechanismen gegenwärtig sind. Andererseits kennt jeder aus dem eigenen Kleiderbesitz Stücke, die ihm besonders ans Herz gewachsen sind, von denen er sich nicht trennen kann. Wenn es nun gelänge zu eruieren, woran dieses persönliche Verhältnis liegt, ob an der Farbe, an der Paßform, weil man es selbst oder irgendjemand gut Bekannter gefertigt hat, weil besondere Erinnerungen damit gekoppelt sind oder einfach so..., dann müßte es auch gelingen, wieder Kleidungsstücke zu finden oder zu kreieren, die nicht zum puren Konsumgut, zum Wegwerfartikel degradiert werden.

Nach einer kurzen Einführung in das übliche Modegeschehen heute, Bemerkungen zur Entstehung von Moden, Beispielen von Werbestrategien und verkaufsfördernden Maßnahmen der gerade laufenden Saison sollten die Teilnehmer selbst, paarweise oder in selbstgewählten Gruppen, einen anderen Zugang zur Kleidung ausprobieren und an sich selbst erfahren.

In der Art des 'Lernens im Zirkel' waren vier Stationen aufgebaut, die es nacheinander zu erforschen galt, wobei die Reihenfolge beliebig war. Auswahlkriterien für die vier Gruppen waren die allgemeinen Merkmale einer Mode: Farbe, Musterung, Schnittgestaltung und Material.

Aus organisatorischen Gründen und auch nachdem aufgezeigt worden war, wie etwa auffallende Musterungen in der vergangenen Sommersaison aus ursprünglich längerlebenden Artikeln wie T-Shirts, Blousons, Bermudas, etc. durch extravagante Aufdrucke und Designs Wegwerfartikel werden ließen, wurde auf eine eigene Gruppe 'Musterungen' verzichtet.

Zur Farbwahl

Eine Anzahl etwa 60 cm x 140 cm großer, verschieden unifarbiger Tücher aus (glänzender) Viskose (Futterstoff) standen zur Verfügung. Die Stoffwahl war einerseits pekuniär bedingt, zum anderen gibt es kaum ein anderes Material, das eine derartige Farbpalette bietet.

Es sollte nun mit Hilfe eines Spiegels und aufgrund der Gutachten der anderen Gruppenmitglieder durch Umlegen der Tücher herausgefunden werden, welche Farben 'stehen' und welche als weniger attraktiv empfunden werden.

Immer wieder zeigte sich, daß gut stehende Farben keinesfalls immer identisch waren mit den persönlich bevorzugten Farbnuancen. Die Frage stellte sich: Was ist wichtiger, die Meinung der anderen oder das Sich-persönlich-Wohlfühlen?

Ziel dieser Übung war nicht, für jeden nun eine eigene Farbzusammenstellung verbindlich zu entwerfen, sondern das Spiel mit den Farben und den bewußten Umgang damit in Beziehung zur eigenen Person zu sehen. Auch Schüler lassen sich sehr leicht für Farben und entsprechende Kombinationen sensibilisieren und können damit ein Stück Selbständigkeit gewinnen, etwa dem Diktat von Modefarben gegenüber. Man wird dann keinen 'persönlichen Farbpaß' brauchen, der heute allenthalben von Studios in aufwendigen Verfahren erstellt wird und die Klienten in Frühjahr-, Sommer-, Herbst- oder Wintertyp einteilt. Eine entsprechende Palette von Farbkombinationen soll dann den Modekauf erleichtern.

Kleidung nur zum Wickeln, Stecken, Gürten - einst und heute

Unreflektiert gehen wir davon aus, daβ unsere konfektionierte, westliche Kleidung die beste und zweckmäβigste ist.

Trageerfahrungen mit anderen Möglichkeiten sollten dazu beitragen, diese Vorstellung zu relativieren und dazu anregen, nach eigenen, neuen Wegen zu suchen und sie auszuprobieren.

Mit einfachen Stoffbahnen von bestimmten Maβen, vielfach ohne Nähte, steckten und gürteten die Griechen und Römer ihre Gewänder. Heute gibt es Parallelen dazu etwa in den indischen Saris, Dhotis, indonesischen Sarongs oder afrikanischen Wickelgewändern.

Für die 'antiken Beipiele' lagen Stoffe aus naturfarbenem Nessel - mit Bordüren verziert - bereit als Peplos (griechisches Frauengewand), Chlamys (rechteckiges Übergewand des Mannes) oder Chiton (röhrenförmiges hemdartiges Gewand) mit jeweils entsprechenden Abbildungen und Anleitungen zum Anlegen. Originalgewänder aus Indien, Indonesien und Afrika standen ebenfalls zur Verfügung. Neben den eigentlichen Trageerfahrungen sollte über Vor- und Nachteile der jeweiligen Art des Sich-Kleidens nachgedacht werden, über Eignung in besonderen Klimaten, für besondere Lebensbedingungen etc.

Urformen der Kleidung - Kleidung mit einfacher Schnittgestaltung

Unsere Kleidungsstücke lassen sich auf wenige 'Urformen' zurückführen.

Einfache Beispiele für Poncho-, Tunika-, Kaftan-, Kimono- und Dschellaba-Arten standen zur Verfügung neben einigen, aus diesen Urformen unmittelbar abgeleitete nepalesische, arabische und nordafrikanische Gewänder.

Es ging dabei wiederum in erster Linie darum, ein 'Tragegefühl' nachvollziehen zu lernen, das nicht von unseren europäischen Konventionen verformt und beeinfluβt ist.

Eine zusätzliche Station 'Es muβ nicht immer Benetton oder Lacoste sein' zeigte, daβ gerade unsere beliebten T-Shirts und Sweat-Shirts und selbst Bundfaltenhosen sehr einfache Schnittformen, fast 'Urformen' haben und von anerkannt hohem Tragekomfort sind. Beispiele solcher Kleidungsstücke zeigten, wie diese auch von im Nähen wenig geübten Schülern mit Erfolg gefertigt werden können.

Material und Tragekomfort

Maßgeblich für das angenehme Tragegefühl, das als 'Tragekomfort' umschrieben wird, ist das Material, aus dem die Kleidung hergestellt ist.

Stoffe aus unterschiedlichen Rohstoffen in verschiedenartiger Weiterverarbeitung, als Gewebe oder Maschenware, grob oder fein, aufgerauht oder gewalkt, standen zur Verfügung. Es sollte herausgefunden werden, wofür sich die jeweiligen Materialien eignen, für Oberbekleidung, Unterbekleidung, Wäsche etc.. Sehr bald zeigte sich, daß es zu sehr viel unverfälschteren Ergebnissen kommt, wenn die Stoffe in einer 'black box' nur befühlt werden, da der optische Eindruck die Entscheidungen verschiebt.

Eine nachhaltige Erkenntnis aus dieser Übung war, daß es heute illusorisch ist, etwa nur haptisch den Rohstoff eines Textils feststellen zu wollen - Natur- oder Chemiefasern lassen sich nicht mehr auf diese Weise 'erfühlen'.

Für das angenehme Tragegefühl ist weniger das Ausgangsmaterial als vielmehr die Weiterverarbeitung zum Garn und zur textilen Fläche ausschlaggebend: Jede Maschenware wird als angenehmer auf der Haut empfunden als ein vergleichbares Gewebe, angerauhte Gewebe oder Stoffe mit Flor schneiden besser ab als glatte Strukturen. Feine, dichte Stoffarten eignen sich allenfalls als Oberstoffe, als Unterwäsche werden sie heute von niemandem gewählt.

3. Praktisch-funktionale Eigenschaften der Kleidung - Wie weit können wir uns auf unsere Sinne verlassen?

Noch vor wenigen Jahrzehnten war eine Materialanalyse bei Textilien durch Augenschein und Befühlen möglich: Wolle, Seide, Leinen, Baumwolle und die vorhandene 'Kunstseide' ließen sich mühelos identifizieren, und jedermann wußte, was er von diesen Rohstoffen an Eigenschaften erwarten konnte. Heute hat sich nicht nur das Faserangebot vermehrt, sondern auch die altvertrauten Naturfasern können durch Ausrüstungs- oder Veredelungsverfahren andere und ungewohnte Eigenschaften erhalten: Wolliges ist längst nicht mehr nur aus Wolle. Bei Seidigem handelt es sich in den wenigsten Fällen um echte Seide; Leinenlook oder Leinenoptik ist 'in' bei Chemiefasern. Was sich als vermeintliche Chemiefaser anfühlt, kann durchaus veredelte Wolle oder Baumwolle sein. Unsere Sinne sind nur mehr unzureichende Hilfen, wenn es um die Identifikation von Fasern oder um deren Eignung für bestimmte Einsatzbereiche geht. Nicht zuletzt aus diesen Gründen hat sich als neue wissenschaftliche Disziplin die Bekleidungsphysiologie entwickelt.

Obwohl es in der Bundesrepublik Deutschland seit langem eine Reihe sehr bekannter bekleidungsphysiologischer Institute und Institutionen gibt und ihre Tätigkeiten z.B. bei der Normierung von Arbeitsschutzkleidung oder bei der Konstruktion von Uniformen von Bundeswehr, Polizei, Feuerwehren etc. unübersehbar sind, ist dem Normalbürger der bekleidungsphysiologische Aspekt fremd, bzw. er hält ihn für irrelevant. Eine Folge davon ist, daß die Entwicklung neuer Materialien weder auf ihre Tauglichkeit hin überprüft noch die Veränderungen, die mit den altbekannten Naturfasern durch ebenfalls neue Ausrüstungsverfahren stattfinden, registriert und beurteilt werden können.

Oberstes Prinzip der Bekleidungsphysiologie ist die 'Behaglichkeit'. Sie stimmt für einen x-beliebigen Menschen, wenn die '3 K', Körper - Klima - Kleidung, optimal aufeinander abgestimmt sind.

Jeder von uns muß sich mit seinem Körper arrangieren, der bestimmt ist durch Alter, Geschlecht, Gesundheitszustand, psychische Verfassung, Abhärtung.

Auch das Klima ist gegeben: Das Makroklima durch die geographische Lage und durch das momentane Wetter. Das Mesoklima kann davon abweichen, etwa in klimatisierten, windgeschützten Räumen.

Die Kleidung hingegen ist variabel. Durch die Art ihrer Zusammensetzung erzeugt der Mensch sein eigenes Mikroklima, das dann stimmt, wenn der Aufenthalt draußen oder in Räumen nicht als unangenehm empfunden wird und sich der Träger 'behaglich' fühlt.

Diese simple Feststellung umfaßt eine Reihe sehr differenzierter Anforderungen:

Die Tauglichkeit unserer zweiten Haut hängt davon ab, inwieweit sie die eigentlichen Hautfunktionen unterstützen kann: Der unbekleidete Mensch z.B. strahlt, im Gegensatz zu den warmblütigen Tieren mit Fell oder Federn, ungeheure Mengen an Wärme ab. Meistens ist daher *Wärmehaltigkeit* von Kleidung gefragt, ganz abgesehen davon, daß es für einen hellhäutigen Menschen auch nicht ratsam wäre, sich schutzlos der Sonne auszusetzen.

Eine sehr wichtige Aufgabe unserer Haut ist, den Wärmehaushalt über insensible (unmerkliche) oder sensible (spürbares Schwitzen) Ausscheidung von Wasserdampf bzw. Wasser zu regulieren. Das bedeutet für die Kleidung, daß sie die abgegebene *Feuchtigkeit aufnehmen* bzw. durchleiten und an die Außenluft weitergeben sollte. Als weiterer Gesichtspunkt kommt *Luftdurchlässigkeit* bzw. jede Art von Austauschmöglichkeit für Luft hinzu: Bei windstillem Winterwetter kann ein dicker Wollpullover vollkommen wärmen, bei Sturm ist ein winddichter Überzug erforderlich etc..

Diese Faktoren hängen nun von verschiedenen Eigenschaften der Textilien ab:
- von den Rohstoffen,
- von deren Weiterverarbeitung zu Garnen, zu textilen Flächen wie Geweben oder Maschenwaren,
- von den Ausrüstungsverfahren, der Veredelung,
- von der Schnittgestaltung,
- von den Kleiderhüllen, d.h. der Anordnung der verschiedenen textilen Schichten.

Nacheinander sollen hier die wichtigsten textilen Rohstoffe, ihre Weiterverarbeitung und Ausrüstung auf ihre bekleidungsphysiologischen Eigenschaften und auf ihre Hautverträglichkeit hin besprochen werden.

Zur Naturfaser Baumwolle:

Vor wenigen Jahren hat ein bekannter Hersteller von Unterwäsche in seinem Sortiment naturbelassene Baumwolle angeboten. Nach kurzem wurde die Produktion wieder eingestellt, da sich alarmierende Meldungen über Ausschläge bis zu Allergien häuften.

Baumwolle ist eine der anspruchsvollsten und düngerintensivsten Pflanzen, die es gibt. Weltweit landen etwa 18 % der Schädlingsbekämpfungsmittel auf den Baumwollfeldern, abgesehen von Welkemitteln etc., die vor der Ernte versprüht werden müssen. Diese Chemikalien sind besonders fettaffin, d.h. sie sammeln sich in der äußersten Schicht der Baumwolle, der wachs- und pektinhaltigen Cuticula an. Die natürliche Aufgabe dieses Häutchens ist, die Baumwolle während ihres Wachstums und der Reife vor Feuchtigkeit, d.h. vor Tau und Regen zu schützen. Normalerweise wird nun bei der Ausrüstung von Garnen oder textilen Flächen in einem ersten Verfahren diese Schicht, die immerhin ca. 15 Gewichtsprozente ausmachen kann, von der Faser heruntergewaschen. Entsprechende Probleme gibt es im Abwasser, vor allem wenn man bedenkt, daß weltweit sehr viele hochwirksame Insektizide im Einsatz sind, die bei uns schon längst auf der

Verbotsliste stehen. Nur wenige Anbieter naturbelassener Baumwolle können für deren Unschädlichkeit garantieren. Besser ist in jedem Fall, die hautnah getragenen Textilien vor dem Gebrauch drei- bis viermal mit Kochtemperaturen zu waschen. Abgesehen davon erreicht die Baumwolle erst durch die Entfernung der Cuticula ihre Saugfähigkeit, 'naturbelassene Baumwolle', wie es Rohnessel ist, läßt Wasser abperlen.

Auf weitere sehr gravierende Umweltprobleme, wie sie erst in den letzten Monaten durch die Presse gingen, etwa die Verlandung des Aralsees und die damit verbundene Versalzung der Steppenböden, die in den vergangenen Jahrzehnten zu einem riesigen Baumwollanbaugebiet gemacht worden waren, oder ähnliche Versteppungserscheinungen in den USA, die existentiellen Fragen, die schwarzafrikanische Baumwollanbauer betreffen etc., soll hier nicht weiter eingegangen werden.

Zur Wolle:
Wir können unseren Wollbedarf nur etwa zu 5 % aus der eigenen Schafzucht decken. Der Hauptanteil ist Importwolle aus Australien, Neuseeland, Südamerika oder Südafrika. Die Schafe werden dort in riesigen Herden gehalten, was eine Behandlung der Schafe z.B. mit Insektiziden unumgänglich macht. Da sich diese wiederum in erster Linie im Wollfett, im Lanolin ansammeln, kann die Verwendung von naturbelassener Wolle zu Problemen führen. Alarmierende Meldungen über hohe Rückstände, die sich allergen auswirken können, haben zur Empfehlung geführt, Naturwollen, die unmittelbar auf der Haut getragen werden und deren Herkunft nicht bekannt ist, vor dem Tragen gründlich zu waschen.

Zur Seide:
Wäsche und vor allem Unterwäsche aus Seide ist 'in'. Abgesehen davon, daß Seide nach wie vor eine Luxusfaser ist mit hohen Pflegeansprüchen und nicht sehr hoher Strapazierfähigkeit, berichtet ein Testergebnis im 'Verbraucher-Telegramm' (Informationsdienst für Mitglieder der VERBRAUCHER INITIATIVE e.V., Nr. 09/90, 4. Jg.): "Bei 19,2 % der untersuchten Seidengewebe wurden erbgutschädigende Wirkungen und damit potentiell krebserzeugende Inhaltsstoffe nachgewiesen. Bei weiteren 7,7 % der Seidenstoffe kann eine

mutagene Wirkung nicht eindeutig ausgeschlossen werden. Nur 73,1% der Proben waren im Versuch eindeutig frei von Giftstoffen. Nach mehrmaligem Waschen sank die Quote der belasteten Proben - die gefährlichen Giftstoffe wurden aus den Textilien ausgeschwemmt".

Zu den Chemiefasern:

Die Chemiefasern werden eingeteilt in die aus natürlich gewonnenen Ausgangsprodukten hergestellten 'Regenerate' und die auf der Basis von Erdöl oder Kohle erzeugten Synthesefasern.

Von den Regeneraten sind heute weltweit nur die Zelluloseregenerate wichtig. Für die bedeutendsten, Viskose und Modal (eine verbesserte Viskose), wird Holzzellstoff verwendet. In jedem Fall sind es nachwachsende Rohstoffe, deren Probleme weniger die Pflanzen sind als die sehr umweltbelastende und große Wassermengen verschlingende Isolierung des erforderlichen Edelzellstoffs. Pilotprojekte suchen derzeit nach umweltschonenden Verfahren. Wenn dies gelänge, wären diese Regenerate auch von ihren bekleidungsphysiologischen Eigenschaften eine ernsthaft zu diskutierende Alternative.

Synthesefasern verbrauchen für ihre Herstellung etwa 1 % der weltweit geförderten Rohölmenge. Ihre Produktivität, die Fasermenge, die aus relativ wenig Chemikalien erzeugt werden kann, ist enorm. Die Menschheit ließe sich bei ihrer derzeitigen Expansion und dem täglich steigenden Bedarf längst nicht mehr in Naturfasern kleiden. Seltsamerweise sind die bei uns verpönten Synthesefasern in den asiatischen und sonstigen Drittweltländern begehrt, weil sie auch billig sind, während sich der Reichtum einer Nation in der Bevorzugung von Naturfasern auszudrücken scheint. Synthesefasern sind 'Fasern nach Maß', die ihre früheren Produktionsschwierigkeiten längst überwunden haben. Eine Vielzahl von Neuheiten sind auf dem Markt, ohne die der gesamte 'Outdoor-Bereich', Sport- und Freizeitkleidung nicht mehr denkbar wären. "Echte Allergien gegen moderne synthetische Textilien sind extrem selten, mit Ausnahme von Formaldehydspuren und einzelnen Dispersionsfarben bei minderwertigen Textilwaren" (die aber auch bei Baumwolltextilien auftreten können, d. Verf.) schreibt O. HORNSTEIN (1989, S. 222-227).

Zur Weiterverarbeitung der Rohstoffe zu Garnen und zu textilen Flächen:
Wie Tastversuche zum Tragekomfort immer wieder zeigen, hängt das angenehme oder weniger angenehme Gefühl, das ein Stoff vermittelt, sehr wesentlich von seiner Weiterverarbeitung ab. Bekleidungsphysiologen haben festgestellt, daß irgendein Stoff, der möglichst wenig der Haut aufliegt, also zwischen Haut und Textil ein Mikroklima begünstigt, stets als komfortabler empfunden wird als ein flächiger aufliegendes Textil. So haben sich Maschenwaren eindeutig als bequeme Kleidung im Freizeit- und Sportbereich durchgesetzt.

Zu den Ausrüstungsverfahren:
Von den diversen Veredelungsschritten ist wiederum die Baumwolle besonders betroffen. Die althergebrachten Verfahren wie Bleichen, Rauhen, Laugieren, Merzerisieren, Sanforsieren verbessern nur geringfügig die Saugfähigkeit oder Wärmehaltigkeit. Umweltschädigende Auswirkungen halten sich dabei offenbar in Grenzen.

Schwierig wird es, wenn heute überall Baumwollhemden, Blusen, Kleider als 'bügelfreie Natur' angepriesen werden. Beides zusammen gibt es nicht! Baumwolle knittert, weil sie Wasser in die Faser aufnehmen kann und dort auch entsprechend intensiv hält - Baumwolle trocknet daher auch langsam. Der moderne Verbraucher verlangt jedoch von seinen Textilien einerseits die Pflegeleichtigkeit der Chemiefasern, andererseits die für ihn guten Eigenschaften der Naturfaser. Bei Baumwolle läßt sich die Kombination dieser Eigenschaften nur über Kunstharzvernetzung mit Formaldehyd erreichen. Die Intensität der Behandlung ist daran abzulesen, ob das betreffende Textil 'drip-dry' oder 'tumble-dry' ausgerüstet ist. Überschüssiges Formaldehyd wäscht sich allmählich heraus. Bei deutschen Herstellern kann man davon ausgehen, daß sie sich an die gesetzlich vorgeschriebenen Mindestnormen halten. Angeblich kommen derzeit bis zu 70 % unserer (meist billigeren) Textilien aus dem Ausland, wo diese Vorschriften nicht existieren oder nicht eingehalten werden.

Ein sehr gravierender Nachteil hochveredelter Baumwolle ist die Versprödung der Faser, die einen großen Teil ihrer ehemals guten Scheuerfestigkeit bei der Prozedur einbüßt. Vom Verbraucherstandpunkt aus und aus Umweltgründen wäre es besser, entsprechende Textilien mit hohem Polyesteranteil zu erwerben (ca. 65 % Pes, 35 %

BW) in der Hoffnung, daβ diese Baumwolle keine Hochveredelung durchlaufen hat. Im übrigen zeigt eine pflegeleichte Baumwolle als Bügelsymbol zwei Punkte. Bei höherer Einstellung beginnt sie, am Bügeleisen zu kleben - nicht veredelte Baumwolle läβt sich ohne Schwierigkeiten heiβ bügeln.

Lange Zeit waren bestimmte Farbstoffklassen im Verdacht, Allergien hervorzurufen. In der Bundesrepublik sind diese Farben aus dem Sortiment der Färber verschwunden, kommen aber nach wie vor aus Billiglohnländern auf unseren Markt.

Zur Paβform und Schnittkonstruktion:
Jeder kennt die Persiflagen vergangener Zeiten auf enge, zu enge Schnürungen und die damit verbundenen Leiden. Es ist jedoch keine Zeit frei von derartigen modischen Tyranneierscheinungen. Man denke in diesem Zusammenhang nur an hautenge Jeans oder bauchfreie Mode. Glaubt man den Modeprognosen, dann rollt wieder eine Korsett- und Miederwelle auf uns zu.

Zu den Kleiderhüllen und deren Anordnung:
Für uns ist es selbstverständlich, daβ wir beim Anziehen gewohnheitsgemäβ saugfähiges Material in Hautnähe bringen, weil es Schweiβ aufnehmen kann, und die wasserabweisende Hülle auβen anlegen. Bei manchen erworbenen Textilien ist jedoch diese Reihenfolge nicht selbstverständlich: Die beste Flanellhose taugt nichts, wenn sie mit einem hautengen, luft- und wasserundurchlässigen Futterstoff ausgestattet ist.

Bekleidungsphysiologische Besonderheiten - Spezialtextilien:
Bei Hochleistungssport, wenn Schweiβausbrüche zu erwarten sind, gibt es zwei Neuheiten:

Einmal DUNOVA, eine 100%ige Acrylfaser, deren Faserinneres wie ein Schwamm perforiert ist und die bis zu 40 % ihres Gewichtes an Feuchtigkeit aufnehmen kann, ohne sich selbst feucht anzufühlen. Der Vorteil gegenüber Baumwolle etwa ist, daβ diese knapp die Hälfte an Feuchteaufnahmevermögen hat (ca. 19 % bei einer Ausgangsfeuchte von bereits 9 - 11 %), auβerdem als nasse Faser quillt, d.h. auf der Haut klebt und eben zum Trocknen unverhältnismäβig viel Energie dem Körper entzieht.

Eine andere Variante sind die 'Doppeltextilien', meist zweiflächige gestrickte Maschenwaren mit einer Syntheseschicht auf der Haut, die mit einer saugenden Komponente aus Baumwolle oder auch Viskose auf der hautabgewandten Seite verbunden ist. Beim Schwitzen saugt die Synthesekomponente nichts in die Faser auf, transportiert aber das Wasser sehr schnell der Faser entlang in die saugende, körperferne Schicht, die - wenn die weiteren Kleiderhüllen stimmen - unmerklich trocknen kann.

Ein weiterer Komplex, der direkt gesundheitliche Fragen tangiert, ist die *Hygiene und Pflege unserer Kleidung*.

Definiert man Hygiene als Wiederherstellung der ursprünglichen bekleidungsphysiologischen Eigenschaften, d.h. vor allem Saugfähigkeit und Wärmehaltigkeit bei Entfernung von (sichtbarem) Schmutz und pathogenen Keimen, dann müssen bei der Pflege in erster Linie die verschiedenen Faserstrukturen berücksichtigt werden.

Baumwolle ohne Hochveredelung braucht zum Sauberwerden ca. 70° C, da sie sehr fettaffin ist, d.h. besonders wenn sie hautnah getragen wird, lagert sich Hautfett auf der Faser ab. Schlecht gepflegte Baumwolle 'verkrustet', d.h. sie hinterläßt beim Veraschen sehr hohe Rückstände an unverbrennbaren Salzen, während gut gepflegte Baumwolle nicht nur sehr viel länger hält, sondern nahezu rückstandsfrei verbrennt.

Für Viskose, Polyester und Polyamid sind ebenfalls 60° C zu empfehlen, wenn sie ihren Fettüberzug verlieren sollen. Wolle und Polyacryl werden bei 30 - 40 °C hinreichend sauber.

Unsere heutigen Waschgewohnheiten genügen keinesfalls immer den hygienischen Anforderungen. Schuld an den vielfach zu niedrigen Pflegeempfehlungen sind allerdings häufig die schlechten Einfärbungen, die angemessene Waschtemperaturen nicht unbeschadet überstehen. Ökologisch gesehen ist es mit Sicherheit umweltschonender, wenn weniger häufig, dafür mit den Fasern entsprechenden optimalen Temperaturen gewaschen wird. Der Energieaufwand für eine richtig gewählte Waschtemperatur ist geringer, als wenn doppelt sooft bei zu niedrigen Temperaturen gewaschen wird, abgesehen vom sehr viel höheren Waschmittel- und Wasserverbrauch und dem Maschinenverschleiß.

Diese, hier notgedrungen sehr komprimiert und theoretisch dargestellten Zusammenhänge, konnten zum Teil an Beispielen erläutert und demonstriert werden. Im Bereich der Bekleidungsphysiologie wurden eine Reihe von Versuchen zur Saugfähigkeit, zu Trocknungszeiten etc. durch die Erfahrungen der Teilnehmer ergänzt und vertieft. Die zahlreichen Fragen und die rege Beteiligung zeigten deutlich die persönliche Betroffenheit beim Thema 'zweite Haut'. Zugleich verweisen sie auf das Informationsdefizit, das diesem Themenbereich anhaftet.

Literatur:

Beyer, Brigitte und Kafka, Heilwig (Hrsg.): Textilarbeit in Unterrichtsbeispielen, Band 3. Baltmannsweiler 1987.

Bleckwenn, Ruth (Hrsg.): Kleidung und Mode. Baltmannsweiler 1981.

Erklärung von Bern: Kleider und Mode. Bei uns und in der dritten Welt. Hrsg.: Erklärung von Bern für solidarische Entwicklung. (Quellenstraße 25) CH-Zürich 1986.

Fleck, Gisela: Urformen der Kleidung. In: Textilarbeit und Unterricht 3/86. Baltmannsweiler.

Hamre, Ida und Hanne Meedom: Urformen der Kleidung. Verlag Tanner und Stäheli, Zürich.

Hoffmann, Ot: Kleidung statt Mode. Frankfurt 1983.

Lehmann, Paulus Johannes: Die Kleidung - unsere zweite Haut. bio-verlag gesundleben GmbH, 8959 Hopferau, Heimen 50, 1985.

Lernhilfen für den Textilunterricht, Kallmeyer'sche Verlagsbuchhandlung (Hrsg.): Eva Schmidt: Gesundheit und Kleidung, Teil 1 (2.6.), Teil 2 (2.16), Teil 3 (2.17). Seelze-Velber 1989.

Lob, Reinhold E. und Volker Wichert (Hrsg.): Schulische Umwelterziehung außerhalb der Naturwissenschaften, Frankfurt/M. 1987: Schmidt, Eva: Umwelterziehung im Textilunterricht, S. 393-426.

Meedom, Hanne: Hosen - Form und Funktion. Baltmannsweiler 1987.

Meinken, Ursula: Materialien zum Textilunterricht im Sekundarbereich. Baltmannsweiler 1983.

Mosenthin, Gertrud (Hrsg.): Kleiden und Wohnen; El-Gebali, Traute: Band 3 Kleidung und Mode, Baltmannsweiler 1984.

Ried, Meike: Chemie im Kleiderschrank. Das Öko-Textil-Buch. Rowohlt Verlag GmbH, Reinbek b. Hamburg 1989.

Rosenkranz, Bernhard und Edda Castello: Leitfaden für gesunde Textilien. Kritische Warenkunde und Rechtsratgeber. Sachbuch rororo, Rowohlt Verlag, Reinbek b. Hamburg 1989.

Schmidt, Eva: Textilunterricht Band 2. Unterrichtsmodelle für die Sekundarstufe I. Baltmannsweiler 1989.

Wirtz, Hermann-J.: Kleider machen Leute - Leute machen Kleider. Baumwolle, Textilien und Bekleidung in der Weltwirtschaft. Hrsg.: u.a. Ges. zur Förderung der Partnerschaft mit der dritten Welt (GEPA), (Langobardenstr. 65) 5600 Wuppertal 2.

Brigitte Beyer

4. Körperbewußtsein - Kleidungsbewußtsein. Versuch einer neuen didaktischen Annäherung

Das Fach, das sich schon immer mit Kleidung befaßt hat, ist Textilunterricht. In allen Bundesländern ist Kleidung/Mode zentraler Inhaltsbereich des Faches. Wenn man die didaktischen Intentionen kurz umreißen will, so läßt sich sagen, das Fach sieht seinen Auftrag, Kleidung/Mode in seinen vielfältigen Aspekten (ästhetischen, funktionalen, historischen, sozialen, ökonomischen, physiologischen u.a.m.) Heranwachsenden so zu vermitteln, daß sie einen Zuwachs an Handlungs- und Entscheidungskompetenz auf der Grundlage erworbener Sachkompetenz gewinnen.

Praktische und theoretische Auseinandersetzungen in Wechselbeziehung sollen die Grundlage der Vermittlung und Aneigung bilden.

Die hautnahe Beziehung der Kleidung zum Träger wird **allgemein** gesehen. Daher sind bekleidungsphysiologische und soziokulturelle Erkenntnisse bislang wesentliche Bestandteile des fachwissenschaftlichen Hintergrundes.

Die aktuellen Lebenserfahrungen der jungen Menschen werden zwar nicht ausgeschlossen - sie gelten als Orientierungsfeld -, aber die Schüler haben primär als Objekte des Unterrichts an Gegenständen i.w.S. zu lernen, zu reflektieren, zu verstehen und zu begreifen. Das ist sicherlich auch wichtig als eine Dimension des Lernens. Diese ist ausgerichtet auf Aufklärung über Sachverhalte: eine mehr vom Subjekt weg nach außen gerichtete notwendige Dimension des Weltverstehens. Die andere Dimension, die der individuellen Aneignung und Verarbeitung, wird nicht ausgeklammert, aber immer nur peripher gestreift oder einfach selbstverständlich angenommen. Hier ist eine Standortveränderung wünschenswert, ja notwendig.

Wenn es um Kleidung und Mode geht, gehören ins Blickfeld nicht nur die getragenen Textilien oder die Bekleidung, sondern auch, was in dieser Kleidung geschieht, die Sinnes-, Körper- und Sozialerfahrungen individueller Personen in dieser Bekleidung. Die individuellen Bekleidungserfahrungen als eine Quelle des 'Sichwohlfühlens' und

damit auch als Voraussetzung für Gesundheit müssen einen zentralen didaktischen Ort gewinnen.
Dieser Bereich war bisher kaum Gegenstand intensiver didaktischer und methodischer Bemühungen.

Zusammenhänge und Komplexität der folgenden Ausführungen werden transparenter und können noch vertieft werden, wenn man dazu folgende Grafik heranzieht.

Kleidung betreffend können wir unseren Standort in der Welt als Bezug auf drei 'Umgebungen' auffassen, die in Wechselwirkung stehen. In der Mitte steht das 'Ich'. Nur vom Zentrum aus erkennt jeder die Welt und findet er sich zurecht. Als erstes umgibt ein individueller Körper wie eine Hülle das Ich, die erste Hülle. Die zweite Hülle ist die 'Kleidung'. Die dritte Umgebung ist unsere 'Umwelt, Natur und Gesellschaft'. Alle drei stehen in Wechselbeziehungen zueinander.

Zur ersten Hülle: Unserem Körper

Unseren Körper können wir auffassen als erste Hülle, die unser Selbst umgibt. Wir empfinden deutlich ein Innen und Außen. Dieses Außen ist uns vorgegeben: Geschlecht, Hautfarbe, Größe, Proportionen, Gesichtszüge, Körperformen, Stimme. Nur wenig davon läßt sich überhaupt ändern, und wir wissen, wie problematisch solche Eingriffe wie z.B. Geschlechtsumwandlungen sein können. Wir müssen lernen, unser Außen zu akzeptieren und mit ihm zu leben. Das Bild von uns selbst, das wir kennenlernen und uns langsam im Spiegel entgegenwächst, erleben wir auch von klein auf im Spiegel unserer gesellschaftlichen Umwelt.

Das Geschlecht, dem wir angehören, beeinflußt nicht nur unsere soziale Rolle, sondern auch unser Aussehen und Körperbewußtsein. Das weibliche Geschlecht lernt, daß es wichtig ist, in allen Lebenslagen ein gewinnendes Äußeres ins Spiel zu bringen. Gesellschaftliche Normen, die das Aussehen von Frauen betreffen, sind andere als die für Männer. Von Frauen wird erwartet, daß sie schön und attraktiv sind und daß sie alles unternehmen, es auch in allen Lebensaltern zu bleiben. Nur eine schöne Frau ist eine liebenswerte und erfolgreiche Frau. Das Selbstwertgefühl wird mit körperlichen Merkmalen verknüpft. Wenn die Pubertät die Kluft zwischen Idealbild und Selbstbild deutlich werden läßt, treten Verunsicherung ein und Minderwertigkeitsgefühle auf. Nur schwer kann sich eine selbstbewußte positive Einstellung dem eigenen Körper gegenüber entwickeln. Das 'weibliche Mängelwesen' ist intensiv um Abhilfe bemüht. Der Kampf mit der Waage beginnt und kann im Extrem in Magersucht, Freß- und Brechsucht enden. In Amerika werden sogar schon Brustoperationen bei Minderjährigen durchgeführt. Die Kosmetikindustrie verkauft den Frauen nicht nur Mittel zur Dekoration, sondern vor allem die Vorstellung, daß jede Frau zu einer Schönheit werden kann, wenn sie nur genügend investiert und an sich arbeitet. Gelingt es ihr nicht, so liegt die Schuld bei ihr selbst.

Rita FREEDMANN hat sich mit den geschlechtsspezifischen unterschiedlichen Forderungen dieses Zwangs zur Schönheit in ihrem Buch 'Die Opfer der Venus' (1989) ausführlich auseinandergesetzt und eine Reihe von Untersuchungen zitiert. Da mir keine diesbezüglichen anderen Untersuchungen bekannt sind, will ich drei Ergebnisse nennen, um die oben gemachten Aussagen zu verdeutlichen.

In einer Studie, die zwanzigtausend Teenager umfaßte, berichteten fast fünzig Prozent der Mädchen, daß sie sich häßlich fühlten. Im Vergleich zu Jungen wollen doppelt soviele Mädchen im High-School-Alter ihr Aussehen verändern. Im allgemeinen schätzen sie sich weniger attraktiv ein als andere Mädchen, während sich Jungen im Vergleich mit ihren Altersgenossen häufig als attraktiver einstufen. Im College-Alter berichten fünfundsiebzig Prozent der jungen Männer, daß sie mit ihrem Gesicht und allgemein mit ihrem Aussehen zufrieden sind, während nur fünfundvierzig Prozent der jungen Frauen dasselbe sagen (R. FREEDMANN 1989, S. 159).

Aber auch Frauen, die dem Schönheitsideal entsprechen, haben aus dieser unseligen Verknüpfung von Schönheit und Selbstwert ihre eigenen Probleme. Es verführt dazu, sich auf das gute Aussehen zu verlassen und andere Begabungen und Stärken der Persönlichkeit zu vernachlässigen. Doch Schönheit vergeht. Als in einem Test die Zufriedenheit von Menschen im mittleren Lebensalter zu ihrer Attraktivität im jungen Erwachsenenalter in Beziehung gesetzt wurde, stellte sich heraus, daß die Frauen, die in ihrer Jugend besonders hübsch gewesen waren, im mittleren Alter besonders unzufrieden waren und schlechter mit ihrem Leben zurechtkamen als diejenigen, die in ihrer Jugend als unscheinbar galten. Bei Männern konnte keine Verbindung zwischen Attraktivität in ihrer Jugend und ihrer Zufriedenheit im mittleren Lebensalter gefunden werden (FREEDMANN 1989, S. 65).

Jungen und Mädchen werden unter diesen gesellschaftlichen Erwartungen jeweils ein anderes Körperbewußtsein entwickeln. Mädchen stehen unter einem ganz anderen Leistungsdruck, um den Anforderungen ihres Körperideals zu entsprechen.

In unserer Gesellschaft liegen die Probleme des Körperbewußtseins mehr bei Frauen als bei Männern. Dazu sei Freedmann zitiert: "Das Körperbild ist so eng mit dem Selbstverständnis einer Person verbunden, daß die Verzerrung des einen notwendigerweise die Deformation des anderen nach sich zieht. Es ist jedoch schwierig, die Wechselwirkungen zwischen Körperbild und Selbstverständnis genau zu bestimmen. Inkompetenz und Minderwertigkeitsgefühle können auf eine unbewußte Ablehnung des eigenen Körpers zurückgehen. Umgekehrt kann aber auch ein Mangel an Selbstwertgefühl zu einem negativen Körperbild führen. Frauen neigen stärker als Männer dazu, ihre Ich-Identität mit ihrem Aussehen gleichzusetzen (oder mit der Vorstellung davon, was andere von ihrem Aussehen halten). Untersuchungen zeigen, daß das Selbstkonzept von Frauen mit der Wahrnehmung ihrer eigenen Attraktivität zusammenhängt, während das Selbstkonzept von Männern eher durch die Wahrnehmung ihrer Fitneß oder ihrer Effektivität bestimmt ist. Mit anderen Worten: Männer beurteilen sich selbst nach dem, was sie können; Frauen beurteilen sich selbst nach dem, wie sie aussehen. Männer sehen in ihrer Kompetenz auch eine Form der Attraktivität, während kompetente Frauen sich nicht unbedingt für attraktiv halten. Außerdem stimmt die Selbsteinschätzung von Männern mehr als die von Frauen mit dem Bild überein, das andere von ihnen haben. Das heißt, da Männer sich selbst so sehen, wie andere sie sehen, schätzen sie sich realistischer und genauer ein. Bei Frauen scheint es dagegen kaum einen Zusammenhang zwischen ihrer tatsächlichen körperlichen Attraktivität und ihrer Zufriedenheit mit dem eigenen Körper zu geben" (Freedmann 1989, S. 54). Daher ist es durchaus folgerichtig, daß bei jungen Mädchen schon geringfügig abweichende körperliche Merkmale, wie z.B. große Füße, lange Nase, die einem Außenstehenden völlig unbedeutend erscheinen, als gravierende Mängel und deshalb als Minderung des Selbstwerts empfunden werden. So ist es verständlich, daß alles daran gesetzt wird, diese Mängel zu beheben, abzumildern und zu verdecken. Körperliche Mängel werden sogar als Charakterfehler etikettiert. Daß das so ist, ist nicht Schuld der einzelnen Mädchen. Die Ursachen liegen in den gesellschaftlichen Vorstellungen über die Rollen von Männern und Frauen. Es täte sicherlich manchem männlichen Wesen gut, selbstkritischer die eigene Körperlichkeit wahrzunehmen, während Frauen mehr Selbstwertgefühl über eigene Leistung als über Aussehen vermittelt werden müßte.

Unter diesen schwerwiegenden sozialen Einflüssen auf das Körperbewußtsein des einzelnen entwickelt jeder ein ganz eigenes Verhältnis zu seinem Körper. Es hängt ab von der physischen Ausstattung, die wir mitbekommen haben, und der Resonanz, die unsere Erscheinung hervorruft. Es hängt auch davon ab, inwieweit wir lernen, auf Befindlichkeiten unseres Körpers zu achten. Wir sollten lernen, die Haut als Sinnesorgan zu bejahen, ihren Bedürfnissen und ihrer Erlebnisfähigkeit nachzugehen, so z.B. das Wohligweiche einer Kleidung zu genießen und sich dann auch dafür zu entscheiden.

Ziel muß es sein, daß wir lernen, uns selbst zu akzeptieren, andere zu tolerieren, die gesellschaftlichen Zwänge als solche zu erkennen und zwischen unberechtigten und berechtigten Wünschen nach Gestaltung und Veränderung der Person zur Identitätsfindung, Erhöhung der Attraktivität und Steigerung des körperlichen Wohlbefindens zu unterscheiden.

Zur zweiten Hülle: Unserer Kleidung

Im Gegensatz zur ersten Hülle, dem Körper, ist die Kleidung ein variables System, vergleichbar einer Membran, die aufs engste mit dem Körper verbunden ist. Sie schirmt den Körper vor der Umwelt ab und bietet dem Selbst Ausdrucksmöglichkeiten an. Demzufolge wird Kleidung zurecht auch als zweite Haut bezeichnet.

Wir erleben uns gegenüber anderen immer als bekleidetes Selbst. Dies ist für uns Schutz nicht nur gegen unerwünschten Körper- und Blickkontakt, sondern auch Schutz, unsere Erscheinung abzuschirmen. In Kleidung können wir erscheinen, wie wir wollen, nicht unbedingt wie wir sind.

Kleidung ist ein ganz wesentliches Mittel zur Befriedigung physischer und psychosozialer Bedürfnisse. So können wir in unserer Klimazone nicht ohne Kleidung existieren. Sie kann uns heute optimale Möglichkeiten an Wohlbefinden bei uneingeschränkter Bewegungsfreiheit auch unter ungünstigen Klimabedingungen bieten. Die Bekleidungsphysiologie hat hierbei die wissenschaftlichen Grundlagen gelegt. Sie hat nachgewiesen, daß es für das körperliche Wohlbefinden in Kleidung primär auf die Konstruktion der Textilie, d.h. die Faser-, Garn-, Flächen- und Bekleidungskonstruktion, ankommt, und dann erst auf den jeweils verwendeten Rohstoff. Daß hier noch viel Aufklärungsarbeit zu leisten ist, zeigen die im Zuge einer allgemeinen Natur-Rückbesinnung sich hartnäckig haltenden Vorurteile gegenüber Chemiefasern.

Dieser Sachverhalt spiegelte sich auch in den Arbeitsgruppen auf der Werktagung wider. Es wurde deutlich, wie notwendig ein grundlegendes Wissen über Materialien und ihre Wirkungsweise in der Bekleidung ist. Erst dieses Wissen bildet die Voraussetzung für das Verständnis bekleidungsphysiologischer Vorgänge.

Wie noch nie in der Entwicklung menschlicher Bekleidung ist heute Kleidung im Marktangebot, die richtig ausgewählt und kombiniert, ein Höchstmaß an Klimaausgleich, Bewegungskomfort und Behaglichkeit zu bieten vermag. Wenn dieses Angebot nicht ausreichend wahrgenommen wird, so kann es einmal an der Unaufgeklärtheit der Menschen liegen, wohl seltener an nicht vorhandenen finanziellen Mitteln. Es werden sicher häufiger die Ursachen in der Dominanz psychosozialer Bedürfnisse liegen. Wenn sich z.B. für junge Mädchen Sozialprestige mit dem Tragen von Mini-Rock und Stöckelschuhen verbindet, so werden sie im Winter getrost in diesen Röcken frieren und schmerzende Füße in Kauf nehmen. Ja, sie werden meist diese Unannehmlichkeiten in ihrem Bewußtsein zu verdrängen versuchen, um nicht in der Erfüllung sozialer Anforderungen Schwäche zu zeigen. Wie dominant soziale Normen die Bekleidungsgestaltung beherrschen, belegt der Ablauf der Kostümgeschichte. Um nur ein Beispiel herauszugreifen: Obwohl Mediziner und Bekleidungsreformer im 19. Jahrhundert mit besten Argumenten für die Abschaffung des Korsetts und eine gesündere Frauenkleidung stritten, konnten sich diese Gedanken erst im 20. Jahrhundert durchsetzen, als Frauen einen neuen Lebensstil entwickelt hatten.

Kleidung steht in engster Beziehung zum Körperbewußtsein. Sie ist **das** Mittel, soziale Schönheitsanforderungen zu realisieren. Wir haben gesehen, daß in unserer Gesellschaft Schönheitsanforderungen an Frauen andere sind als an Männer. So ist auch das Bekleidungsangebot danach ausgerichtet. Kleidungsstücke, die den Körper einengen und behindern, wie zu hohe Absätze, spitze Schuhe, enge Röcke, gibt es für Männer nicht. Frauen wird in ganz anderem Maße eine Formung ihres Körpers abverlangt. Auf der anderen Seite wird ihnen zugestanden, sich ausgiebig mit Kleidung und Textilien beschäftigen zu dürfen. Ihnen kommt damit eine weitaus größere Verfügbarkeit über textile Ausdrucksmittel zu als Männern. Frauen haben meistens gelernt, diese Mittel sehr gezielt zu nutzen und haben mehr Erfahrung im Umgang mit ihnen.

Wir dürfen aber nicht vergessen, daß Kleidung auch Möglichkeiten individueller Gestaltung bietet. So kann ich z.B. bestimmten Farb- und Formneigungen nachgehen. Ich muß mich nicht so eng an das halten, was 'man' und 'frau' anziehen. Ich kann durchaus einen eigenen Weg beschreiten. Wie weit ich mich dabei von sozialen Normen entfernen kann, liegt ganz bei meinem Selbstwertgefühl und Selbstvertrauen und selbstverständlich auch bei der herrschenden

Mode, inwieweit sie meinen Bedürfnissen entspricht bzw. mir auch Freiräume gewährt.

Didaktisch-methodische Konsequenzen

Körperbewußtsein und bewußte Kleidungswahl stehen in engem Zusammenhang. Wir können daher Kleidung nicht wie einen beliebigen Unterrichtsgegenstand behandeln. Kleidung betrifft die Person unmittelbar in ihrem Selbst und in ihrer Körperlichkeit. Wenn wir Hilfen zu einem verantwortlichen Umgang mit Kleidung bieten wollen, so ist dieser Zusammenhang transparent zu machen. Gelingt dies nicht, so werden wir uns an der Oberfläche der Gegenstände bewegen, ohne Ansätze für einen bewußteren Umgang mit Kleidung zu vermitteln. Daß ein bestimmtes Wissen zu erwerben ist, z.B. bekleidungsphysiologische Grundlagen, braucht nicht weiter ausgeführt zu werden. Aber Verhaltensveränderungen können sich nur aus dem personalen Kern, aus der Betroffenheit des einzelnen heraus entwikkeln. Sie werden wohl kaum über distanzierte Beschäftigungen mit sozialen oder historischen Phänomenen der Kostümgeschichte oder durch reine Produktion noch so ästhetischer Kleidungsstücke zu erreichen sein.

Es bedarf also anderer, bisher vernachlässigter Zugangsweisen, um Betroffenheit zu erreichen und persönliches Nachdenken auszulösen.

Folgende Möglichkeiten können erste Schritte sein, in dieser Richtung weiterzukommen:

Alle unterrichtlichen Bemühungen über Bekleidung sind mehrperspektivisch anzulegen und zielen auf das personale Zentrum. Ästhetische Fragen, die bei der Herstellung von Kleidung mit funktionalen Problemen verknüpft sind, sind von der sozialen Seite her zu befragen. Aber auch Bewegung und Haltung in der Kleidung sind immer ganz ernst zu nehmen. Dabei erhält die Frage, was das alles für mich persönlich bedeutet, eine besondere Gewichtung. Z.B. kann schrittweise bei der Fertigung einer Bluse folgender Frage nachgegangen werden: Warum glaube ich, daß diese Bluse mir besonders steht? Man darf sich nicht mit vordergründigen Antworten zufriedengeben, sondern muß in unterschiedliche Bereiche weiter vordringen, wie Probleme der persönlichen Farbvorlieben und gesellschaftliche Farbzuweisungen, den Vorstellungen über typische weibliche und männliche Kleidung, den Ursachen für persönliche Beziehungen zu bestimmten Kleidungsstücken u.a.

Persönliches Bekleidungsverhalten ist dem einzelnen transparent zu machen. Sich anziehen erscheint jedem so selbstverständlich, daß nur wenige es infragestellen. Aber Verhaltensänderungen bzw. ein bewußteres Verhalten sind überhaupt nur dann möglich, wenn Menschen ihr Verhalten kennen.

Welche Wege können begangen werden, um eigenes Verhalten zu erkennen?

- Sammeln und Erzählen von persönlichen Geschichten zu Kleidung oder Kleidungssituationen. Es kann ein Cocktailkleid sein, das nie angezogen wurde, weil das Rendezvous nicht stattfand. Warum wurde es nicht weggegeben? Warum war es gerade dieses Kleid, das ausgewählt wurde? Was verbindet mich mit diesem Kleid an positiven und negativen Erinnerungen? Je mehr jeder sich solcher persönlicher Bekleidungsgeschichten erinnert - und jeder hat Erlebnisse mit Kleidung -, um so mehr wird er etwas über seine ganz persönliche Beziehung zu Kleidung erfahren.
- Rollenspiele sind eine Möglichkeit, sich in bekannte Bekleidungssituationen zu versetzen und Empfindungen, die erfahren wurden, auszuspielen, ohne sich persönlich bloßzustellen.
- Befragungen als Mittel der Selbsterkenntnis und Selbsteinschätzung können unter Umständen auch geeignet sein. Die Beantwortung persönlicher Fragen muß dem einzelnen freigestellt bleiben. Aber Fragen können im wahrsten Sinne des Wortes Denkanstöße sein. Solche Fragen sind z.B.:
  Welche Art von Kleidung lehne ich ab? Was stört mich an ihr? Warum kann ich sie nicht akzeptieren?
  Wie sehe ich mich, was finde ich an mir schön, und wie unterstütze ich das durch meine Kleidung?
  Wieweit setze ich Kleidung bewußt als Mittel der Selbstdarstellung ein, und was möchte ich ggf. zum Ausdruck bringen?
  Welches Kleidungsstück mag ich ganz besonders gerne - worauf ist das zurückzuführen?
- Aussagen von Menschen über ihren Zugang zu Kleidung können zur Reflexion des eigenen Bekleidungsverhaltens anregen. Das können Aussagen von 'Kleidermachern' sein, aber auch Interviews

von Verbrauchern. Sie zeigen, wie Menschen unterschiedliche Beziehungen zu Kleidung entwickeln. Aber immer regen diese Aussagen an zur Frage: Welche Bedeutung hat Kleidung für mich? Solche Aussagen sind zu finden in 'Kunstkleiderkunst' von Julie SCHAFLER-DALE (1987) und einer Gegenüberstellung in: Textilarbeit + Unterricht 3/1985 im Artikel 'Konsum von Bekleidung und individuelle Gestaltung von Kleidung heute'.

- Sich in eine unbekannte Bekleidungssituation begeben und die persönlichen Erfahrungen reflektieren:

Diese Möglichkeit wurde auf der Werktagung in beiden Gruppen erprobt. Die Erfahrungen der Teilnehmer im japanischen Kimono zeigten, daβ dieser Weg durchaus ein Ansatz sein kann, eigene bisher nicht hinterfragte Bekleidungsgewohnheiten neu zu sehen.

Es müssen nicht nur Kleidungsstücke bzw. die ganze Kleidung einer fremden Kultur sein wie Kimono, Sari u.ä., sondern auch heimische Trachten oder historische Kleidung.

- Es können Möglichkeiten geboten werden, sinnliche Erfahrungen mit Materialien und Bekleidungsformen zu machen, um sensibel für individuelle Bedürfnisse zu werden und sich von eingefahrenen Vorstellungen zu lösen.

Ein brauchbarer Ansatz war auf der Werktagung das Bekleiden mit groβen Tüchern. Hier wurden die Stoffe am Körper neu erfahren und neue Gewandformen erprobt.

- Hilfreich für eine intensivere Begegnung mit Materialien ist das Ausschalten der visuellen Wahrnehmung (Augen verbinden), um sich ganz auf die haptischen Qualitäten des Stoffes, sein Gewicht, seine Reaktionen auf Bewegungen zu konzentrieren. So etwas läβt sich in Partnerarbeit erproben. Auch alle Formen der Verkleidung sind in diesem Sinne nutzbar.

Die Vorschläge zeigen, daβ verschiedenes getan werden kann, um Menschen an ein bewuβtes Sichwohlfühlen in Kleidung heranzuführen und sie zur Selbstbestimmung über ihr Bekleidungsverhalten anzuregen.

Literatur:

Freedmann, Rita: Die Opfer der Venus - Vom Zwang schön zu sein, Zürich 1989.
Herzog, Marianne/Becker, Marlies: Ästhetische Erziehung und kulturelle Bildung. In: Lernhilfen für den Textilunterricht 1.2; 1/1989, Seelze-Velber.
Schafler-Dale, Julie: Kunstkleiderkunst, Frankfurt/Berlin 1987.

Reinhard Tausch

C. Förderlicher Umgang mit seelisch-körperlichen Streß-Belastungen - Möglichkeiten für Erwachsene und Jugendliche

In den letzten sieben Jahren habe ich mich intensiv mit der Frage beschäftigt: Wie können Menschen förderlicher mit ihren seelischen Belastungen umgehen? Einige Hauptgedanken möchte ich Ihnen hier mitteilen. - Wie bin ich zu dieser Fragestellung gekommen?

Als meine Lebensgefährtin Anne-Marie vor elf Jahren an Krebs erkrankte, erlebte ich es mit, wie sie sehr viel unternahm, trotz der seelischen Belastungen durch die Krankheit und durch medizinische Behandlungsmethoden seelisch heil zu bleiben. Ich sah z.B. bei ihr den Wert von intensiven Entspannungsübungen, die ihr viele unangenehme Gefühle nahmen, auch vor Operationen. Und ich sah bei ihr die Wichtigkeit von Gedanken und Einstellungen: Bald nach ihrer Erkrankung erarbeitete sie sich eine Einstellung, offen und annehmend zu sein für die Wahrscheinlichkeit des Sterbens, aber auch offen zu sein für ein sehr bewußtes Leben.

Auch meine Gefühle im Zusammenhang mit ihrer Krankheit und ihrem schließlichen Sterben vor sieben Jahren hingen sehr davon ab, welche Gedanken, Einstellungen und Bewertungen ich zum Leben und Sterben hatte, in welcher Bedeutung ich sie wahrnahm. Ich erfuhr eindringlich, daß es wesentlich von meinen Einstellungen und Gedanken abhing, welche Gefühle ich hatte, also tiefe Traurigkeit, seelische Schmerzen oder Dankbarkeit und Gelassenheit.

So wurden meine Augen dafür offener, wie Menschen mit belastenden Gefühlen umgehen und wie bedeutsam Selbsthilfe bei der Bewältigung von seelischen Schwierigkeiten ist. Ferner wurde mir die Notwendigkeit des Lernens förderlichen Umgangs mit Gefühlen durch folgendes klarer:

- Menschen (besonders Frauen), die sehr offen und sensibel für ihr Fühlen sind, erleben einen großen gefühlsmäßigen Reichtum. Jedoch - sie spüren so auch beeinträchtigende Gefühle wie Ängste und Traurigkeit intensiver, sie sind verwundbarer für seelische Verletzungen in Partnerschaft, Familie und Beruf. So beschäftigte ich mich damit: Wie können wir offen sein für unsere Gefühle, ohne zu sehr verletzbar zu werden, ohne von ihnen überwältigt zu werden?

- Für LehrerInnen und ErzieherInnen ist der förderliche Umgang mit seelischen Belastungen besonders bedeutsam. Viele erleben tagtäglich belastende Situationen in der Schulklasse: Spannungen, Ärger, Enttäuschung, Streß sowie Ängste. Viele fühlen sich im Umgang mit verhaltensschwierigen SchülerInnen, bei Lärm oder Chaos in der Schulklasse überfordert. Nach Untersuchungen fühlen sich 90% von LehrerInnen im Unterricht häufig belastet, über 80% fühlen sich abgespannt und erschöpft, wenn sie von der Schule nach Hause kommen.
- Viele LehrerInnen, ErzieherInnen und Eltern haben heute den Wunsch, partnerschaftlich, nichtautoritär mit Kindern umzugehen. Aber trotz des großen Wunsches gelingt dies vielen nur sehr begrenzt. Sie scheitern und erleben viel Ärger, Streß und Schwierigkeiten, besonders wenn sie erst wenig Erfahrung haben und im Kollegium wenig unterstützt werden. Ein größerer Teil dieser LehrerInnen und ErzieherInnen wird dann autoritär und lenkend. In Unterrichtsbeobachtungen wurde mir zunehmend deutlich: LehrerInnen und ErzieherInnen, die im Umgang mit Kindern schon bei geringen Schwierigkeiten Streß empfinden, die sich durch etwas Lärm beeinträchtigt und belastet fühlen, die Mißgeschicke und Fehlschläge schwer ertragen können, scheitern zwangsläufig mit einem partnerschaftlichen Unterrichtsstil.
- Auch Schüler und Jugendliche erleben gefühlsmäßige Belastungen in ihrem Alltag. Sie haben Angst vor Klassenarbeiten, Angst, nicht versetzt zu werden, Angst vor der Ablehnung anderer. Bei vielem empfinden sie in der Schule ein Gefühl der Sinnlosigkeit. Und sie fühlen sich belastet mit Schwierigkeiten oder Krankheiten in der Familie, mit den Partnerproblemen ihrer Eltern. Wie sollen sie mit ihren Ängsten und Belastungen umgehen?

  Oft ist dieser Umgang wenig günstig: Ein größerer Teil der SchülerInnen leidet an psychovegetativen Körperstörungen, Schlafstörungen, Übererregtheit. Es wird angenommen, daß im Alter von 12 Jahren etwa jedes 8. Kind in der Bundesrepublik zur Ruhigstellung Psychopharmaka erhält. Ältere Jugendliche suchen sich von den Belastungen durch Alkohol, Nikotin und Drogenkonsum zu befrei-

en, durch Zusammenschluß zu Banden, oder mit verwegenen Aktionen, wie bei Motorradfahrten.
So sehe ich es heute als *sehr* bedeutsam an, daß junge Menschen lernen, günstig mit seelischen Belastungen umzugehen. So werden sie auch fähiger, mit den Belastungen umzugehen, mit denen die meisten unausweichlich konfrontiert werden, d.h. mit Schwierigkeiten und Fehlschlägen im Beruf, in der Partnerschaft und bei Krankheiten. Auch eine unterstützende liebevolle Erziehung und ein harmonisches Familienleben erspart ihnen das kaum.

- Die Art, wie Erwachsene seelische Belastungen, Streß und Ängste bewältigen, ist wenig angemessen, mit folgenstarker Beeinträchtigung der seelischen und körperlichen Gesundheit. Einige Beispiele aus der Bundesrepublik:

Wir haben 2 Millionen Alkoholabhängige, mit Folgekosten von ca. 20 Milliarden.

Durch den Nikotingebrauch entstehen aufgrund der Herz-Kreislauf-Folgeschäden und von Krebserkrankungen ca. 25 Milliarden jährliche Folgekosten. Ein Drittel aller Krebserkrankungen könnten durch den völligen Verzicht auf Nikotin vermieden werden.

Durch Überernährung, Fehlernährung und Bewegungsmangel entstehen jährlich 18 Milliarden Folgekosten.

Wir haben 800.000 Tablettenabhängige; ferner werden zum Beispiel 60 % aller chronischen Kopfschmerzen durch langandauernden Tablettengebrauch hervorgerufen.

Ist das ein Ergebnis unserer Erziehung und Unterrichtung? Was haben wir in der Schule und in Erziehung getan, um dem vorzubeugen? Hier sehe ich die große Herausforderung für LehrerInnen und ErzieherInnen, Jugendliche zu befähigen, seelisch widerstandsfähiger, belastbarer, fähiger im Umgang mit Enttäuschungen, Versagungen und Fehlschlägen zu werden. Es ist entscheidend wichtig, daß wir unser Augenmerk im Zusammensein mit ihnen darauf richten: Wie bewältigen sie Fehlschläge, Enttäuschungen? Wie können wir ihnen bei einem angemessenen Umgang mit ihren Belastungen helfen?

In den vergangen Jahren habe ich mich intensiv damit beschäftigt. Ich habe zusammen mit Diplomanden und Doktoranden der Universität Hamburg Hunderte von Menschen befragt: Was belastet euch in eurem Leben? Was hilft euch dabei? Ferner habe ich viele neuere wissenschaftliche Untersuchungsbefunde, besonders aus den USA, herangezogen, wie Menschen sich bei Belastungen, Ängsten und

Verletzungen selber helfen können. So entstand eine große Sammlung persönlicher Erfahrungen von Menschen und wissenschaftlicher Befunde. Ich habe sie geordnet und leicht verständlich in dem Buch 'Lebensschritte, Umgang mit belastenden Gefühlen' dargestellt. Ich habe jeweils auch erklärt, warum bestimmte Verhaltensweisen, Übungen oder Techniken wirksam sind und was dabei psychologisch geschieht.

Was sind Streß-Belastungen?
Es sind gefühlsmäßige Empfindungen im Zusammenhang mit inneren oder äußeren Reizen, die als einschränkend, überfordernd, enttäuschend und verlustvoll wahrgenommen werden. Es ist ein unangenehmer, angespannter seelischer Zustand in unserem Alltag.

Da sind zunächst die kürzeren Beeinträchtigungen, die nur wenige Minuten bis zu einer halben Stunde dauern. Da ist ein Experiment im naturwissenschaftlichen Unterricht, das dem Lehrer nicht gelingt, das ihn frustriert. Oder da sind es knappe Zeit und Hetze, Termine zu erreichen, nicht zu spät zu kommen, vieles in kurzer Zeit schaffen zu wollen, was uns gefühlsmäßig beeinträchtigt. Oder da ist ein Junge, der eine Papierkugel auf den Lehrer schießt, der sich dadurch in seiner Arbeit bedroht fühlt. - Diese Belastungen sind zwar kurz, jedoch häufig recht intensiv. Entscheidend ist, wie häufig sich derartige Belastungen im Alltag ereignen. Ihre Effekte summieren sich gleichsam auf.

Da gibt es Belastungen, die ein oder zwei Stunden dauern. Wir müssen mit Menschen zusammensein, die wir nicht mögen, wir führen ein unangenehmes Gespräch mit Kollegen, wir haben Schwierigkeiten in der Schulklasse. 'Ich fühle mich manchmal in der Klasse überfordert und reagiere dann gereizt. Ich kann auch den Lärm nicht ausstehen.' 'Oft klingen diese schwierigen Gefühle bei mir nicht ab, manchmal verfolgen sie mich bis in die Nacht hinein.'

Sodann gibt es die Belastungen von längerer Dauer, die einige Tage bis zu einigen Wochen anhalten. Das können fortlaufende Schwierigkeiten mit den Schülern der Klasse sein, aber auch Auseinandersetzungen mit dem Partner, der Beginn einer neuen Arbeitsstelle oder die Beeinträchtigung der seelischen und körperlichen Gesundheit eines nahen Angehörigen.

Bei der leichten bis mittleren Dauerbelastung, bei chronischem Streß, sind Menschen Wochen, Monate und zum Teil Jahre hindurch andauernd belastet, nervös und gespannt. Diese Spannung bildet den Hintergrund ihres Erlebens. Da werden schon Kleinigkeiten als belastend empfunden. Menschen sind leichter verletzt, leicht erregbar. So haben uns Menschen gesagt: 'Im Grunde empfinde ich immer nur Streß.'

Schließlich gibt es die starke Dauerbelastung. Das sind Lebensereignisse, seelische Krisen, die uns über Monate oder auch Jahre stark belasten. Das kann der Fall sein beim Tod eines nahen Angehörigen, bei der Trennung oder Scheidung vom Partner, bei schwerer körperlicher Erkrankung oder starker Einsamkeit. So zum Beispiel hat eine körperliche Krebserkrankung häufig starke beeinträchtigende Gefühle und Streß zur Folge, durch die Behandlungsprozeduren, die Einschränkung der Berufstätigkeit, die Ungewißheit über die Dauer des weiteren Lebens u.a.

Wie entstehen belastende Gefühle?

Häufig haben wir die Auffassung, unsere Gefühle werden von außen, durch andere verursacht. 'Du hast mich geärgert!' 'Ihr nervt mich.'

Aber das ist fehlerhaft. Verschiedene Menschen in einer gleichen Situation haben recht unterschiedliche Gefühle. Während ein Lehrer in einer Klasse sehr viel Ärger und Mißmut erlebt, fühlt sich ein anderer Lehrer in der Klasse wohl. Manche mögen gern mit lebhaften Kindern zusammensein, andere fühlen sich dadurch beeinträchtigt. Und: zu verschiedenen Zeiten reagieren wir unterschiedlich. Wenn wir gut aufgelegt sind, sind wir belastbarer, empfinden vieles nicht als Schwierigkeit.

Es hängt also entscheidend von uns ab, welche Gefühle wir empfinden. Gewiß ist auch die Situation bedeutsam. Aber *wie* wir fühlen, in welchem Ausmaß wir etwa betroffen sind, das hängt von uns ab. Was ist hierbei entscheidend?

Wie wir die Umwelt bewertend einschätzen, welche Gedanken wir haben, das beeinflußt eindeutig unsere Gefühle. Wenn wir einen Hund als gefährlich bewerten, dann haben wir Angst. Sehen wir ihn als ein freundliches Geschöpf an, empfinden wir eher Freude. - So schätzen wir alle Personen, Gegenstände und Ereignisse unseres Lebens ein, bewerten sie, sehen sie in gewisser Bedeutung. Und entsprechend sind auch unsere Gefühle.

Woher kommt es, daß wir so unterschiedlich wahrnehmen, bewerten? Zum einen sind es die unterschiedlichen Erfahrungen, die wir gemacht haben, mit einem Hund, mit Schulkindern oder Ereignissen. Zum anderen: Wir übernehmen Bewertungen von anderen, z.B. über religiöse Auffassungen von Menschen. Ferner bilden wir uns persönliche Erklärungstheorien, ob z.B. Mädchen oder Jungen intelligenter, durchsetzungsfähiger seien.

Wie wir uns selbst bewerten, das wirkt sich ebenfalls deutlich auf unsere Gefühle aus. Sehen wir uns selbst als einen Versager an, voller Fehler und Schwächen, dann fühlen wir uns eher belastet, im Gegensatz zu einem Menschen, der sich als selbstwirksam ansieht und sich trotz vorhandener Schwächen akzeptiert. Auch das hängt mit unterschiedlichen Erfahrungen zusammen, die wir mit uns selbst machen. Haben wir ungünstige Erfahrungen mit uns im Mathematikunterricht gemacht, so empfinden wir häufig auch später diesem Fach gegenüber unangenehme Gefühle. Wichtig ist ferner: In welchem Ausmaß haben wir Hilfsquellen? Welche Bewältigungsform haben wir gelernt? Welche Bewertungen über uns selbst übernehmen wir von anderen Menschen?

Die Art, wie wir uns bewerten, beeinflußt unsere Bewertungen der Umwelt. Sehen wir uns als Lehrer oder Erzieher als minderwertig und schwach an, dann schätzen wir viele Situationen des Unterrichts als schwieriger ein, und wir sind eher belastet durch Fehler, Kritik.

Unsere Bewertungen - Gedanken - Auffassungen beeinflussen körperliche Vorgänge

Wenn wir ein Ereignis oder Personen als bedrohlich, einschränkend und ungewiß wahrnehmen, einschätzen und bewerten, dann wird jeweils unser sympathisches Nervensystem aktiviert. Muskelspannungen nehmen zu, Puls und Blutdruck werden erhöht, es folgen Hormonausschüttungen, wie z.B. Adrenalin, die Atmung wird flacher und schneller.

Das war für unsere Vorfahren biologisch sehr sinnvoll: Wurden sie von Feinden oder wilden Tieren bedroht, so bewirkte die Alarmierung des sympathischen Nervensystems eine schnelle Ermöglichung von Kampf oder Flucht. Heute jedoch ist diese Alarmierung körperlicher Kräfte nicht mehr nötig, häufig sogar hinderlich.

Haben wir häufig bedrohliche, einschränkende Gedanken und Wahrnehmungen - etwa wenn wir über ein sehr verletzendes oder bedrohliches Ereignis grübeln, wenn wir uns selbst ablehnen - dann erfolgt die Aktivierung des sympathischen Nervensystems sehr häufig. Die Folgen sind: Leichtere Erschöpfung, chronisch werdende Muskelspannungen, wie Schulter-Nacken-Verspannungen, hormonale Imbalance, Veränderung biochemischer Prozesse.

Schließlich hängen seelisch-körperliche Streßbelastungen auch mit seelischen Erkrankungen zusammen. Häufiger intensiver Streß fördert und erleichtert - bei Vorliegen genetischer Bedingungen - seelische Erkrankungen wie Depressionen und Psychosen. Umgekehrt haben Depressionen und Psychosen deutliche Streßbelastungen zur Folge; Menschen finden sich in ihrem Alltag schwerer zurecht, fühlen sich auch bei leichteren Aufgaben eher belastet.

Was können wir tun?

Seelisch-körperliche Streßbelastungen sind eine Antwortreaktion des Organismus auf wahrgenommene äußere oder innere Reize. Diese Antwortreaktionen sind änderbar. Es gibt drei große Bereiche von Möglichkeiten:

I. Situations-problemorientierte Handlungsbewältigung.
II. Wir vermindern unsere Erregbarkeit und leben infolgedessen entspannter.
III. Wir bewerten uns und die Umweltereignisse anders, sehen sie in anderer Bedeutung.

Durch Änderungen in diesen drei großen Bereichen können wir unmittelbar ein anderes Fühlen, geringere Belastung und günstigere Körpervorgänge erreichen.

Wichtig ist:

- Die alten Reaktionsweisen sind zu Gewohnheiten geworden. Wenn wir unsere Gedanken, unsere Erregbarkeit oder unsere Handlungsart ändern wollen, so bedeutet dies: Kleine bewußte Schritte sind notwendig, ferner Zeit.
- Die drei Bereiche stehen in Wechselwirkung: Wenn wir entspannter sind, so sehen wir eher andere Bedeutungen, und wir können

Schwierigkeiten eher durch Handlungen vermindern, und umgekehrt.

- Der Weg der Bewältigung ist bei dem einzelnen unterschiedlich. Günstig ist, einen einfachen Einstieg zu wählen, dort, wo jemand den besten Zugang hat. So erhöht sich auch die Selbstwirksamkeit, 'ich kann etwas tun.'

Handlungs- und problemorientierte Bewältigung

Eigentlich ist es naheliegend, daß wir bei Belastungen, die schwierige Situationen oder einige der äußeren Bedingungen ändern, erleichtern. Jedoch ist es eine Tatsache, daß Menschen in Streß- und Belastungssituationen eher emotional reagieren: Sie schimpfen, geben anderen die Schuld, klagen, ärgern sich, machen anderen Vorwürfe. Dies wird daran deutlich, daß psychoneurotische Personen in Schwierigkeiten mehr emotional reagieren als seelisch sog. gesunde Personen.

Einige Möglichkeiten, Situationen und Probleme erleichternd zu gestalten:

- Informationssuche erwies sich bei der Bewältigung von Schwierigkeiten, z.B. bei Krebskranken als sehr hilfreich. Lehrer etwa mit Schwierigkeiten im Unterricht können sich informieren, daß eine kurzzeitige Kleingruppenarbeit innerhalb des Frontalunterrichts sehr entlastend wirkt. Verständlich gestaltete Lehrtexte oder Skripten erübrigen einen Lehrervortrag oder Tafelzeichnungen, die bei manchen Schülern zu Unruhe führen. Oder: Bei manchen Schwierigkeiten in den Grundschulklassen sind von Lehrern erfolgreich Eltern um Mitarbeit gebeten worden.
  Jedoch: So offensichtlich diese Möglichkeiten bei geeigneter Informationssuche existieren, so ist meist erforderlich, daß wir unsere innere Einstellung ändern, um sie zu realisieren. Lehrer, die alles allein machen möchten, die bei Kleingruppenarbeit ein Gefühl von Ohnmacht und Kontrollosigkeit empfinden oder die unflexibel sind und nicht aufgeschlossen für Veränderungen, werden die obigen Möglichkeiten nicht durchführen.
- Angemessene Zeitplanung wurde in unseren Untersuchungen häufig als etwas deutlich Entlastendes erfahren. Allerdings setzt das voraus, daß wir Prioritäten setzen können, daß wir 'Leer-Freizeiten' für uns einsetzen und daß wir uns durch zu enge zeitliche Planung nicht in Streß bringen.

- Die Problemklärung und entlastende Änderungen. Wenn wir Situationen, die für uns mit Bedrohung und Einschränkung verbunden sind, durch sachliches und kreatives Denken klären, dann können wir die Schwierigkeiten besser bewältigen. Und: Unsere belastenden Gefühle vermindern sich. Eine sehr gute Möglichkeit hierzu ist der Problemklärungsbogen, der nebenstehend abgedruckt ist. Wenn Sie ihn unter einen Kopierer legen und auf DIN A 4 vergrößern, so haben Sie und Ihre Schüler eine günstige Möglichkeit, schwierige Situationen besser zu bewältigen. Nähere Anweisungen finden Sie in dem schon erwähnten Buch 'Lebensschritte' (S. 106 ff.). Hilfreich ist es, wenn Sie und die Schüler den Bogen zunächst bei kleineren, überschaubaren Schwierigkeiten und Belastungen verwenden, so daß er allmählich zur Gewohnheit wird (siehe S. 164)
- Mentale (geistige) Vorbereitung auf schwierige Situationen. Ein positives mentales Training ist heute für Sportler zur Erreichung guter Leistungen fast unerläßlich. Man schätzt, daß 60 - 90 % des Erfolges erfolgreicher Athleten auf mentale Faktoren zurückzuführen sind. Wenn etwas in Wirklichkeit recht schwierig ist - eine sportliche Leistung, eine Unterrichtsstunde für den Lehrer oder eine Klassenarbeit für den Schüler - und die Situation vorher als belastend und bedeutungsvoll erlebt wird, dann ist es naheliegend, daß wir in der Vorstellung vorher trainieren. Das, was manche unserer Schüler später in ihrem Sportverein oder in ihrem Betrieb zur Erreichung von Höchstleistungen machen werden - warum wollen wir dies nicht schon heute in der Klasse einsetzen und damit ihnen und uns die Arbeit erleichtern?

  Ein derartiges mentales Training erfordert die Fähigkeit zur Entspannung. Bei regelmäßigem Üben kann eine derartige Entspannung in ca. 2 - 4 Minuten erreicht werden. Danach stellen sich die Schüler die schwierige Situation wie die Klassenarbeit vor. Ferner stellen sie sich vor, wie sie diese schwierige Situation sicher, gelassen und intelligent bewältigen. Diese gesamte Vorstellungsarbeit nimmt nicht mehr als 5 Minuten in Anspruch. Der Lehrer kann sie eine Woche, drei Tage oder auch einen Tag vor der Klassenarbeit durchführen. So können wir bessere Leistungen und ein besseres Lernen erreichen, und dies bei geringerem Einsatz von Energien und Belastungen.

Bogen zur schriftl. Problemklärung:

Was mich belastet

Die Situation, die Schwierigkeiten, das Problem

Welche Möglichkeiten des Änderns gibt es?

- Mein Denken, Verhalten u. Fühlen zu ändern
- Die Situation, Personen u. Bedingungen zu ändern

Wann werde ich was tun?

Prof. R. Tausch, Psych. Inst. III. Universität Hamburg

Streßverminderung durch Entspannung
Regelmäßige Entspannungsübungen von täglich etwa 15 Minuten bewirken, daß wir uns seelisch wohler fühlen und weniger belastet, positivere Gedanken und Auffassungen haben, klarer denken können und unsere Körperfunktionen besser verlaufen. Sehr geeignet ist hierbei die Muskel-Entspannung nach Jacobson, Atemmeditation, Hatha-Yoga sowie Autogenes Training.

Warum ist Ent-Spannung so wichtig? Warum ist sie oft hilfreicher als eine lange Psychotherapie? Wenn wir uns bedroht fühlen, Angst, Streß und Überforderung fühlen, dann wird unser sympathisches Nervensystem aktiviert mit der Folge von Muskelspannungen, schnellerer Atmung, Hormonausschüttungen und erhöhtem Puls sowie Blutdruck. Diese ursprünglich sinnvolle biologische Reaktion zwecks Kampfes oder Flucht vor einem Feind oder wildem Tier ist heute meist hinderlich. Im Gegenteil, die Aktivierung dieser Körpervorgänge engt unsere Wahrnehmung ein, macht uns weniger flexibel und führt nach einiger Zeit zur Erschöpfung.

Bei manchen Lehrern und Schülern findet - innerhalb und außerhalb des Unterrichts - eine häufige Daueraktivierung statt. Lehrer, die sich unsicher vor der Klasse fühlen, voller Spannungen sind oder Schüler, die ängstlich auf ein Leistungsversagen warten, haben diese Daueralarmierung, verbunden mit einer vegetativen Übererregbarkeit von Kreislauf, Magen und Darm. Ferner führen Muskelspannungen zu unangenehmen Gefühlen seelischer Spannung. Manche suchen diese unangenehmen Gefühle mit dämpfenden Tabletten, Alkohol, Nikotin oder reichlichem Essen zu ändern.

Wir haben jedoch einen unmittelbaren Zugang zur Änderung unseres sympathischen Nervensystems. Wenn wir *einen* Vorgang des gesamten Systems normalisieren, also etwa die Muskeln entspannen oder die Atmung normalisieren, dann ändert sich das gesamte System, einschließlich Hormonausschüttungen sowie Puls. Die Gedanken werden ruhiger, und wir können wieder klarer denken.

Die Wirkung von Entspannungsübungen treten unmittelbar ein. Allerdings werden erst bei regelmäßigem Üben die Effekte so stark, daß wir uns danach nicht nur wohler fühlen, sondern auch längere Zeit gelassener reagieren, belastbarer sind.

Eine sehr geeignete Möglichkeit für die Schulklasse ist die Atem-Meditation. Hierbei lenken wir unsere Aufmerksamkeit auf den

Atemvorgang. Dadurch vermindern sich unsere Gedanken und Unruhe wesentlich, und der Atem normalisiert sich, und mit ihm das sympathische Nervensystem.

Wenn Sie in jeder Unterrichtsstunde eine Atem-Meditation von nur 2 Minuten ausführen, dann wird die Streßbelastung Ihrer Schüler erheblich geringer und ihre Leistungsfähigkeit größer. Ferner erlernen die Schüler dadurch etwas, das für ihr ganzes Leben nutzbringend ist. Und Sie selbst vermindern durch die zwei Minuten während des Unterrichts stark Ihre eigenen Streßbelastungen - und das innerhalb Ihrer Dienstzeit! Es gibt etliche andere wirksame Entspannungsmöglichkeiten, wie sanfte Hatha-Yoga-Übungen oder Muskelentspannung. Ich wünschte, ich hätte diese beiden Formen und die Atem-Meditation während meiner Schulzeit gelernt. Mein Leben wäre weit weniger belastend gewesen, ich hätte mehr geleistet und klarer denken können. Dafür hätte ich gern alle Griechisch- und Lateinkenntnisse hingegeben!

Wenn Sie also in einem Volkshochschulverzeichnis oder in einem Fortbildungskurs für LehrerInnen/ErzieherInnen von derartigen Entspannungsformen hören, dann können Sie sicher sein, daß hier eine wirksame Möglichkeit zur deutlichen Verminderung Ihrer Belastungen besteht.

Falls Sie immer noch skeptisch sind: Internationale Schachspieler praktizieren regelmäßig ein Bewegungstraining, wie z.B. Laufen und Entspannungsübungen. Man hat festgestellt, daß die Schachspieler bei Turnieren Spitzenwerte in Blutdruck, Puls usw. erreichen. Es ist eine hohe seelische Spannung vorhanden, ohne die Möglichkeit des Ausagierens, im Gegenteil, es ist höchste Konzentration erforderlich. Körpertraining und Entspannungsübungen befähigen Schachspieler, diese belastenden Situationen gelassener und mit weniger Irritierung ihres Denkens zu überstehen.

Entspannende Übergänge. Bei einer Befragung stellten wir fest, daß viele Menschen, wie Lehrer und Mütter, sich am ganzen Tag keinen entspannenden Übergang gönnen, sondern von einer Tätigkeit zur anderen übergehen. Viele Lehrer gaben an, daß sie auch in der Pause zu keiner Entspannung kämen, sei es durch intensive Diskussionen mit Kollegen, durch Rauchen, Vorbereitung für die nächste Stunde u.a. Wo gibt es die Schule oder die pädagogische Institution, in der sich Lehrer und Erzieher während der Pause für einige Minuten in ein ruhiges, etwas abgedunkeltes Zimmer zurückziehen können, etwa um auf einer Matte einige Entspannungsübungen zu machen?

Durch andere Gedanken und Bewertungen über uns und die Umwelt andere Gefühle erleben

Wie wir unsere Umwelt, Ereignisse und uns selbst bewerten, in welcher Bedeutung wir sie sehen, das beeinflußt deutlich unsere Gefühle. Sehen wir ein Ereignis in der Schulklasse oder in unserem privaten Leben als gegen uns gerichtet an, als einschränkend und bedrohlich, dann sind wir als Folge dieser Bewertung niedergeschlagen, belastet, voller Spannungen. Gelingt es uns dagegen, derartige Ereignisse weniger negativ zu bewerten und sie als Herausforderung zu sehen, dann sind unsere Gefühle anders, wir sind gelassener, weniger erregt.

Manche Situationen in unserem Leben können wir nicht ändern, etwa wenn wir den Partner durch Tod verlieren oder wenn wir von einer schweren Krankheit betroffen sind. Dann bleibt uns fast nur die eine Möglichkeit: Uns selbst zu ändern. Und zwar indem wir die Ereignisse anders bewerten und anders sehen. Ich möchte einige Möglichkeiten kurz nennen:

- *Verminderung von negativen Selbstgesprächen und Grübeln.* Wenn wir vor einer schwierigen Prüfung stehen, vor einer schwerwiegenden ärztlichen Diagnose oder vor einem Ereignis, das wir fürchten, dann denken wir im voraus oft daran und machen uns sorgende Gedanken. Oder wenn wir tagsüber schwierige Situationen erlebt haben, wenn wir etwa in der Schulklasse seelisch sehr verletzt wurden und Erregung, Ärger oder Angst empfanden, dann denken wir häufig noch stundenlang darüber nach.
  Durch negative Selbstgespräche und grübelndes Sorgen beeinträchtigen wir uns sehr. Immer wieder werden durch die Gedanken die Gefühle von Angst, Erregung und Ärger neu belebt. Und das sympathische Nervensystem wird aktiviert. Da wir aber bei diesen grübelnden Gesprächen, etwa vor dem Einschlafen, körperlich gar nicht aktiv sind, wirkt sich diese Aktivierung der Körpervorgänge ungünstig aus.
  Was können Schüler und Lehrer tun, um negative Gedanken und sorgenvolles Grübeln zu vermindern? Einige Möglichkeiten: 1. Immer, wenn wir uns bei derartigen Gesprächen ertappen, geben

wir uns ein 'Stop'-Zeichen. Wenn wir uns dieses Stopzeichen zwanzigmal an einem Nachmittag oder Abend geben müssen - seien wir froh, daß wir uns durch unsere Aufmerksamkeit so häufig bei einer schädlichen Tätigkeit ertappten und sie verminderten. 2. Wir können auf ein Blatt Papier schreiben: 'Was kann ich noch an der Situation ändern und tun?' Und auf einen anderen Teil des Papiers: 'Was kann ich noch an der Situation ändern und tun?' Und auf einen anderen Teil des Papiers: 'Was kann ich nicht mehr ändern?' Diesen Zettel hängen wir in unser Arbeitszimmer oder Schlafzimmer. 3. Wir rufen einen Freund oder Kollegen an oder - wenn wir niemand haben - die Telefonseelsorge. Indem wir aussprechen, was uns bedrückt, vermindert sich unser Grübeln. Auch das Schreiben eines Tagebuches ist hilfreich. 4. Wir konfrontieren uns mit andersartigen Erfahrungen, machen einen 'Tapetenwechsel'. Ablenkung vermindert negative Gedanken. 5. Wenn wir vor dem Einschlafen grübeln, ist eine Atemmeditation sehr hilfreich, vorausgesetzt, daß wir regelmäßig trainiert haben. Oder wir stehen auf und machen irgend etwas, was wir uns schon lange vorgenommen hatten. Auch wenn wir dadurch weniger Schlaf haben sollten - dies ist seelisch erholsamer als grübelndes Wachliegen im Bett.

- *Wir sehen in unserem Alltag mehr das Wesentliche und trennen es vom Unwesentlichen.* Oft halten wir Manches für wichtig, für bedeutsam, engagieren uns sehr und erleben bei einem ungünstigen Verlauf viele Spannungen. Denken wir einige Tage oder Wochen später an die Situation zurück, dann finden wir unsere Ängste, Sorgen und Spannungen ziemlich unnötig. Das Bewußtsein der Endlichkeit unseres Lebens kann uns dabei helfen. In einer schwierigen Situation frage ich mich häufig: Wie wichtig werde ich es ansehen, wenn ich bei meinem Sterben darauf zurückblicke? Dann haben wir gleichsam größere Distanz, einen Abstand zu den Ereignissen.
- *Loslassen können, nicht verhaftet sein,* gibt uns mehr Freiheit von beeinträchtigenden Gefühlen. Die Atemmeditation wie auch jede andere Meditation ist eine vorzügliche Möglichkeit, das Loslassen zu lernen.
- *Ereignisse, andere Menschen und uns selbst weniger bewerten.* Das ist für viele in unserer westlichen Welt schwer vorstellbar.

Und doch ist es in östlichen Lebensphilosophien seit Jahrtausenden eine Möglichkeit, in schwierigen Situationen befriedigender zu leben. Wir bewerten uns und unsere Erfahrungen oftmals negativ: Wenn uns ein Zug davongefahren ist, wenn uns etwas in der Schulklasse nicht gelungen ist, wenn wir von einer Krankheit betroffen werden. - Je weniger wir Ereignisse bewerten, negativ oder positiv, um so bewußter können wir wahrnehmen. Und dann intelligenter handeln.

- Können wir uns zu der Einstellung durchringen, *nicht gegen etwas zu kämpfen und andere möglichst nicht ändern zu wollen,* sondern nur uns selbst, dann erleichtert und entspannt dies schwierige menschliche Beziehungen. Die einzigen, die wir wirklich ändern können, sind wir selbst. Wenn Schüler sich nicht so verhalten, wie wir dies gerne möchten, wenn sie zu wenig lernen, sich unangemessen verhalten: Wenn wir uns ändern, wenn wir für die Schüler bessere Bedingungen geben, dann ändern sich auch zwangsläufig die Gefühle.
- *In belastenden Ereignissen auch die günstigen sinnvollen Aspekte sehen.* In Schwierigkeiten und Belastungen sehen wir oft nur das Negative, Einschränkende. Wir sehen gleichsam nur das halbleere Glas Wasser, aber nicht das halb volle. Die günstigen Aspekte übersehen wir. Sie werden uns meist erst nach einiger Zeit nachträglich bewußt. In der Situation selbst sind wir zu sehr mit unseren enttäuschenden Erwartungen, mit den Belastungen beschäftigt. Wir können uns dazu erziehen, uns während einer Belastung zu fragen: Welche förderlichen Aspekte hat - neben den Nachteilen - diese Situation auch für uns? Ist sie etwa eine Herausforderung? Was können wir durch sie lernen? Welche günstigen Folgen kann sie auch haben?

Wie können wir dahin kommen, Ereignisse und uns selbst anders zu bewerten, was ist hilfreich dabei?

Es gibt etliche Möglichkeiten, durch die wir Schritte auf diesem Weg zum Ziel hin machen können:

- *Gespräche mit einfühlsamen Menschen* sind eine hilfreiche Möglichkeit. Indem wir unsere belastenden Gedanken und Gefühle aussprechen und die Erfahrungen des Verstanden-Werdens machen, kommen wir zu einer gewissen Entlastung und Entspannung. Nach einiger Zeit merken wir, daß wir das Ereignis und uns selbst etwas anders sehen.

- *Die Konfrontation mit anderen Schicksalen,* so etwa die Begegnung mit einem gelähmten oder krebskranken Menschen und die Kenntnis seiner seelischen Innenwelt gibt uns die Chance, persönlich zu lernen und uns und unsere Umwelt anders zu sehen. So war es für Jugendliche sehr förderlich, in den Ferien behinderte Jugendliche zu betreuen und mit ihnen zusammen zu leben.
- *Die Begegnung mit der Endlichkeit unseres Lebens* ist eine entscheidende Möglichkeit, andere Werte in unserem Leben zu sehen, weniger verhaftet zu sein und weniger Spannungen und Belastungen zu empfinden. Das ergab sich bei der Befragung von über 200 Personen in unserem Buch 'Sanftes Sterben'. Diejenigen, die einen Sterbenden begleitet hatten und der Auseinandersetzung mit dem Tod nicht ausgewichen waren, sagten, sie hätten viel durch die Begleitung und die Konfrontation mit dem Sterben für sich gelernt. Sie hätten Leben anders sehen gelernt, und sie konnten deutlicher das Wesentliche sehen.
- *Religiös-philosophische Einstellungen* lassen uns unser Leben anders bewerten, auch Belastungen wie Krankheit und Sterben oder die Belastungen des Berufsalltages. Aus Untersuchungen und Befragungen weiß ich, daß einem größeren Teil von Menschen diese Einstellungen einen starken Halt im Strudel des Lebens geben. Entscheidend für die religiöse Entwicklung von Kindern scheint mir, daß wir Erwachsenen eine Sprache finden, die ihrem Leben und Verständnis angemessen ist, die jedoch nicht dazu führt, daß sie sich davon später als Erwachsene abwenden, weil diese früheren Schilderungen dem naturwissenschaftlichen Verständnis widersprechen. - Ich habe sehr viel gelernt aus den Schriften des Buddhismus sowie aus den Schriften Albert Einsteins, der keinen grundsätzlichen Gegensatz zwischen Religion und Naturwissenschaft sah.
- *Ein Zustand der Entspannung* erleichtert sehr eine Änderung unserer Bewertungen. Schon seit 50 Jahren ist gesichert festgestellt worden: Ein Zustand von Entspannung ist unverträglich mit Ängsten, negativen Gefühlen, hält sie dem Bewußtsein fern, wir empfinden sie nicht. Auf der anderen Seite: Körperliche und seelische Spannungen lassen uns überwiegend das Negative sehen,

beim Blick in die Gegenwart ebenso wie in die Vergangenheit und in die Zukunft. In den letzten Jahren haben wir mehrere Untersuchungen über die Änderung von Bewertungen durch Entspannung gemacht. Auch Sie können etwas Ähnliches mit Ihren Schulkindern durchführen. Eine Möglichkeit ist (vgl. Lebensschritte, S. 323): Sie ermöglichen den Schülern eine Entspannung von etwa 3 - 4 Minuten. Danach bitten Sie die Schüler, im entspannten Zustand bei geschlossenen Augen darüber nachzudenken, was ihnen im Leben Gutes widerfährt, was sie an Gutem erhalten und erhielten, worüber sie Dankbarkeit empfinden. Nach etwa 5 Minuten bitten Sie die Schüler, zu zweit oder dritt über ihre Erfahrungen miteinander zu sprechen. Anschließend können Sie mit der gesamten Klasse noch etwas darüber sprechen. - Die einfache Vorstellungsübung ist gemäß unseren Untersuchungen von großer positiver Auswirkung auf die Bewertungen und Gefühle.

Abschließende Gesichtspunkte

Ich habe Ihnen einige wesentliche Möglichkeiten kurz dargestellt, die geeignet sind, die seelisch-körperlichen Streßbelastungen von Lehrern, Erziehern und Jugendlichen deutlich zu mindern. In dem Buch 'Lebensschritte' habe ich eingehender diese und andere Möglichkeiten dargestellt, ihre Auswirkung wissenschaftlich begründet und Hilfen zur praktischen Verwirklichung gegeben. Vielleicht fühlen Sie sich auch durch die Lektüre des Buches mehr motiviert, etwas zu tun.

Ich hätte mich mit diesen Möglichkeiten nicht in den vergangenen Jahren so intensiv beschäftigt - in praktischen Seminaren mit vielen persönlichen Erfahrungen in den USA, in vielen eigenen Untersuchungen und in intensivem Studium amerikanischer Forschungen -, wenn ich nicht die Überzeugung hätte, daß hier zwei entscheidende Möglichkeiten liegen: 1. Die Streßbelastungen vieler Lehrer und Erzieher am Arbeitsplatz wesentlich zu vermindern, 2. der Herausforderung zu begegnen, unsern Schülern zu helfen, auf ihre derzeitigen sowie späteren Belastungen nicht mit Alkohol, Tabletten, Drogen oder Gewalttätigkeit zu reagieren.

Natürlich wird es nicht möglich sein, daß Sie Ihre langjährigen Gewohnheiten gleichsam über Nacht ändern. So habe ich zum Beispiel viereinhalb Jahre gebraucht, um regelmäßig morgens oder abends Entspannungs- und Hatha-Yoga-Übungen zu machen. Vielleicht mögen manche von Ihnen auch denken: Warum muß ich mich so bemühen, um nicht so viele beeinträchtigende Gefühle zu erleben? Vielleicht hilft es Ihnen, daran zu denken, daß die meisten unserer Vorfahren, die vor hundert Jahren oder früher lebten, tagtäglich überwiegend damit beschäftigt waren, keine beeinträchtigenden Gefühle von Hunger, Durst, Bedrohung von Feinden, Kälte und Hitze zu erleben. Diese Bemühungen haben wir heute meist nicht mehr nötig. Unser 'Existenzkampf' hat sich verlagert. Wir müssen uns nicht mehr um die Vermeidung von Hunger oder Kälte sorgen, sondern darum, nicht von Gefühlen der Depression, der Bitterkeit, der Resignation und der Streßbelastung überwältigt zu werden und uns nicht durch Alkohol, Tabletten oder Drogen selbst zu zerstören oder das eigene Leben durch Freitod zu beenden.

Vielleicht hilft es Ihnen auch, wenn Sie wissen: Wenn wir in einem Bereich einen kleinen Schritt machen, werden in den anderen Bereichen Schritte erleichtert. Wenn wir etwa Entspannungsübungen machen und infolgedessen gelassener werden und dann die Ereignisse nicht mehr so bedrohlich oder hektisch sehen und handlungsfähiger werden. Oder wenn wir eine andere Einstellung/Bewertung zu bedrohlichen Ereignissen oder zu uns haben, daß wir dadurch entspannter sind und angemessener handeln können.

Dieses Lernen, die Schwierigkeiten, Enttäuschungen und Belastungen unseres Lebens angemessen zu bewältigen, ist eine Gemeinsamkeit von uns Erwachsenen und von Kindern/Jugendlichen.

Erwachsene und Jugendliche haben mit Ängsten zu kämpfen, erfahren Enttäuschungen, Verluste und Gefühle von Ohnmacht und Resignation. So gibt es ein gemeinsames Lernen bei Lehrenden/Erziehenden und bei Jugendlichen.

Literatur:

Tausch, Reinhard: Lebensschritte, Umgang mit belastenden Gefühlen. Reinbek (Rowohlt) 1989.

IV. Naturwahrnehmung - Umweltverständnis - Mitweltbewußtsein

W. Probst

1. Einführende Überlegungen

"Zielgerichtetes Verhalten, das für die Sicherung der Zukunft Verzichte in der Gegenwart hinnimmt, erfordert fast immer eine Verbindung von Einsichten und Emotionen. Zur emotionalen Seite des ökologischen Problems gehört die intuitive, gefühlsmäßige Beziehung des Menschen zur Natur".
(A. GIERER 1988, S. 290)

1.1 Was hat Naturerleben mit Gesundheit zu tun?

Inwieweit haben Naturerlebnisse etwas mit Gesundheitsbildung zu tun? Diese Frage zielt auf die Grundkonzeption des Studienganges 'Erziehung und Gesundheit' und des Modellversuches der Bund-Länder-Kommission 'Gesundheitsförderung im schulischen Alltag', beide angesiedelt an der Pädagogischen Hochschule Flensburg.

Ich möchte aus unterschiedlichen Sichtweisen hierzu Stellung nehmen. Zunächst steht die Biographiearbeit im Vordergrund, dann werden die sozialen Voraussetzungen und deren Folgen betont, und schließlich geht es um die Entwicklung von Umweltverständnis und Mitweltbewußtsein.

Biographischer Aspekt

"Hat man erst einmal begonnen, hinter einer Biografie mehr als eine Abfolge von Ereignissen zu sehen, eröffnen sich ungeahnte und spannende Dimensionen" (C. PFLUG 1990, S. 7).

In einer Zeit, in der es im Hinblick auf gesellschaftliche Normen, anerkannte Werte und Moralvorstellungen große Freiheiten gibt, ist jeder einzelne für seinen Lebensweg und seine Entwicklung weitgehend selbst verantwortlich. Diese Freiheit kann leicht zu Orientierungsschwierigkeiten, Unsicherheit und Bindungslosigkeit führen. Konflikte und Krisen, die sich auf die psychische und physische Gesundheit auswirken, können die Folge sein. Der bewußte Umgang mit der eigenen Biografie ist eine Möglichkeit, das eigene Schicksal mitzubestimmen und gleichzeitig einen Zusammenhang zu finden, der über das Subjektive hinausgeht. Die Teilbereiche des Studienganges 'Erziehung und Gesundheit', Ernährung, Bewegung, Kleiden und Naturerleben, stehen beispielhaft für besonders wichtige Bereiche der persönlichen Entwicklung.

So spricht vieles dafür, daß es ein elementares Bedürfnis der Menschen nach Naturerlebnissen, sogar nach Abenteuern in und mit der Natur gibt. Die offensichtlich gute Wirkung entsprechender Werbung von Zigaretten- oder Getränkeherstellern zum Beispiel ist ein Indiz hierfür. Aber auch die vielen Erfahrungen, die wir mit Teilnehmern biologischer Exkursionen machen konnten, oder die Reaktionen der Schüler, die zum ersten Mal einen erlebnisbetonten Unterricht im Freilandlabor Flensburg mitmachten, stützen diese Vermutung. Aus meinem eigenen Empfinden kann ich ein äußerst starkes Appetenzverhalten im Hinblick auf Naturerlebnisse erkennen.

Dabei gibt es - was die Art der Erlebnisse anbelangt - vom Lebensalter abhängige Schwerpunkte. Kinder sind besonders fasziniert von Einzelerscheinungen, einzelnen Tieren, Detailbeobachtungen. Das weiche Fell eines Kätzchens zu streicheln, ist ein schönes Erlebnis, besonders, wenn man merken kann, daß es auch dem schnurrenden Tier gefällt. Der sehnliche Wunsch vieler Kinder nach einem Streicheltier ist Ausdruck des Bedürfnisses, Distanz zur Natur abzubauen. Auch einzelne Beobachtungen an niederen Tieren kann Kinder im Vor- und Grundschulalter faszinieren. So erinnere ich mich an ein Mädchen einer 2. Klasse, das begeistert war von der Beobachtung einer 'weidenden' Schnirkelschnecke an einem gründbealgten Eschenstamm. Es entdeckte, daß man die Fraßspuren als filigrane gelbliche Muster am grünen Stamm erkennen kann, und daß an fast allen Eschenstämmen solche Spuren zu sehen waren.

Jugendliche suchen die abenteuerbetonte Auseinandersetzung mit der Natur. Sie lieben es, auf Entdeckungsreise zu gehen, auf Bäume zu klettern und in Höhlen zu kriechen. Das sind Erlebnisse, die - früher zumindest - mit Spielen wie 'Verstecken' oder 'Räuber und Gendarm' verbunden waren.

Erst für Erwachsene kann auch die ganze Landschaft, das Ökosystem, zum Erlebnis werden. Dabei wirkt besonders die unberührte, urwüchsige Natur sehr stark auf unser Gemüt, wie dies zum Beispiel aus der Schilderung Alexander von HUMBOLDTs über seine erste Begegnung mit dem tropischen Regenwald hervorgeht:

> "Ein ungeheurer Wald breitete sich von unseren Füßen bis zum Ozean hinab. Die Baumwipfel mit Lianen behangen, mit langen Blütenbüscheln gekrönt, bildeten einen ungeheuren grünen Teppich, dessen tiefdunkle Färbung das Licht in der Luft noch glänzender erscheinen ließ. Dieser Anblick ergriff uns umso mehr, da uns hier zum ersten Mal die Vegetation der Tropen in ihrer Massenhaftigkeit entgegentrat... Ich fühle es, daß ich hier sehr glücklich sein werde und daß diese Eindrücke mich auch künftig noch oft erheitern werden" (A. v. HUMBOLDT zitiert nach: A. MEYER-ABICH 1967, S. 72-73).

Aus dieser Schilderung wird deutlich, daß Naturerlebnisse eine ästhetische Komponente haben, daß die Wahrnehmung im Betrachter Empfindungen auslöst, die ihren lebhaften Ausdruck in vielen Kunstwerken gefunden haben. "Ästhetische Erziehung heißt Ausrüstung und Übung des Menschen in der aisthesis - in der Wahrnehmung" sagt Hartmut von HENTIG (1967 zitiert nach: M. AISSEN-CREWETT 1990, S. 47). Alexander von HUMBOLDT und viele Naturwissenschaftler seiner Zeit haben diese psychisch-seelische Wirkung von mitweltlichen Eindrücken auf den Menschen nie unterdrückt, sondern im Gegenteil immer wieder betont (vgl. z.B. A. v. HUMBOLDT, 1847, S. 4 f.).

Ganz unmittelbar zeigt die Geschichte von der Entdeckung der Mammutbäume im Yosemite-Gebiet, daß ein persönliches Naturerlebnis auf die Gesundheit und die Lebenserfüllung großen Einfluß nehmen kann: Galen Clark kam 1853 als Goldsucher nach Kalifornien. Er wurde bald nach seiner Ankunft krank und zog sich in die Berge zurück, um dort zu sterben. Dabei entdeckte er den 'Mariposa Grove', einen Bergwald mit besonders eindrucksvollen, riesigen

Mammutbäumen. Schnell erholte er sich dort von seiner Krankheit, und er setzte sich in seinem weiteren Leben für die Erhaltung und den Schutz dieser Mammutbaumwälder ein. Clark lebte noch mehr als 40 Jahre und diente bis zu seinem Tode mit 96 Jahren als Waldhüter im Yosemite Valley und im Mariposa Grove. Als er starb, wurde er unter einem der großen Sequoia-Bäume beerdigt, die er selbst im Yosemite-Valley gepflanzt hatte (T. HARVEY 1988, S. 1-2).

In den vergangenen Jahrzehnten wurde immer deutlicher, daß Fortschritt in vielen Fällen ein 'Fortschreiten von der Natur' und einen Verlust an unmittelbarer Begegnung bedeutet hat. Dies hat zu einer bewußten oder unbewußten Sehnsucht des modernen Menschen nach Ursprünglichkeit und Naturnähe geführt. Hierbei ist zu erwähnen, daß unbefriedigte Bedürfnisse dieser Art sich nachteilig auf Bewußtsein und Gesundheit auswirken können.

Sozialer Aspekt

Im Gegensatz zum Anhören eines Vortrages oder bei einem Gespräch sind Naturerlebnisse etwas Praktisches, Intuition spielt eine Rolle, ebenso Handlungen und Gefühle. Dies kann zunächst einmal die Sache eines einzelnen und seiner Umwelt sein. In der Gemeinschaft erhält das Erlebnis jedoch eine andere Qualität. Indem man über Naturerlebnisse reflektiert und diese Reflexionen mit anderen bespricht, wird der eigene Erlebnishorizont ausgeweitet. Dabei sind Übereinstimmungen ebenso wichtig wie die Diskussion gegensätzlicher Empfindungen. Verallgemeinerungen werden möglich.

Ein ganz wichtiger Aspekt ist das Vorbild, die Anregung und die Anleitung durch andere. Jugendliche oder Erwachsene, die alleine in den Wald oder auf eine Wiese gehen, werden in vielen Fällen keine beeindruckenden Naturerlebnisse haben, wenn sie vollkommen auf sich gestellt sind. Sensible Anleitung und Hilfe ist nötig.

Durch Naturerlebnisse werden Türen geöffnet, Denkprozesse angeregt, Neugier geweckt. Befriedigung dieses durch ein Erlebnis entstandenen Wissens- und Erkenntnisdrangs ist wichtig; denn sonst kann das geweckte Interesse nicht dauerhaft erhalten werden. Ein guter Lehrer oder Anleiter braucht also nicht *nur* Sensibilität und eine poetische Ader, sondern *auch* gute naturkundliche Kenntnisse, um Fragen beantworten zu können, rätselhafte Wahrnehmungen zu deuten und in einen Zusammenhang stellen zu können.

In der Einleitung zu den 'Ansichten der Natur' schreibt A. v. HUMBOLDT: "Da dieser Genuß (einer Naturansicht) mit der Einsicht in den inneren Zusammenhang der Naturkräfte vermehrt wird, so sind jedem Aufsatze wissenschaftliche Erläuterungen und Zusätze beigefügt" (A. v. HUMBOLDT 1986, S. 8). Daß es dieses Erklärungsbedürfnis nicht nur bei Biologiestudenten, sondern auch bei zunächst biologisch nicht besonders interessierten Personen gibt, habe ich immer wieder bei den Anleitungen im Studiengang Erziehung und Gesundheit erfahren.

Aspekt des Umweltverständnisses und des Mitweltbewußtseins
Naturerlebnisse sollen über Umweltverständnis zu einem neuen Mitweltbewußtsein führen.

Seit dem Beginn der Ackerbaukulturen hat sich der Mensch Schritt für Schritt 'aus der Umwelt zurückgezogen'. Er sah sich immer mehr als ein von der übrigen Natur getrenntes Wesen, das in der Lage ist, diese äußere Welt in seinem Sinne zu verändern, zu gestalten, zu gebrauchen, ja sogar zu verbrauchen. Hier auch liegen die Wurzeln für die Trennung von Geistigem und Körperlichem, Intellekt und Organismus. Bei heute üblichen Lernvorgängen in Schulen, Hochschulen und Akademien wird fast nur die eine, geistige oder intellektuelle Seite des Menschen gefordert. Begriffe und Symbole ersetzen die reale Welt; damit lassen sich zwar Prüfungen bestehen, wirkliches Verständnis stellt sich aber nicht ein. Symptomatisch ist übrigens, daß in unseren Lerneinrichtungen Frustration, Angst, Unsicherheit und Enttäuschung vorherrschen, obwohl eindeutig erwiesen ist, daß Freude, Spaß, Neugier und Erfolgserlebnisse das Lernen besonders fördern.

"Statt nur mit Begriffen und Symbolen von Dingen zu arbeiten, sollten wir beim Lernvorgang mit den Dingen selbst arbeiten, mit ihren Wechselwirkungen, mit ihren Beziehungen zur Umwelt" (F. VESTER 1984, S. 475). Ziel muß es deshalb sein, die Distanzen zwischen Subjekten und Objekten zu verringern, Entfremdungen aufzuheben.

Unser Erkenntnisapparat ist in Jahrmillionen der Evolution geformt worden. Eine wichtige Aussage der evolutionären Erkenntnistheorie ist, daß diese evolutive Entstehung unseres Erkenntnisapparates zu dem Schluß berechtigt, daß er (auch) Informationen über die objektive Wirklichkeit liefern kann. "Wir dürfen uns viel mehr auf unsere Sinneseindrücke, Wahrnehmungen, Erfahrungsurteile und wissenschaftliche Erkenntnisse verlassen, als der hypothetische Charakter aller Erkenntnis zunächst vermuten ließ" (G. VOLLMER 1981, S. 120).

Die evolutive Entwicklung unseres Erkenntnisapparates lief aber über Jahrmillionen gewissermaßen auf zwei Gleisen: Intellekt und Intuition, sinnliche Wahrnehmung und geistige Verarbeitung des Wahrgenommenen gehören zusammen. Die einseitige Förderung der doppelgleisig angelegten Wahrnehmungskanäle kann zu Trugbildern führen. Kulturevolution könnte schließlich den durch biologische Evolution entstandenen Erkenntnisapparat so verändern, daß Wahrnehmung und Wirklichkeit nicht mehr ausreichend zusammenpassen.

"Die ganz eigenartige Entwicklung unseres Geistes in künstlichen, meist nur in sich selbst stimmigen Begriffsgebäuden, die in ihrer Realitätsferne selbst an der Realität jener Gehirnzellen vorbeigehen, mit denen sie gerade gedacht wurden, diese Entwicklung war offenbar nur möglich auf der Basis einer Ignorierung der Einheit zwischen Denken und Fühlen, zwischen Intellekt und Organismus. Setzen wir diesen Weg fort, so wird er uns wahrscheinlich vollends unfähig machen, mit der Wirklichkeit sinnvoll umzugehen" (F. VESTER 1988, S. 478).

Um die uns mögliche Erkenntnis von unserer Mitwelt zu gewinnen, brauchen wir also das unmittelbare Erlebnis, eine sinnliche Dingerfahrung.

Es wurde immer wieder darauf hingewiesen (z.B. R. AFFEMANN 1976; G. WINKEL 1982, 1985; W. JANSSEN 1988, 1990), daß die emotionale Erlebnisebene Grundlage und Ausgangspunkt für die weitere Auseinandersetzung mit einem Gegenstand, für Verständnis und schließlich Bewußtseinsbildung und Handlungsbereitschaft ist. Sie ist jedoch nicht nur Voraussetzung für eine günstige Entwicklung von Verständnis und Bewußtsein, sondern auch Voraussetzung für eine bestimmte Qualität der Erkenntnis, für ein integratives, einbeziehendes Erkennen der Welt.

Der Friedensschluß mit der Natur, die wichtigste Voraussetzung für die zukünftige Entwicklung der Menschheit, wird nur gelingen, wenn natürliche Mitwelt nicht länger als manipulierbare Verfügungsmasse angesehen wird.

Die unsichere und bedrohliche Zukunft ist sicher das größte 'Gesundheitsrisiko' der Gegenwart. Wenn Übungen im Naturerleben dazu führen können, daß diese Zukunftsgefährdung und die damit verbundenen Zukunftsängste abgebaut werden, sind sie in hohem Maße gesundheitsbildend. Die Fähigkeit, im Sinne positiver Mitweltgestaltung zukunftsorientiert zu handeln, muß oberstes Ziel der Gesundheitsbildung sein.

1.2. Wege zum Naturerleben

Man kann nicht übersehen, daß die Gefahr besteht, den Kontakt zur außermenschlichen Mitwelt immer mehr zu verlieren, daß 'mehr erleben' dann - wie in dem Werbeplakat der Post - nur noch heißt: 'Mehr Kanäle einschalten können'. Selbst in Freizeit und Urlaub bleibt die Natur ausgeschlossen, weil man sich nur in Kunstlandschaften wie Fitnesscenter, Freizeitpark oder maschinengerecht umgestalteter Landschaft (Skizirkus) aufhält.

Schon heute beschäftigen sich viele Jugendliche intensiver mit ihrem Computer als mit der realen Umwelt. Naturerlebnisse sind für sie längst keine Selbstverständlichkeit mehr.

Aber auch für uns alle, die wir in vollklimatisierten und beleuchteten Gebäuden leben und arbeiten und oft 'keine Zeit' für Spaziergänge und Kontaktsuche mit der Natur finden, bedarf es der gezielten Hilfe, des Anstoßes, der Anregung.

Wir sind sicher, daß es viele verschiedene Möglichkeiten gibt, die dem einzelnen und der Gemeinschaft helfen können, den erlebnishaften Zugang zur Natur (wieder-)zufinden und zu vertiefen. Jeder muß seinen eigenen, seiner individuellen Situation angepaßten Weg finden. Es wäre falsch, im Sinne eines Rezeptes einen Weg genau zu definieren.

W. JANSSEN und G. TROMMER (1988, S. 7) haben "Zehn Komponenten des Naturerlebens" zusammengestellt:

" 1. Naturerleben ist originale Begegnung mit Natur.
2. Naturerleben ist für jeden Menschen aufgrund sinnlicher Wahrnehmung möglich.
3. Naturerleben setzt innere Gestimmtheit voraus.

4. Naturerleben ist emotional und individuell.
5. Naturerleben kann weitere Phantasie und Kreativität anregen.
6. Naturerleben ist nicht determinierbar.
7. Naturerleben kann zu widerstreitenden Gefühlen führen.
8. Naturerleben steht mit Naturerkenntnis und Naturverständnis in einem engen Zusammenhang.
9. Naturerleben ist eine Basis selbstbestimmten Handelns für Natur und Umwelt.
10. Naturerleben erfordert sensibel anleitende Didaktik."

Diese Zusammenstellung zeigt, daß Phantasie und Kreativität, ästhetisches Empfinden und künstlerischer Ausdruck wesentliche Bestandteile des Naturerlebens sind. Dies wird auch in vielen Beispielen der Dichtkunst, der Malerei und der Musik deutlich. Im zehnten Punkt wird auf die Notwendigkeit sensibler Anleitung hingewiesen. Wie kann eine solche Anleitung aussehen? Die folgenden Beispiele werden dazu einige Vorschläge machen. Mir scheint, der nordamerikanische Begriff der 'Naturinterpretation' (z.B. F. TILDEN 1977) kann bei der Suche nach der richtigen Anleitung gute Hilfe leisten. F. TILDEN (1977, S. 4 f.) betont, daß es darum gehen muß, die individuellen Zugangswege nicht einzuengen, sondern zu öffnen. Einerseits sind Phantasie und 'Interpretationsfähigkeit' des Anleiters ständig gefordert, andererseits ist es ganz wichtig, daß er sich auch sehr stark zurücknehmen kann. TILDEN spricht in diesem Zusammenhang von der Fähigkeit, 'realer' ("Enthüller, Offenbarer") zu sein. Es geht darum, etwas offenzulegen, was immer da war, den Teilnehmern aber verborgen geblieben war. Die Stärke des Interpreters liegt also nicht so sehr in seiner Person, sondern in den Situationen, die er schaffen kann. TILDEN definiert Interpretation als eine "pädagogische Bemühung, die darauf abzielt, Bedeutungen und Zusammenhänge an realen Objekten aufzuzeigen und zwar durch direkte Erfahrungen, allenfalls mit Hilfe anschaulicher Medien, nicht durch einfache Informationsweitergabe" (F. TILDEN 1977, S. 8).

Die Praxisbeispiele der Tagung 'Sinnliche Wahrnehmung - Körperbewußtsein - Gesundheitsbildung' geben recht unterschiedliche Beispiele für angeleitetes Naturerleben.

Karl Kuhn hat versucht, über die originale Begegnung mit dem Sonnenschatten einen Zugang zu der astronomischen Definition der Jahreszeit (Herbst) zu finden. Die Herbstsonne auf dem Rasenstück vor dem Experimentiergarten der Pädagogischen Hochschule wurde Anlaß für eine intensive, Sinne und Denkapparat fordernde Auseinandersetzung. Mit einem Lehmkloß-Modell der Erde gelang es - ganz im Sinne Wagenscheins - den Raum Sonne-Erde real zu erkennen. Der Schatten des Backhäuschen-Schornsteins, der als Zeiger unserer Sonnenuhr diente, wurde zum Wegweiser in eine astronomische Dreidimensionalität.

Das Wahrnehmen und Empfinden von Jahreszeiten ist unserer Zeit weitgehend abhanden gekommen. Von der astronomischen Herbstdefinition kommt man auf die große Bedeutung, die der am Gang der Gestirne vorhersehbare Wechsel der Jahreszeiten für frühere Kulturen hatte. Es ist nicht verwunderlich, daß Astronomie und religiöser Kult oft ineinanderflossen und daß größte kulturelle Anstrengungen mit astronomischen Erfahrungen und Beobachtungen verknüpft waren. - Man denke nur an die gewaltigen Bauwerke der Megalith-Kulturen - von Ziel und Ausmaß durchaus den modernen Elektronensynchrotronen vergleichbar. Ein letzter Abglanz der großen Bedeutung der Astronomie im Leben jedes einzelnen sind heute die Astrologie und das Horoskop in der Boulevardzeitung.

Unsere Sinne und unsere sinnliche Wahrnehmung werden im allgemeinen von dem Gesichtssinn dominiert. Durch Ausschalten des optischen Sinnes kann man gezielt andere Sinneseindrücke in den Vordergrund rücken, die sonst unserem Bewußtsein leicht entgehen können, z.B. den Geruchssinn. Da die Medien - sie werden ja auch oft mit 'audiovisuell' apostrophiert - diesen Sinn aussparen müssen, kommt Erlebnissen, die von Duftwahrnehmungen begleitet sind, eine besondere Authentizität zu. Karl Schilke hat bei seiner Anleitung mit solchen 'Duftoffenbarungen' am Beispiel duftender Pflanzen und Pflanzenteile experimentiert.

Es wurde schon darauf hingewiesen, daß Naturerlebnisse sehr viel mit Landschaft zu tun haben. Zwar sind sie fast überall, auch auf Müllplätzen oder sogar in geschlossenen Räumen möglich, doch gibt es zweifellos Orte, an denen man sich einer intensiven Naturbegegnung kaum entziehen kann. Ein solcher Ort ist das Nordfriesische Wattenmeer, ein Lebensraum zwischen Meer und Land, eine Landschaft der Extreme und der extremen Eindrücke: Der unendliche Horizont, die beherrschende Stellung des Himmels mit seinen Wolkenlandschaften, deren rascher Wechsel die spiegelnden Wattenflächen in Minuten von düsterem Graubraun in spiegelndes Silberblau verwandeln kann. Ein guter Platz, um grundsätzliche Überlegungen anzustellen, die auf Sinn und Ziele des Naturerlebens gerichtet sind. Boje Maaßen ist an der Westküste Schleswig-Holsteins zuhause. Gelernter Schlachter und dann - wie er selber sagt: um wiedergutzumachen - dem Studium der Pädagogik, der Biologie und der Philosophie zugewandt, zeigt er in seinem Beitrag, daß Naturerlebnisse Reflexion und Nachdenken nicht ersetzen, sondern anstoßen sollen.

Willm Prasse war beobachtender Teilnehmer der Tagung 'Sinnliche Wahrnehmung - Körperbewußtsein - Gesundheitsbildung'. Sein Beitrag zu 'Lernen und Naturerleben' setzt die Beobachtungen und Erfahrungen aus dieser Tagung in Beziehung zu einem Vorverständnis, das von einer neuen Form des Lernens angesichts der ökologischen Krise ausgeht. Prasse plädiert für den Umweg, den gewundenen Pfad zieht er der Schnellstraße vor. Sein Plädoyer für das Lernen in Schleifen und Mäander deutet an, daß nicht nur Bäche renaturiert werden können, auch für Lernwege kann man eine ökologische Regeneration fordern.

So unterschiedlich die Wege über das Naturerlebnis zum Mitweltbewußtsein sein können, so sollen sie doch alle helfen, über eine Öffnung der Sinne Seele *und* Geist oder Empfinden *und* Bewußtsein zu erreichen. Ausgehend von sinnlicher Naturerfahrung soll so eine neue Sinngebung des Lebens ermöglicht werden.

Wir (W. Probst u. W. Janssen) haben versucht, diesen Weg vom Erleben zum Erkennen, von den Sinnen zum Sinn, in ein einfaches Schema zu fassen. Die Darstellung zeigt, daß es sich nicht um einen Weg mit einem Anfang und einem Ende handelt, sondern daß Ziel und Beginn miteinander in Wechselwirkung stehen.

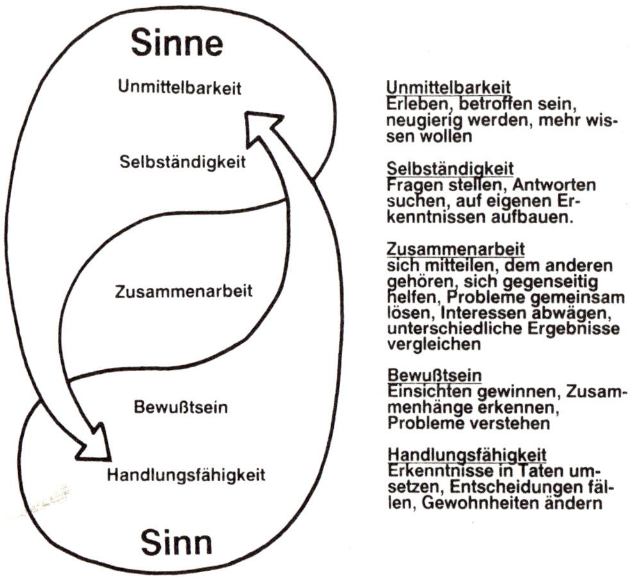

Mit dieser schematischen Darstellung verfolgen wir im übrigen einen sehr praktischen Zweck: Wir haben die Erfahrung gemacht, daß uns das Schema bei der Konzeption von angeleiteten Naturerlebnissen hilft, und wir hoffen, daß auch andere davon profitieren können.

Literatur:

Affemann, R.: Lernziel Leben - Der Mensch als Maß der Schule. (Deutsche Verlagsanstalt) Stuttgart 1976.

Aissen-Crewett, M.: Sinnliches Wahrnehmen. Musisch-ästhetische Erziehung in der Grundschule. 11. Folge. In: Grundschule, H. 5, 1990, S. 46-49.

Berck, H., Sarosta, B.: Lernorte außerhalb der Schule. Bericht der Arbeitsgruppe. In: Killermann, W., Staeck, L. (Hrsg.): Methoden des Biologieunterrichts. (Aulis) Köln 1990.

Gierer, A.: Die Physik, das Leben und die Seele. (Piper) München/Zürich 1988[4].

Harvey, T.: The Sequoias of Yosemite National Park. Yosemite Assiciation, Yosemite National Park. California 1988[3].

v. Humboldt, A.: Kosmos. Entwurf einer physischen Weltbeschreibung. (Cotta) Stuttgart und Augsburg, 2. Band 1847.

v. Humboldt, A.: Ansichten der Natur mit wissenschaftlichen Erläuterungen. (Franz Greno) Nördlingen 1986.

Janssen, W.: Naturerleben im Watt. In: Hahne, U. (Hrsg.): Natur im Watt erleben. Bildungs- und Öffentlichkeitsarbeit im Nationalpark Schleswig-Holsteinisches Wattenmeer. Flensburger Regionale Studien Bd. 3, S. 13-29. Flensburg 1990.

Janssen, W.: Naturerleben. Basisartikel in: Unterricht Biologie 12, Heft 137, S. 2-7. 1988.

Janssen, W., Trommer, G.: Wald erleben. In: Unterricht Biologie 12, Heft 137, S. 39-44. 1988.

Kükelhaus, H., zur Lippe, R.: Entfaltung der Sinne. (fischer alternativ) Frankfurt 1986.

Maturana, H.R., Varela, F.J.: Der Baum der Erkenntnis. Wie wir die Welt durch unsere Wahrnehmung erschaffen - die biologischen Wurzeln des menschlichen Erkennens. (Scherz) Bern, München, Wien 1987[2].

Meyer-Abich, A.: Alexander von Humboldt. (Rowohlt) Hamburg 1967.

Meyer-Abich, K.-M.: Wege zum Frieden mit der Natur. (Hanser) München 1984.

Nachtigall, W.: Unbekannte Umwelt. Die Faszination der lebendigen Natur. (Hoffmann und Campe) Hamburg 1979.

Pflug, C.: Was ist eigentlich Biographiearbeit? In: Flensburger Hefte, Heft 31, S. 6-8. Flensburg 1990.

Probst, W.: Kann man lernen, mehr zu erleben? Gedanken zu Naturerlebnissen, ökologischem Bewußtsein und Gesundheitserziehung. In: Das Schullandheim, 149 (1), S. 27-35, 1990.

Tilden, F.: Interpreting our Heritage. (The University of North Carolina Press) Chapel Hill 1977[3].

Trommer, G.: Naturerleben - ein naturwissenschaftlich unmöglicher aber notwendiger Begriff für Umweltbildung. In: Homfeldt, H.G. (Hrsg.): Erziehung und Gesundheit. (Deutscher Studienverlag) S. 200-223, Weinheim 1988.

Vester, F.: Neuland des Denkens. Vom technokratischen zum kybernetischen Zeitalter. (dtv) München 1988[5]

Vollmer, G.: Evolutionäre Erkenntnistheorie. (Hirzel) Stuttgart 1981[3]

Wagenschein, M.: Verstehen lehren. (Beltz) Weinheim 1977.

Winkel, G.: Biologieunterricht sollte auch Naturerlebnis sein. In: biologica didactica 1, 1982.

Winkel, G.: Normenbildung und Phänomene im Rahmen der Freilandbiologie. In: Hedewig, R., Knoll, J. (Hrsg.): Biologieunterricht außerhalb des Schulgeländes. (Aulis) Köln 1985.

Karl Schilke

2. Immer der Nase nach

Es ist unbestritten, daβ der Geruchssinn für uns eine viel gröβere Bedeutung hat, als dies in unserer vorwiegend durch audio-visuelle Eindrücke geprägten Zeit scheinen mag. Gerade, da die Medien in der Regel den Geruchssinn aussparen, bekommt ein Ereignis durch seine Geruchs- und Geschmackskomponente eine besondere Authentizität. Auch in der Erziehung und in der Schule sollten deshalb entgegen den derzeitigen Schulbüchern und Richtlinien Düfte und die Bedeutung des Geruchssinns stärker beachtet werden. Vor allem drei Punkte verdienen es, besonders hervorgehoben zu werden:

a) Die kosmetische Industrie, die Nahrungsmittelbranche und zahlreiche andere Bereiche sprechen den Geruchssinn an. Viele Produkte werden künstlich parfümiert. Über den Duft als 'Sympathieträger' wird eine Beziehung zwischen Produkt und Käufer(in) hergestellt. In diesem Zusammenhang können auch Geschäfte genannt werden, in denen Zutaten für selbstgemachte Kosmetika von Jugendlichen erworben werden können.

b) Es gibt eine enge Beziehung zwischen dem Geruchssinn und menschlicher Erinnerung. Bereits relativ junge Babys können den Geruch ihrer Mutter von einem anderen Geruch unterscheiden, wie kürzlich bewiesen wurde (SCHLEIDT und GRENZEL 1990). Die Gerüche der Kindheit ('Jetzt duften Honig, Zimt und Mandelkern!') bleiben haften, so daβ ein später manchmal flüchtig wahrgenommener Geruch Erinnerungen weckt.

c) Geruchsempfindungen sprechen Gefühle an. Zu anderen Menschen werden Sympathien und Antipathien über Gerüche aufgebaut. Zwar hat der Geruchssinn, wenn man von Extremsituationen absieht (verdorbene Nahrungsmittel), heute meist keine existentielle Bedeutung (wie es noch bei vielen Tieren der Fall ist), aber Beziehungen zwischen Menschen werden erheblich durch ihn beeinfluβt (s. zwei Kap. über Geruchssinn in MAELICKE 1990).

Es lohnt sich also, diesen oft verkannten Sinn wiederzuentdecken und wiederzubeleben. Es geht dabei um Wahrnehmungsübungen, auch um Empfindungen, um kleine Ausflüge in das Reich der Düfte. Man kann mit kinderleichten Unterscheidungen beginnen: Duftwässer selbst herstellen und schließlich sogar die Parfümessenzen selbst destillieren.

2.1. Schnupperschachtel

Den Teilnehmer(inne)n werden Materialien gezeigt. Einen kleinen Karton mit verschiedenen Geruchsproben kann die/der Anleiter(in) für die Klasse oder ein Kind für ein anderes Kind vorbereiten.

In Marmeladengläser, die seitlich dicht geklebt sind, oder in Filmdöschen werden Proben von Pflanzen oder auch Gewürzen gegeben, die nur mit dem Geruchssinn bestimmt werden sollen: Knoblauch, Zimt, Rosenöl, Proben aus asiatischen Läden und aus der Drogerie, Räucherkegel etc.

2.2. Duftwässerchen aus Pflanzen

Eau-de-Cologne-Vorstufen können kinderleicht gewonnen werden; es sind angenehm riechende, aber leicht sich verflüchtigende Wässerchen, wie man sie früher nutzte: "Nachbarin, Euer Fläschchen!"

Lavendelblüten und -blätter und Zitronen, unvergällter 96%iger Alkohol und Getreidekorn (fast ohne Eigengeruch) werden bereitgestellt.

Der Lavendel wird zerkleinert, in Glaskolben gegeben und mit Alkohol übergossen. Die Zitronen werden geschält und die Schalen kleingeschnitten, ebenso in Kolben mit Alkohol bedeckt. Diese Kolben bleiben stehen. (Hinweis: Man kann sie auf einer Schüttelmaschine schütteln, dann geht's schneller.)

Nach etwa einer Stunde kann sich jede(r) Teilnehmerin ihr(sein) eigenes Duftwässerchen kreieren, indem sie(er) aus den Lavendel- und Zitronenauszügen kleine Mengen mittels Pipette und Glasstab in Probengläschen eingibt.

Mehrere Teilnehmer(innen) fanden heraus, daß das Bukett erst 'kam', nachdem sie den konzentrierten Alkohol in Gläschen tropfenweise mit Wasser verdünnten.

Wir haben dann gemeinsam überlegt, daß Düfte auch aus anderen Pflanzen herauszuziehen sind und für welche Gruppen das Vorhaben geeignet ist, z.B. für Volkshochschulkurse und das Haus der Familie.

2.3. Der Duft frischer Küchenkräuter

Aus einem Garten bzw. vom Wochenmarkt sind etwa zehn verschiedene Küchenkräuter besorgt worden und liegen in je einem Tütchen bereit: Pfefferminze, Majoran, Petersilie, Schnittlauch, Pimpinelle, Zitronenmelisse, Salbei u.a.

Für jede(n) Teilnehmer(in) gibt es eine Augenbinde.

Im Freien, wo unsere Nasen nicht so schnell 'zu' werden wie im Raum, stellen wir uns dann im Kreis auf, wobei die Augenbinden angelegt sind. Nun werden die Küchenkräuter langsam im Kreis herumgegeben. Jede(r) kann sie nacheinander beschnuppern und betasten, auch einmal durch Zerquetschen eines Blattes den Duft mehren. Wie lautet sein Name, und wie war die Reihenfolge?

Nachdem die Runde nach und nach die Augenbinden abgelegt und sich langsam an die Helligkeit gewöhnt hat, werden Namen genannt, bestätigt und verworfen. Dann betrachten wir gemeinsam die in der Reihenfolge ausgelegten Pflanzen und besprechen Auffälligkeiten und Verwechslungsmöglichkeiten. Es zeigt sich hierbei, wie individuell Gerüche wahrgenommen werden.

Anschließend überlegen wir dann, in welchen Zusammenhängen diese Aktivität nutzbar gemacht werden kann:

- für das Training der Sinne,
- für das Thema Heilkräuter und Frühlingssalat,
- für den menschenkundlichen Unterricht,
- für Futterpflanzen von Bienen oder
- für die Schönheit von Kräutern.

2.4. Wo steht die Pflanze, die so riecht, wie...?

Aus dem PH-Schulgarten sind stark duftende Teile von sechs Pflanzenarten entnommen und, nach Arten getrennt, in Baumwolltragebeuteln untergebracht worden, die durch die Trageschlaufen zugeknotet sind. So kann man die Pflanzenteile zwar tasten, pressen, den Geruch wahrnehmen, aber nicht sehen. Von den Pflanzenteilen von Wermut, Tomate aus dem Gewächshaus, Borretsch, Fenchel, Rettich riechen einige angenehm, andere unangenehm.

Die Teilnehmer(innen) erhalten den Auftrag, den Garten zu durchschnuppern, d.h. also immer wieder Pflanzenteile abzureißen und deren Duft mit jenem aus dem Beutel zu vergleichen.

Zum Schluß streifen wir mit der ganzen Gruppe durch den Garten und benennen die Pflanzen; die Teilnehmer(innen) kennen die meisten Pflanzen als Gemüse oder als Würz- und Heilpflanze. Für manche(n) ist wohl erstaunlich, wie stark Tomatenblätter riechen, während Tomaten fast geruchlos aus dem Laden kommen. Manche(r) kommt auf eine Pflanze auch über Erinnerungen an Mahlzeiten oder Erlebnisse.

2.5. Destillation von Duftölen

Wenn man mit den, wie im zweiten Abschnitt beschrieben, gewonnenen alkoholischen Duftwässerchen nicht zufrieden ist, weil sie zu leicht flüchtig sind, kann man die aetherischen Öle auch aus Pflanzen herausdestillieren. Dies geschieht traditionell in der Provence, aber auch bei uns für Parfums aus Hölzern (sog. terpenoide Verbindungen).

Hierzu wird den Teilnehmer(inne)n ein Destillationsapparat aus zwei Rundkolben und einem Rückflußkühler gezeigt und der Umgang mit dem Apparat erklärt.

Es bleibt festzuhalten, daß sich das Vorhaben für höhere Klassen und Projektwochen eignet, wie von M. MINSSEN beschrieben (1986, S. 65 f). In diesem Falle konnte die Projektgruppe abschließend die Duftöle auf dem Wochenmarkt anbieten.

2.6. Wahrnehmen kleiner Duftmengen

Manche Tiere, wie Schmetterlinge und Hunde, sind in der Lage, sehr kleine Mengen von Duftstoffen wahrzunehmen. Gilt das auch für die Menschen?

In emaillierten Eimern sind von einem Parfum sehr kleine Mengen mittels einer selbstgezogenen Pipette in Wasser eingebracht worden. Ein Eimer enthält 0.01 ml des Parfums in 10 l Wasser, ein anderer Eimer 0,1 ml in 10 l Wasser, und der dritte Eimer enthält nur Wasser. Die Teilnehmer(innen) werden dann aufgefordert, riechend zu ermitteln, welcher Eimer welche Konzentration enthält.

Das Ergebnis ist, daβ sämtliche Teilnehmer(innen) die Verdünnung von 1:1 Million herausfinden können, mithin 1 ppm 'auswittern' (allerdings dürften ölige Parfumteile an der Wasseroberfläche schwimmen, weswegen die Verdünnung nicht präzis ist). Es wird besprochen, daβ die Schwellen bei einigen Stoffen noch viel niedriger liegen, etwa bei der Buttersäure.

2.7. Warum immer der Nase nach?

Den Teilnehmer(inne)n an den beschriebenen Aktivitäten werden interessante Dufterlebnisse vermittelt: Offensichtlich macht es Freude, altbekannte und neue Düfte aufzunehmen und sich darüber mit anderen Gruppen auszutauschen. Auf diese Weise wahrnehmend und sprechend wird die Kenntnis über verschiedene Düfte und ihre Gewinnung vermehrt.

Aus dem Haus- und Schulgarten und Freiland werden duftende Pflanzen verwendet, daneben auch Pflanzen fremder Länder. Sie alle repräsentieren Interessantes und Schönes aus der menschlichen Umwelt, und die Vielfalt der pflanzlichen Düfte weist auf unterschiedliche Nutzungsmöglichkeiten für die Verbreitung von Wohlgerüchen, für das Würzen und das Heilen hin.

Literatur

Zwischen den Teilnehmer(inne)n entwickelte sich ein recht aktiver Austausch über Literatur. Die folgende Liste umfaβt nur eine Auswahl.

Beck, J., Wellershoff, H.: SinnesWandel. Die Sinne und die Dinge im Unterricht. Frankfurt/M.: Scriptor, 1989.

GEO, Nr. 4, April 1987 (Die Partitur der Düfte).

GEO, Nr. 3, März 1988 (Die Botschaft der Blüten).

MAELICKE, A. (Hrsg.): Vom Reiz der Sinne. Weinheim: VCH, 1990.

Märtens, H.: Duft- und Tastpflanzen. Entwurf einer Aktivität (Flensburg, pers. Mitt.).

Minssen, M.: Der sinnliche Stoff. Stuttgart: Klett-Cotta, 1986.

Probst, W.: Parfüm aus Pflanzen. UB, H. 90, Febr. 1984, S. 16-20.

Schleidt, M. und Genzel, C.: Zuwendung zum mütterlichen Geruch bei Säuglingen. Holzminden, dragoco report 4, 1990, S. 139-147.

Süskind, P.: Das Parfüm. München: Diogenes, 1985.

Karl Kuhn

3. Naturbeobachtungen im Herbst

Bunt sind schon die Wälder.....

Schönheit und Fülle des Herbstes werden in vielen Liedern und Gedichten gepriesen. Maler haben versucht, die Farbenpracht dieser Jahreszeit einzufangen, und die 'Zeit der Reife und der Ernte', die dem todbringenden Winter vorangeht, dient zu vielfältigen Allegorien und Gleichnissen.

Im Gegensatz zu früheren Zeiten spielen heute in unserer Wirklichkeit Jahreszeiten nur noch eine untergeordnete Rolle. Früher waren sie für den Lebensrhythmus so wichtig wie Tag und Nacht. Der Lebensablauf im folgenden Jahr wurde z.B. wesentlich von der Ergiebigkeit der herbstlichen Ernte bestimmt. Vorhersagen von Jahresverlauf und jahreszeitlich bedingten Ereignissen und Regeln waren eine wichtige Voraussetzung für die Entstehung von Ackerbaukulturen und damit grundsätzlich für die Entwicklung der Hochkulturen.

Mit dem Beobachten der Sonne soll versucht werden, sich dem Thema: 'Naturwahrnehmung, Umweltverständnis und Mitweltbewußtsein' anzunähern. Der Gang der Sonne bestimmt den Tages- und Jahresverlauf, so daß es zur Zeit der Tag- und Nachtgleiche am 23. September naheliegt, sich mit der Beobachtung der Sonne und den Überlegungen zur Konstruktion einer Sonnenuhr zu beschäftigen.

Von der Sonnenbeobachtung zur Sonnenuhr

1. Theoretischer Teil

In strengem Rhythmus wechseln in unseren nördlichen Breiten Tag und Nacht, Frühjahr, Sommer, Herbst und Winter. Doch inmitten einer hochtechnisierten Welt mit taghell erleuchteten Straßen und Häusern nehmen wir den Sonnenaufgang und Untergang und den täglichen Lauf der Sonne am Himmel kaum mehr wahr, geschweige denn, daß wir unseren Lebensrhythmus danach richten. Selbst der Wechsel der Jahreszeiten wird uns in vollklimatisierten Büroräumen und Wohnhäusern mit thermostatengesteuerten Heizungen oft nur noch auf dem Weg vom Parkplatz zum Büro bewußt.

1.1. Geschichtlicher Rückblick

Der Kalender

Wie wir aus sicheren Quellen wissen, haben die Menschen in grauer Vorzeit den Lauf der Sonne, des Mondes und der Gestirne sehr genau beobachtet. Der Tages- und Jahreslauf wurde bestimmt. Kalender wurden aufgestellt, um den Zeitpunkt von Saat und Ernte festzulegen. Beispiele dafür finden sich auf der ganzen Welt. Berühmt sind z.B. die kreisförmig aufgestellten Steine von Stonehenge in England. Sie sind so angeordnet, daß man den Zeitpunkt der Tag- und Nachtgleiche (Äquinoktien) im Frühling und Herbst sowie die Sommer- und Wintersonnwende bestimmen konnte. Selbst Mondfinsternisse konnten auf 50 Jahre vorausgesagt werden. Weiterhin sind die treppenartigen Sonnenuhren in Mesopotamien, die Sonnenpyramiden in Mexiko und die behauenen Steine auf Machu Picchu in Peru zu nennen.

Die astronomischen Kenntnisse ermöglichten, daß genaue Kalender aufgestellt werden konnten. Eine Knospe war bei den Ägyptern die Hieroglyphe für das Wort Jahr. Sie zählten die Jahre von Ernte zu Ernte. Sie hatten beobachtet, daß die Nilüberschwemmungen immer dann eintraten, wenn der hellste Stern des Himmels, der Sirius, zusammen mit der Sonne aufging. So erfanden sie den ersten Sonnenkalender mit 365 Tagen. Das Jahr umfaßte 12 Monate mit 30 Tagen und 5 zusätzlichen Tagen. Der einzige Nachteil dieses genauen Kalenders war, daß kein Schaltjahr vorgesehen war, so daß es im Laufe der Zeit zu beträchtlichen Zeitverschiebungen kam.

Die mesopotamischen Astronomen waren führend in ihrer Wissenschaft. So konnten sie im 8. Jahrhundert vor Christus auf Grund der genau registrierten Sonnenfinsternisse das Sonnenjahr auf 365,249 Tage berechnen. Es gelang, das Verhältnis der Tage im Mondmonat und Sonnenjahr festzulegen.

Die Griechen hatten bis zum 2. Jahrhundert vor Christus verschiedene Mondkalender. Das Sonnenjahr wurde im 2. vorchristlichen Jahrhundert eingeführt. Erst von dieser Zeit an waren sie in der Lage, den Zeitpunkt der Sommersonnwende exakt zu bestimmen. Die

Römer verfügten erst seit 159 vor Christus über eine genaue Sonnenuhr. Sie kannten nur sehr allgemeine Zeitangaben. In der Zeit vor Cäsar galt der alte Kalender mit dem 10-monatigen 'Jahr des Romulus'. Dieser Kalender wurde vermutlich unter der Regierung von Tarquinius auf 12 Monate erweitert. Schaltmonate wurden in Abhängigkeit von politischen Wahlen eingeführt und brachten schließlich den Kalender so durcheinander, daß Julius Cäsar am 1. Januar 45 vor Christus einen neuen Kalender einführte mit 365 Jahrestagen nach ägyptischem Vorbild. Alle vier Jahre wurde im Februar ein Schalttag eingeführt. Der Julianische Kalender wurde 1582 von der Kalenderreform des Papstes Gregor XIII. abgelöst.

Den genauesten Kalender entwickelten die Maya. Sein Ursprung ist nicht genau bekannt. Es gibt Hinweise, daß schon im ersten Jahrtausend nach Christus ein genauer Mondkalender existierte, der für den Maisanbau wichtig war, denn in den tropischen Gebieten der Erde unterscheiden sich die Jahreszeiten sehr viel weniger als im außertropischen Bereich. Im 2. Jahrtausend nach Christus entwickelten die Maya-Priester einen Kalender, der einen Zeitraum von 63 Millionen Jahren umfaßte. Die Kalenderrechnung war so genau, daß für den Zeitraum von 374 440 Jahren kein Schalttag notwendig war. Die Maya-Priester rechneten den spanischen Eroberern vor, daß der Julianische Kalender einen Zeitrechnungsfehler von etwa 10 Tagen enthielt.

Sonnenuhren

Die einfachste Sonnenuhr ist die Horizontaluhr. Der Zeiger ist ein senkrecht stehender Stab, der Gnomon. Das Wort Gnomon kommt aus dem Griechischen und heißt 'Weiser'. Die Spitze des Gnomons wird als Schatten auf eine ebene Fläche projiziert. Aus der Richtung und Länge des Schattens und seiner täglichen Bahn läßt sich nicht nur die Tageszeit, sondern auch die Jahreszeit ablesen. Der Zeitpunkt der Tag- und Nachtgleiche im Frühjahr und Herbst sowie die Sommer- und Wintersonnwende läßt sich genau bestimmen.

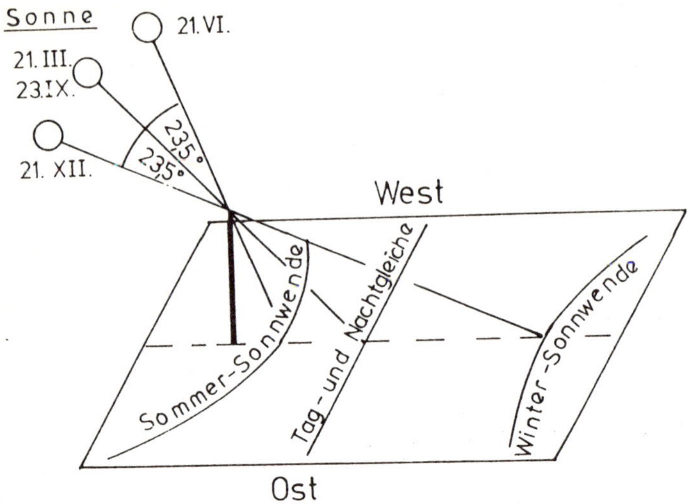

Abb. 1. Horizontaluhr mit senkrecht stehendem Zeiger.
Der Verlauf der Tageslinien des Schattens der Zeigerspitze ist eingezeichnet. Zur Zeit der Sommer- und Wintersonnwende werden zwei Hyperbeln abgebildet. An der Tag- und Nachtgleiche im Frühjahr und Herbst verläuft der Schatten als Gerade genau von West nach Ost.

Die ägyptischen Obeliske waren Horizontaluhren. Sie trugen an ihrer Spitze eine kleine Pyramide, die mit Kupfer und Gold verkleidet war. Berühmt ist der Obelisk des Sesostris, der um 1 800 vor Christus in Ägypten aufgestellt wurde und über fast zwei Jahrtausende die Zeit angezeigt hatte. Augustus transportierte den Obelisk nach Rom und ließ ihn auf dem Marsfeld aufstellen. Er diente als öffentliche Uhr. Das Zifferblatt mit der Zeiteinteilung war in die Steinplatten des Platzes eingemeißelt und ist zum Teil heute noch erhalten. Auch in China wurden senkrecht stehende Stäbe oder Säulen zur Zeitmessung aufgestellt. Sie waren bei weitem nicht so hoch wie die ägyptischen

Obeliske. Die ältesten Berichte aus dem fernen Orient gehen auf einen Gnomon aus dem 11. Jahrhundert vor Christus zurück.

Es würde zu weit führen, wenn wir alle verschiedenen Typen von Sonnenuhren hier aufführen würden, die im Laufe der Jahrtausende erfunden wurden. Nach der Antike lebte der Sonnenuhrenbau in Europa in der Renaissance erneut auf und gelangte zu einer Blüte, in der kunstvolle Sonnenuhren konstruiert wurden. Auch tragbare Taschensonnenuhren wurden erfunden. Wer glaubt, daß mit der Erfindung der Räderuhr die Sonnenuhr abgelöst wurde, täuscht sich. Die Räderuhren gingen sehr ungenau, und man mußte sie immer wieder neu stellen. Dazu verwendete man nach wie vor Sonnenuhren. Mit der Zeit wurden die Sonnenuhren auf die sogenannten Mittagsweiser reduziert, die nur noch die Mittagszeit anzeigten, was zum Stellen der Uhren genügte. In Frankreich wurden bei verschiedenen Eisenbahngesellschaften bis 1900 sogenannte Heliochronometer verwendet. An Hand von Tabellen wurden die Zeitangaben korrigiert, so daß die Ergebnisse bis auf wenige Minuten genau waren.

Im folgenden soll nur die Äquatorial-Sonnenuhr näher behandelt werden, da sie am besten dazu geeignet ist, die Bewegung der Sonne im Tages- und Jahreslauf zu verstehen. Das besondere an der Äquatorial-Uhr ist, daß sowohl das Zifferblatt als auch der Zeiger in idealer Weise ausgerichtet sind, so daß die Stunden und die Jahreszeiten einfach abzulesen sind. Wie der Name schon vermuten läßt, liegt die Ebene des Zifferblattes genau in der Ebene des Himmelsäquators, und der Zeiger ist Nord-Süd ausgerichtet und steht parallel zur Erdachse. Die Stundenlinien schließen einen Winkel von jeweils 15° ein. Das äquatorparallele Zifferblatt ist das einfachste aller Zifferblätter. Alle andern Zifferblätter können aus ihm abgeleitet werden (Abb. 5).

1.2. Astronomische Grundlagen zum Lauf der Sonne

Die Erde dreht sich einmal täglich von West nach Ost um ihre Achse. Wir erleben dies im Wechsel von Tag und Nacht und sehen die gegenläufige Bewegung von Sonne, Mond und allen Sternen am Himmelsgewölbe.

Die Erde vollführt noch eine zweite Bewegung. Im Laufe eines Jahres, genau in 365,2422 Tagen, umkreist sie in einer elliptischen Bahn die Sonne, die in einem der beiden Brennpunkte steht (Abb. 2). Die

Erdachse bildet mit der Ebene der Ellipse einen Winkel von 23° 27', den sie auf ihrer Bahn beibehält.

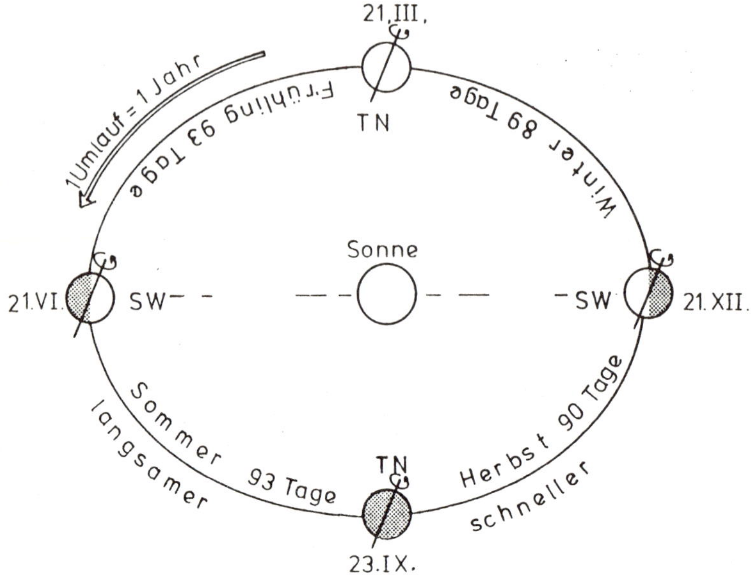

Abb. 2. Jahresumlauf der Erde um die Sonne.
Die Erde umkreist auf einer ellipsenförmigen Bahn im Laufe eines Jahres die Erde. Die Sonne steht in einem der beiden Brennpunkte der Ellipse. Nach dem Keplerschen Gesetz werden in gleichen Zeitabschnitten gleiche Flächen der Ellipse überstrichen, deshalb verändert sich die Umlaufgeschwindigkeit der Erde im Laufe eines Jahres.
SW = Sonnwende, TN = Tag- und Nachtgleiche.

Aus den oben genannten Daten ergeben sich wesentliche Folgen für den Jahreslauf. Vier markante Punkte bestimmen das Jahr: Die Tag- und Nachtgleiche im Frühling und Herbst und die Sonnwende im Sommer und Winter.

Betrachten wir zunächst die Zeit der Tag- und Nachtgleiche. Wie schon die Namen erkennen lassen, ist es an diesen beiden Tagen, den Äquinoktien, überall auf der ganzen Erde 12 Stunden lang Tag und 12

Stunden lang Nacht. Die Sonne geht nach Ortszeit genau um 6.00 Uhr im Osten auf und um 6.00 Uhr im Westen unter.

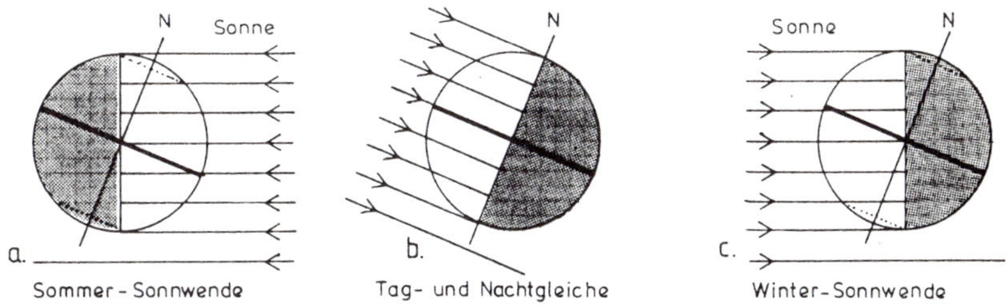

Abb. 3. Beleuchtung der Erde zur Zeit der Sonnwende und der Äquinoktien.
Bei der Tag- und Nachtgleiche fallen die Sonnenstrahlen senkrecht zur Erdachse und parallel zur Äquatorebene ein. Tag und Nacht dauern an jedem Ort der Erde genau 12 Stunden. Die Sonne geht genau im Osten auf und im Westen unter und läuft entlang dem Himmelsäquator.
Durch die Neigung der Erdachse zur Ebene der Umlaufbahn ist während des Sommers der Nordpol im Dauerlicht, der Südpol im Dauerdunkel. Im Winter ist es umgekehrt.

Bei unseren weiteren Überlegungen gehen wir davon aus, daβ die Sonne so weit von der Erde entfernt ist, daβ ihre Strahlen parallel auf der ganzen Erdhalbkugel einfallen. Weitet man die Äquatorialebene der Erde auf das Himmelsgewölbe aus, dann ergibt sich, daβ an den Äquinoktien die Sonnenbahn entlang dem Himmelsäquator führt. Das Licht fällt senkrecht auf den Äquator und zur Zeit des Sonnenhöchststandes steht die Sonne im Zenit. An den Äquinoktien wandert am Äquator der Schatten der Spitze eines senkrechten Stabes im Laufe eines Tages genau der Äquatorlinie entlang. An jedem andern Ort der Erde wandert der Schatten einem Breitenkreis entlang. Auf der Nordhalbkugel liegt der Schatten nördlich, auf der Südhalbkugel südlich des Stabes. Der Sonnenhöchststand ergibt sich für jeden beliebigen Ort der Erde aus dem Ergänzungswinkel zur geographischen Breite (90° - Phi).

Völlig anders sind die Verhältnisse zur Zeit der Sonnwende (Abb. 2 und 3). Hier macht sich die Neigung der Erdachse zur Ebene der Jahresellipse der Erdbahn (23° 27') bemerkbar. Bei der Sommersonnwende geht nördlich des Polarkreises (90° - 23° 27' = 66° 33') die Sonne den ganzen Tag nicht unter. Am südlichen Polarkreis geht sie den ganzen Tag nicht auf. Am Wendekreis des Krebses (23° 27'), der Nordgrenze der Tropen (von griechisch: wenden), steht die Sonne an diesem einen Tag im Jahr mittags im Zenit. - Bei der Wintersonnwende ist es gerade umgekehrt.

2. Praktischer Teil

2.1. Wir beobachten die Bewegung der Sonne zur Zeit der Tag- und Nachtgleiche

Material:
1 Stab aus Holz oder Metall, 1,5 - 2 m lang
(bei hartem Untergrund Ständer für den Stab, z.B. Christbaumständer oder ähnliches)
15 - 20 Pflöcke, ca. 30 cm lang (z.B. angespitzte Dachlatten)
nur bei Rasen, sonst Wandtafelkreide
1 Knäuel Schnur
1 Styroporkugel, Ball oder ähnliches
1 Beil (nur bei Rasen).

Um den Weg der Sonne am Himmel zu beobachten, wählen wir einen freien, ebenen Platz aus, der den ganzen Tag über besonnt ist. Es ist gleichgültig, ob der Untergrund gepflastert, asphaltiert oder ein kurzgeschnittener Rasen ist.

Die Bewegung der Sonne. Bestimmung der Ost-West-Richtung.
Wir stellen einen etwa 2 Meter langen Stab auf, der bei weichem Untergrund direkt in den Boden gesteckt wird, bei hartem Untergrund kann er z.B. in den Ständer eines Sonnenschirms eingespannt werden. Die Sonne zeichnet den Schatten des Stabes auf dem Boden ab. Zu jeder halben oder vollen Stunde markieren wir die Stelle am Boden,

auf der die Spitze abgebildet wird, sei es mit Kreide oder mit einem Stock, der in den Boden gesteckt wird (Abb. 1).

Um gute Ergebnisse zu bekommen, sollte die Beobachtung morgens spätestens gegen 10 Uhr begonnen und bis nachmittags drei oder vier Uhr weitergeführt werden. Es ist sehr eindrucksvoll, wenn der Versuchsleiter die ersten Marken schon zwischen 7 und 8 Uhr setzt, wenn die Schatten noch sehr, sehr lang sind.

Ergebnis: Die markierten Punkte liegen auf einer Geraden, die genau von West nach Ost verläuft. Die Stundenabstände sind am frühen Morgen sehr groβ. Sie sind gegen Mittag am kleinsten und nehmen gegen Nachmittag und Abend wieder zu.

Auswertung

Ost-West-Richtung

Unabhängig davon, in welchen Zeitabständen die Bahn des Schattens unseres Stabs markiert wurde, ergibt sich, daβ alle Punkte auf einer Geraden liegen. Dies wird verständlich, wenn wir uns an Hand eines Modells den Weg der Erde um die Sonne im Jahreslauf klar machen. Wir heben dabei auf die markanten Daten der Sommer- und Wintersonnwende und der Tag- und Nachtgleiche zu Frühjahrs- und Herbstbeginn ab (Abb. 2).

Als Modell eignet sich z.B. eine Styroporkugel oder auch ein runder Kohlkopf mit einem Schaschlikstäbchen als Erdachse. Ein Teilnehmer stellt die Sonne dar, ein anderer bewegt sich mit dem Erdmodell um die Sonne. Dabei bleibt die schräge Stellung der Erdachse erhalten.

Besonderer Wert wird darauf gelegt zu zeigen, wie die Erde zur Zeit der Sonnwenden und der Äquinoktien beleuchtet wird. Durch Drehen der Erde wird an diesen Punkten ein Tagesgang modellhaft dargestellt.

Stecken Sie ein Streichholz zur Veranschaulichung unseres Stabes in das Modell, und machen Sie deutlich, daβ sein Schatten an den Äquinoktien einen Kreisbogen auf der Erdoberfläche beschreibt, der parallel zum Äquator liegt. Es wird ein Breitenkreis abgebildet.

Die Horizontal-Sonnenuhr

Indem wir unseren Stab als Gnomon senkrecht aufgestellt haben, haben wir schon eine Sonnenuhr gebaut. Der waagerechte Boden ist das Zifferblatt, auf dem wir im Abstand von je einer Stunde den Schatten der Spitze unseres Gnomons markiert haben. Sollte uns noch die eine oder andere Zeitmarke fehlen, dann kann sie an den zwei oder drei folgenden Tagen gesetzt werden, da sich der Sonnenstand an den Äquinoktien von Tag zu Tag nur wenig ändert.

Um das ganze Jahr über die Zeit ablesen zu können, müssen wir das Zifferblatt ergänzen. Es ist sinnvoll zu Beginn eines jeden Monats den Lauf der Sonne zu beobachten. Auf jeden Fall aber sollten die Bahnen an der Winter- und Sommersonnwende festgehalten werden. Mit Ausnahme an den Äquinoktien wird der Lauf der Sonne am Boden als Hyperbel abgebildet (Abb. 1).

Der Nachteil der Horizontaluhr ist, daß der Abstand von Stunde zu Stunde unterschiedlich ist. Am frühen Morgen und späten Abend sind die Abstände so groß, daß man sie gar nicht mehr messen kann. Dieses Problem wird durch die Äquatorialuhr gelöst, wie wir später sehen werden.

Auf manchen Schulhöfen ist es gar nicht notwendig, einen Gnomon aufzustellen. Oft steht die Fahnenstange oder eine Lampe so geschickt, daß man sie direkt als Gnomon verwenden kann und die Zeitskala nur am Boden aufzuzeichnen braucht.

2.2. Wir bauen eine Äquatorialuhr

Material:
1 Fahrradfelge
1 Rundeisen, Durchmesser 8 - 10 mm, Länge ca. 1,5 m (Baumarkt)
1 Dachlatte, ca. 1 Meter lang
2 Dachlatten, Länge ca. 90 cm
1 Dachlatte, Länge ca. 70 cm
2 Ringschrauben, 10 - 15 cm lang
2 Rundkopfschrauben, ca. 8 cm lang
2 Drahtstifte
Farbiges Gewebeband (z.B. Tesa) oder Lack

Werkzeuge:
Wasserwaage
Beil
Hammer
Schraubenzieher
Kleine Handsäge
Holzbohrer, Durchmesser entsprechend Rundeisen
Metallbohrer, Durchmesser 3 - 4 mm
Bohrmaschine

Wie schon im theoretischen Teil gezeigt wurde, ist die Äquatorialuhr sozusagen der Prototyp aller Sonnenuhren. Sie hat unter anderem gegenüber der Horizontaluhr den Vorteil, daß die Stundenabstände alle gleich groß sind. Allerdings ist auch der Zeitaufwand für den Bau einer Äquatorialuhr größer als bei der Horizontaluhr mit einem Gnomon als Zeiger.

Wir bestimmen die Nord-Süd-Richtung
Um die Nord-Süd-Richtung zu ermitteln, bedienen wir uns eines Verfahrens, das schon im Altertum von den Indern durchgeführt wurde und bis heute unter dem Namen 'Indische Kreise' bekannt ist.

Um den Fuß des Gnomons als Mittelpunkt ziehen wir mit Hilfe einer Schnur einen Kreis, der so groß ist, daß er die Schattenlinie in den Punkten A und B schneidet. Wir halbieren die Strecke AB und verbinden ihren Mittelpunkt C mit dem Mittelpunkt M des Kreises. Zur Zeit der Äquinoktien liegt die Strecke CM genau in Nord-Süd-Richtung. (Vergleicht man die ermittelte Nord-Süd-Richtung mit einem Kompaß, so stellt man eine deutliche Abweichung fest, da der magnetische Nordpol nicht genau mit dem geographischen Nordpol zusammenfällt. Die Mißweisung des Kompaß, die örtlich verschieden und an Meßtischblättern angegeben ist, muß berücksichtigt werden.)

Himmelsäquator und Richtung der Erdachse
An den Äquinoktien durchläuft die Sonne den Himmelsäquator. Die Lage der Äquatorialebene können wir veranschaulichen, indem wir die Spitze des Gnomons mit den Schattenpunkten am Boden mit einer Schnur verbinden. Peilen wir den Schnüren entlang zum Himmel, dann haben wir den Himmelsäquator im Auge. Führen wir diese Pei-

lung bei Nacht durch, dann können wir bei sternklarem Himmel die Sterne und Sternbilder aufspüren, die auf dem Himmelsäquator liegen und dessen Verlauf markieren. Markante Sterne und Sternbilder in der Nähe des Himmelsäquators sind z.B. die Gürtelsterne (Jakobsstab) im Orion, Prokyon im Kleinen Hund, die Jungfrau, Atair im Adler und die Sternbilder von Wassermann und den Fischen. (Der Himmelsäquator darf nicht mit der Ekliptik oder dem Tierkreis verwechselt werden. Die Ekliptik markiert den Sonnenhöchststand im Laufe eines Jahres. Die Ebene der Ekliptik bildet mit der Äquatorialebene einen Winkel von 23° 27'. Der Großkreis der Ekliptik schneidet sich mit dem Himmelsäquator an den Äquinoktialpunkten am 21. März und 23. September etwa in den Sternbildern von Waage und Widder.)

Das Zifferblatt

Als Zifferblatt verwenden wir die Felge eines Fahrrads. Sie wird, den 24 Stunden eines Tages entsprechend, in 24 gleiche Abschnitte aufgeteilt. Dazu brauchen wir nicht einmal einen Winkelmesser, denn eine Felge hat 36 Bohrungen für die Speichen. Wir markieren mit Lenkerband oder farbigem Lack zunächst jede 3. Bohrung. Wir haben nun ein Zifferblatt mit einer 2-Stundeneinteilung. Wir halbieren die Abschnitte und erhalten die gewünschte Stundeneinteilung. Wir tragen die Stundenlinien von 3 Uhr morgens bis 9 Uhr abends ein, da im Sommer bei uns die Sonne vor 4 Uhr (Ortszeit) und nach 8 Uhr untergeht (Abb. 4).

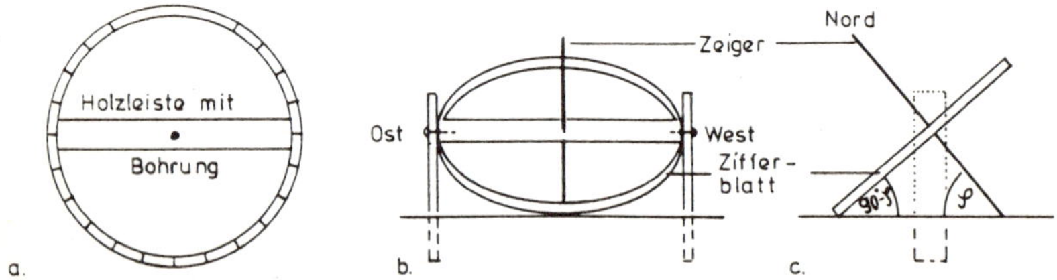

Abb. 4 Konstruktion einer Äquinoktialuhr
a. Fahrradfelge als Zifferblatt mit Stundeneinteilung. Eine Holzleiste dient als Führung für den Zeiger.

b. Das Zifferblatt wird genau in Ost-West-Richtung ausgerichtet. Die Felge wird seitlich an zwei Holzlatten oder an Pflöcken befestigt.
c. Durch Kippen wird das Zifferblatt so ausgerichtet, daß es in der Ebene des Äquators liegt. Der Zeiger weist dann nach Norden und steht parallel zur Erdachse. Er bildet zur Horizontalen den Winkel der geographischen Breite.

Als Halterung für den Zeiger passen wir eine Dachlatte so in die Felge ein, daß die Enden des Holzes bei den Ziffern 6 und 18 stehen. Dann bohren wir genau in der Mitte der Dachlatte, was dem Mittelpunkt der Felge entspricht, ein Loch mit dem Durchmesser des Zeigers. Die Dachlatte wird so in die Felge eingespannt, daß die beiden Enden auf den Ziffern 5 und 18 stehen. Die beiden Bohrungen an der Felge werden erweitert und die Latte an beiden Enden mit einer Rundkopfschraube an der Felge befestigt. Dabei wird die Schraube nur so weit eingedreht, daß sie noch 5 mm übersteht.

Das Aufstellen der Sonnenuhr

Die Daten, die wir bei der Beobachtung der Sonne zur Zeit der Tag- und Nachtgleiche gewonnen haben, benötigen wir, um die Sonnenuhr aufzustellen. Damit die Uhr die richtige Zeit anzeigt, müssen folgende Bedingungen erfüllt sein:

- Die Stundenlinie von 6 Uhr morgens und 18 Uhr abends muß genau in Ost-West-Richtung liegen und waagerecht ausgerichtet sein.
- Die Felge muß genau in Äquatorialebene liegen. Sie bildet mit der waagerechten Nord-Süd-Linie einen Winkel von 90° - Phi.
- Der Zeiger steht senkrecht auf der Felgenebene. Seine Spitze weist nach Norden, das Südende ist in den Boden eingerammt. Der Zeiger bildet mit der horizontalen Nord-Süd-Linie einen Winkel von Phi, der der geographischen Breite entspricht.

Um die Sonnenuhr aufzustellen, legen wir die Ost-West-Richtung auf dem Boden mit einer ausgespannten Schnur fest. Die beiden seitlichen Holzpflöcke sind etwa 90 cm lang und werden so tief in den Boden eingeschlagen, daß sie noch etwa 60 cm überstehen. Ihr Abstand ist etwa eine Pfostenbreite enger als der Durchmesser der Felge. Mit der Wasserwaage prüfen wir nach, ob die Oberkanten der beiden Pflöcke in der Waagerechten liegen. Dann drehen wir die beiden Ringschrauben von oben so weit in die Pflöcke ein, daß sie etwa 5 cm überstehen. Die Felge wird mit den beiden seitlichen Schrauben als Achse in die Ringe eingehängt. Mit der Wasserwaage prüfen wir nach, ob die Halterung der Achse waagrecht steht. Gegebenenfalls korrigieren wir mit den beiden Ringschrauben aus.

Wir drehen nun die Felge in die Äquatorialebene (eventuell die Pfosten etwas abschrägen) und bestimmen den Punkt, an dem die Felge unten aufliegen soll. Der dritte, kürzere Pflock wird eingeschlagen. Die letzten Schläge werden behutsam geführt, damit wir nicht zu tief kommen. Immer wieder probieren wir, ob unser Zifferblatt die richtige Neigung hat. Ist sie erreicht, dann wird die Felge mit zwei Nägeln oder Schrauben am unteren Pflock befestigt. (Da es schwierig ist, die Neigung des Zifferblatts durch Vergleich mit der ausgespannten Schnur zu bestimmen, lohnt es sich, eine Schablone aus Karton zu schneiden und die Felge danach auszurichten).

Zum Schluß wird der Zeiger eingesetzt. Das südliche Ende wird in den Boden eingeschlagen, und wir überprüfen, ob der Zeiger senkrecht auf der Äquatorialebene steht.

Die Uhr ist fertig. Bei Sonnenschein gibt sie uns die Ortszeit an. Je nach der geographischen Länge, auf der sie aufgestellt ist, weicht sie mehr oder weniger von der Mitteleuropäischen Zeit ab, die nach dem 15. Längengrad Ost ausgerichtet ist. Bei Sommerzeit wird sich unsere Sonnenuhr verweigern und eine Stunde nachgehen.

Abschließend möchte ich mich bei Herrn Dieter Kaltenbach bedanken, der mich dazu angeregt hat, mich intensiver mit dem Lauf der Sonne zu beschäftigen, und der die oben beschriebene Äquatorialuhr entwickelt hat.

Was man noch tun kann

Material:
1 Karton, DIN A 4 oder größer
1 Schaschlikstab, Stricknadel oder ähnliches
Klebstoff
Winkelmesser
Schere

Selbstverständlich kann man auch eine Sonnenuhr basteln, ohne zuvor die astronomischen Daten aus eigener Beobachtung zu gewinnen. Aus einer Landkarte kann man die geographische Breite entnehmen und z.B. eine Äquatorialuhr als Tischmodell herstellen. In der Bastelanleitung ist die geographische Breite für Freiburg i.Br. mit Phi = 48° gewählt. Dies muß bei Orten, die weiter nördlich liegen, berücksichtigt werden (Abb. 5).

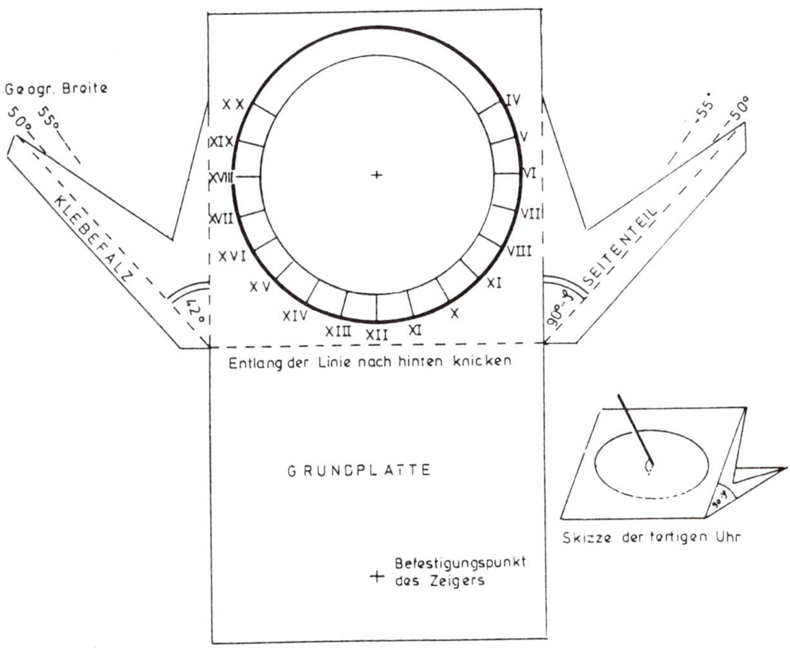

Abb. 5. Äquatorial-Sonnen-Uhr.

Bastelanleitung

1. Kopieren Sie den Bastelbogen und vergrößern ihn auf DIN A 4 Format oder größer.
2. Kleben Sie die Kopie auf einen dünnen Karton auf.
3. Die Vorlage ist für die geographische Breite = 48° von Freiburg gezeichnet. Für Orte, die weiter nördlich liegen (z.B. Frankfurt a.M. 50°, Flensburg 55°) müssen die Laschen schmäler gemacht werden, damit das Zifferblatt flacher steht, wie in der Skizze angegeben ist.
4. Schneiden Sie die Vorlage entlang der durchgezogenen Linien aus.
5. Zeichnen Sie das Zifferblatt auch auf der Rückseite auf. Beachten Sie die spiegelbildliche Reihenfolge der Ziffern.
6. Falzen Sie die Grundplatte und die beiden Seitenteile entlang der gestrichelten Linien. Knicken Sie die Grundplatte nach hinten um, schlagen Sie die Seitenplatten rechtwinklig ein, und kleben Sie sie entsprechend der Skizze an der Grundplatte fest.
7. Machen Sie an dem Kreuz auf dem Zifferblatt und der Grundplatte ein Loch für den Zeiger. Achten Sie darauf, daß der Zeiger (Schaschlikstäbchen) senkrecht auf dem Zifferblatt steht.

Aufstellen der Sonnenuhr

Die Sonnenuhr wird so aufgestellt, daß der Zeiger nach Norden weist. Entsprechend ist auch das Zifferblatt nach Norden ausgerichtet. Die Unterkante der Sonnenuhr verläuft genau von West nach Ost.

Im Frühjahr und Sommer (21. März bis 23. September) steht die Sonne höher als der Himmelsäquator, und der Schatten des Zeigers wird auf der Vorderseite der Sonnenuhr abgebildet. Im Herbst und Winter steht die Sonne tiefer, und der Schatten fällt auf die Rückseite des Zifferblattes. Zur Zeit der Tag- und Nachtgleiche wandert die Sonne entlang dem Himmelsäquator. Wenn die Uhr exakt gebaut ist, entsteht dann kein Schatten auf dem Zifferblatt, das von dem Licht nur gestreift wird.

3. Naturwahrnehmung, Mitweltbewußtsein, Umweltverständnis

Jeder der Teilnehmer wußte, daß die Sonne täglich ihre Bahn am Himmel zieht, doch keiner hatte sich bislang die Zeit genommen, den Weg der Sonne über einen längeren Zeitraum hin zu verfolgen. So wurde es zu einem Erlebnis, wahrzunehmen, wie rasch sich der Schatten eines etwa 3 Meter hohen Punktes bewegt. Die Beobachtung, daß der Schatten entlang einer Geraden am Boden wandert, hat alle Teilnehmer überrascht und zum Nachdenken angeregt. Erklärungen für das Phänomen wurden gesucht und gefunden.

Nachdenklich machte die Standortbestimmung. Indem wir unseren Standort bestimmen, ergreifen wir auch in gewissem Sinne Besitz von der Erde. Gedanken an die Landvermesser in den Überschwemmungsgebieten von Nil, Euphrat und Tigris kamen auf. - Ein Hauch der Faszination war zu verspüren, die Forscher wie Alexander von Humboldt dazu angespornt haben, die größten Mühen auf sich zu nehmen, um die Flüsse und Berge Südamerikas zu vermessen.

Aber nicht nur astronomische und geographische Überlegungen beschäftigen uns. Der stetige Wechsel von Tag und Nacht, von Frühjahr, Sommer, Herbst und Winter wurde uns bewußt. Alle Organismen, von den Einzellern bis hin zu uns Menschen sind von diesem tages- und jahreszeitlichen Rhythmus geprägt. So verändert sich z.B. die Zusammensetzung des Planktons des Oberflächenwassers eines Sees ständig, da die im Wasser treibenden Organismen im Laufe des Tages in regelmäßigem Wechsel von der Tiefe aufsteigen und wieder absinken. Dies geschieht mit solcher Präzision, daß ein Fischer am Bodensee vom Verdacht eines Mordes ausgeschlossen wurde, denn in seinen Stiefeln war etwas Wasser vom nächtlichen Fischzug übriggeblieben, und die Zusammensetzung des Planktons ergab eindeutig, daß der Fischer zur Tatzeit auf dem See war.

Uns allen ist wohlbekannt, daß wir einem tageszeitlichen Rhythmus unterliegen, der uns angeboren ist. Ohne Schaden können wir auf die Dauer Tag und Nacht nicht vertauschen. Auch die Medizin nimmt auf unsere endogene Rhythmik Rücksicht, was sich z.B. daran zeigt, daß viele Medikamente morgens anders wirken als abends und entsprechend dosiert werden.

Der jahreszeitliche Aspekt drängt sich bei den Freilandaktivitäten sofort auf. Sobald die Sonne zwischen den Wolken hindurch schien, leuchtete das bunte Laub der Bäume und Büsche auf. Es bedurfte nur eines Hinweises, um die Teilnehmer dazu anzuregen, buntgefärbte Blätter und Früchte in der Umgebung zu sammeln und ornamental auf einem ausgespannten Leintuch zu einem 'Herbstgemälde' anzuordnen.

Herbst und Winter stellen harte Anforderungen an die Tierwelt. Ein Strategiespiel macht uns dies bewußt. Im Spiel schlüpfen wir in die Rolle von Eichhörnchen, die im Herbst Nüsse sammeln und die Vorräte so anlegen, daß sie über die Winterzeit hinausreichen, auch wenn hungrige Mäuse als Nahrungskonkurrenten das Futter streitig machen.

Literatur:

Adzema, R., Jones M.: Sonnenuhren selberbauen. Hugendubel, München 1990.

Enzyklopädie der Technikgeschichte. dva, Stuttgart 1967.

Rohr, R.R.J.: Die Sonnenuhr. Geschichte, Theorie, Funktion. Callwey, München 1982.

Schumacher, H.: Sonnenuhren. Eine Anleitung. Gestaltung, Konstruktion, Ausführung. Callwey, München 3. A. 1984.

Boje Maaßen

Den Wisenten gewidmet

4. Naturerleben im Wattenmeer

Ich möchte Sie, liebe Leserin und lieber Leser, zunächst bitten, mir mit Ihren Gedanken und Empfindungen auf einen kleinen Ausflug in die Landschaft des Wattenmeeres zu folgen. Lassen wir folgendes Bild in uns aufsteigen:

Ein sonniger Sommermorgen. Nach einem ausgiebigen Frühstück verlassen wir unsere Pension und fahren mit dem Rad zu der einige Kilometer entfernten Nordsee. Ein leichter Wind streicht über die Landschaft, das längere Gras wiegt sich in ihm und erzeugt das typische Rauschen. Überall ist der für die Marsch charakteristische Gesang der Lerchen zu hören. Am Anfang fällt uns das Fahren ein bißchen schwer; die Gelenke sind noch steif, doch mit der Zeit werden Fahrrad und Fahrer zu einer Einheit. Auf einer Wiese entdecken wir Kiebitze, Rotschenkel und sogar einige Säbelschnäbler. Leicht erschöpft erreichen wir den Deich. Was mag wohl hinter ihm liegen? Nicht weit von uns befindet sich eine Zementtreppe, die wir benutzen können. Doch ich schlage vor, Schuhe und Strümpfe auszuziehen und im Krebsgang den Deich hochzuklettern. Wir riechen das Gras, spüren es nicht nur mit den Händen, sondern auch mit den Füßen, sehen das Gänseblümchen, vielleicht auch noch den kleinen Käfer, merken aber auch, wie sich unsere Oberschenkel und unser Rücken der ungewohnten Fortbewegung widersetzen und leichte Schmerzsignale abgeben. Aber dann ist es geschafft: Vor uns liegt bis zum Horizont das trockengefallene Watt. Ohne zu sprechen, lassen wir den großartigen Anblick auf uns einwirken. Mit dem Zeigefinger zeichnen wir die Linie des weit in der Ferne liegenden Horizontes nach.

Wir betreten das Watt. Keine Anweisung. Wir bewegen uns vorsichtig, denn das vor uns liegende Schlickwatt wirkt unheimlich. Wir schmieren uns mit dem dunklen Schlick ein. Schon nach einigen Minuten wird aus dem Schwarz ein helles Grau. (Später wird der Anleiter diesen Wechsel zum Gegenstand eines Gespräches machen.) Wir zerreiben Schlickwatt - und danach Sandwatt als Kontrast - zwischen den Fingerspitzen, fühlen die Feinkörnigkeit und bemerken plötzlich, daß es nach faulen Eiern 'stinkt'. Warum? Könnt ihr hundert Meter blind gerade auslaufen? Ja? Die zwei Vorlautesten bekommen eine schwarze Augenbinde um und sollen nun das vor ihnen liegende Ziel anlaufen. Überraschung. Sie schlagen einen großen Bogen und verpassen ihr Ziel um 20 und 30 Meter. Die Übung macht deutlich, daß man im Nebel quasi blind ist. Der Boden wird nun für uns zu einem Fakirbett. Kleine Nüsse befinden sich im Wattboden, und wir können sie fühlen, dicht an dicht. Wir tasten nach ihnen und finden Tausende von Herzmuscheln. Wie können so viele Tiere (sind das überhaupt Tiere?) sich auf so kleinem Platz ernähren? Warum sind sie so gerippt? Wir versuchen, Antworten zu finden. Dann ein Spiel: Wessen Muschel gräbt sich am schnellsten ein? Meine gehört zu den langsamen. Wir betrachten das Rippenmuster der Herzmuschel und empfinden seine Schönheit. Wir vergleichen es mit dem industriell angefertigten Muster auf der Cordhose. Was ist eigentlich Schönheit? Gibt es noch andere Muscheln? Ich grabe mit einer Forke (warum eigentlich nicht mit einem Spaten?) ca. 30 cm tief und finde eine 12 cm breite Sandklaffmuschel. Ich erkläre, daß diese Muschel nur in jungem Alter, wenn sie kleiner als 5 cm ist, in der Lage ist, aus eigener Kraft die für sie lebensschützende Tiefe von 30 cm wieder zu erreichen. Wird diese Sandklaffmuschel also sterben müssen? Wir werden nachdenklich. Dürfen wir eigentlich ein Lebewesen töten, um anschauliches Wissen zu erhalten? Eine wichtige Frage, die wir abends am Kamin ausführlich erörtern wollen.

Eine Art Knistern ist überall zu hören. Woher kommen diese Geräusche? Am Priel angekommen, nehmen wir wahr, daß seine Hänge veschieden ausgebildet sind: Es gibt einen Prallhang und einen Gleithang, so daß der Priel nicht - wie zu vermuten - geradlinig, sondern mäandrierend verläuft. Wie sind die Zusammenhänge? Wir vergleichen den Priel mit unseren Flüssen. Ähnlichkeiten? In der mykenischen Kultur galten Mäander als das Sinnbild des Vergänglichen und Veränderlichen. Nach jeder Flut verändert sich das Watt. Wie kommen eigentlich Ebbe und Flut zustande? An der Küste wird immer wieder erzählt, daß in der Regel die Kinder mit der Flut geboren werden. Wenn das stimmt, sind da gleiche Kräfte am Wirken?

Die scheinbar grenzenlose Weite, die überraschende Fülle von Tieren, eine Schätzung von uns ergab 20 000 Herzmuscheln auf einem Quadratmeter. Der laue Wind, der so angenehm unseren Körper umstreicht, die lichten Farben, all das erfreut uns. Wir stellen die Frage, ob man für so etwas nicht auch dankbar sein sollte, auch wenn der Adressat dieses Dankes nicht bekannt ist. Nun geht es zurück. Im auflaufenden Wasser sehen wir Schlickkrebse, Garnelen, Strandkrabben und sogar eine Scholle. Auf der Salzwiese probieren wir den Queller, der angenehm salzig schmeckt, sammeln die Blätter vom Strandwegerich, den die Einheimischen Suden nennen, um abends einen Salat daraus zu machen. Wir riechen den Strandwermut, hat der Köm nicht den gleichen Geschmack? Jetzt werden wir doch müde, wir setzen uns an den Deichfuß und erleben 'programmgemäß' einen wunderschönen Sonnenuntergang. Unser 'Poet' zitiert STORMs 'Meeresstrand'.

Hier will ich unseren gedanklichen Ausflug beenden. Die unmittelbare Begegnung mit den Naturphänomenen des Wattenmeeres hat einen hohen Erlebnisgehalt. Ich sehe drei Ebenen, auf denen Naturerleben wirkt:
Erste Ebene: das Naturerlebnis selbst;
Zweite Ebene: die Beschreibung des Naturerlebnisses;
Dritte Ebene: die Reflexionen des Erlebnisses (und damit die Bedingungen herausarbeiten, die die individuellen Erfahrungen mitkonstituieren).

Ich möchte in meinen folgenden Überlegungen insbesondere auf die dritte der genannten Ebenen mit dem Ziel einer Positionsbestimmung des Naturerlebens eingehen.

A. Naturphänomene erleben und reflektieren

Viele Menschen haben ein Lebensthema, das ihnen mehr oder minder bewußt ist. Mich hat die Natur in ihrer Fülle, ihrer Freigiebigkeit, ihrer Hilfsbereitsschaft, ihrer Schönheit seit jeher fasziniert. Ihre Gefährdung macht mich traurig und manchmal aktiv.

Natur ist nicht nur etwas mir Äußerliches, sondern mein Leib, meine Sinne und auch der von ihnen mitbestimmte Geist, also meine Gedanken, Bilder, Motive, Werte sind Natur, sie haben ihre Wurzeln in ihr. Ich kann nur dann zur Natur lebendige Beziehungen herstellen, wenn *meine* Natur lebendig ist, wenn meine Muskeln geschmeidig sind und mir Freude an der Bewegung verschaffen, wenn meine Sinne offen sind und sich an der Vielfalt erfreuen und wenn mein Geist im Hier und Jetzt ist.

Dieser Zustand läßt sich begrifflich nicht voll erfassen. Besser hat es ein Schüler anläßlich einer Kanufahrt auf der Treene ausgedrückt, nachdem er ein beträchtliches Hindernis unter dem Beifall seiner Klassenkameraden und der Lehrkräfte beseitigt hatte und später voller Spannkraft und Wachheit sagte "Ich bin heute gut drauf", wobei ihm die offensichtliche Ursache gar nicht mehr bewußt war.

Im Erkenntnisprozeß und insbesondere im Erleben lassen sich subjektive Anteile nicht eliminieren. Wenn das Subjektive verdrängt wird, erscheint es oft an Orten und zu Zeiten wieder, wo es nicht vermutet wird und deformiert wirkt. Subjektive Anteile sind konstitutive Teile der Wirklichkeit und damit auch wertvoll. Sie lassen sich nicht ausblenden, auch nicht durch Wissenschaft.

Mein Engagement für die Natur resultiert nicht aus einer rationalen Analyse mit dem Ergebnis, etwas höchst Sinnvolles tun zu müssen. Es ist vielmehr eine notwendige Entwicklung vor dem Hintergrund meiner persönlichen Lebensgeschichte. Da ich aus einer Schlachterei stamme und Schlachter gelernt habe, ist mein Engagement auch ein Ausdruck für meinen Wunsch nach Wiedergutmachung am geschändeten Leben. Mit diesem Bewußtsein kann ich der Gefahr der Ideologiebildung ein Stückchen entgehen. Es wäre gefährlich, die Natur zu personifizieren, zu idealisieren oder zu vereinseitigen. Nicht nur der subjektive Faktor, sondern auch transindividuelle Vorbedingungen und Vorerfahrungen sind ebenfalls beim Naturerleben konstitutiv. Es gibt keine Primärerfahrungen. Befunde, insbesondere aus der transzendentalen Erkenntnistheorie, aus der Hermeneutik (hermeneutischer Zirkel), aus der Tiefenpsychologie (die Jungschen Archetypen), aus der Biologie (die genetische Speicherung evolutionär bedingter Anpassungen) und aus den Sozialwissenschaften (insbesondere aus der Systemtheorie) machen uns darauf aufmerksam, daß das Subjekt nichts Abgeschottetes, sondern ein offenes System und damit ein lebendiges ist.[1]

KANTS Satz "Gedanken ohne Inhalt sind leer, Anschauungen ohne Begriffe sind blind" aus der 'Kritik der reinen Vernunft' weist eben darauf hin, daß auch Naturerleben ohne Vermittlungen, die vielleicht schon in frühester Kindheit stattfanden, kaum denkbar ist. Alltagserfahrungen bestätigen zunächst: Bei Schülern beispielsweise entsteht kein Naturerleben, wenn sie vollkommen auf sich gestellt in den Wald oder ins Watt geschickt werden. Der 'Begriff' ist also an der Konstitution des Erlebens beteiligt. Welche Aufgabe hat der Begriff? Die Zuordnung des richtigen Begriffs zum gemeinten Gegenstand? Oder das, was naturwissenschaftliche Aussagesysteme zu diesem Thema sagen? Ich meine, das auch - aber auch viel mehr. Begriff kann auch poetische Sprache sein. Er weist ebenfalls auf Fragiles wie Schönheit oder gar auf Nicht-Seiendes hin, also auf Metaphysisches in den verschiedensten Seinsvarianten, worunter viele Begriffe, Vergangenes und Zukünftiges, Immanentes und Transzendentes fallen.

Naturerleben ist primär nicht auf Reden, auf den Begriff, sondern auf Tun aus. Sein Kern ist nicht die indirekte, vermittelte symbolische/sprachliche Darstellung, sondern die direkte, unmittelbare Begegnung bleibt das Zentrum. Sprechen über Natur ist von einer ganz anderen Qualität. Warum trotzdem Reflexion? Naturerlebnis-Pädagogen konzentrieren sich bis heute vorwiegend auf praktisches Tun. Es gibt - von Ansätzen[2] abgesehen - keine Theorie der Naturerlebnis-Pädagogik, und die Praktizierenden wollen - in der berechtigten Angst, daß das ganze Projekt wieder in totaler Kopflastigkeit endet, in der Regel gar nichts davon wissen.

Wenn man aber Theorie in der ursprünglichen Bedeutung von Schau nimmt, dann ist es sinnvoll, die gegenwärtige Praxis des Naturerlebens auf Grundsätzliches hin zu bedenken: Haben Sinneserfahrungen einen Eigenwert, oder sind sie nur Ausgangspunkt? Wenn letzteres, wohin? Richtung Rationalisierung oder Poetisierung der

Welt? Wie vermittelt sich Naturerleben, und ist dieser Prozeß steuerbar? Und wenn ja, soll man ihn steuern? Wie verhält sich Naturerleben zur Ethik und Ästhetik?

Eine vorsichtige Theoretisierung - wie hier versucht - kann der Praxis des Naturerlebens eine Weiterentwicklung und Sicherheit ermöglichen und Fehlentwicklungen verhindern, denn das bisher unter dem Begriff Naturerleben Entwickelte und Geschaffene hat großen pädagogischen Wert. Es antizipiert eine 'andere' Naturbeziehung, die eine notwendige Voraussetzung für das Überleben aller ist.

B. Theoretische Bestimmung des Naturerlebens

Die Natur und damit auch die Natur des Menschen ist in Gefahr. Dies drang zunächst zögerlich in das gesellschaftliche Bewußtsein ein, ist aber heute Allgemeinkonsens. Mit diesem Bewußtsein entwickelten sich parallel 'Rettungsstrategien'.

I. Erste Rettungsstrategie: Sein - Bewußtsein - Sinn

Die erste Strategie, noch dem Aufklärungs-Denken der Studentenbewegung verpflichtet, orientierte sich an der Strategie 'Sein - Bewußtsein - Sinn'. Der Mensch müsse sich zunächst ein adäquates Bild vom Sein, also dem desolaten Zustand der Natur und den sie verursachenden Prozessen und Faktoren machen, um daraus sinnvolle Forderungen aufzustellen, die durch den Druck des informierten Bewußtseins realisiert würden. Wir wissen heute, daß dieser Ansatz in der Regel so nicht funktioniert. Die große Mehrheit der Bevölkerung weiß um Ozonlöcher, Waldsterben, Klimaveränderungen, Zerstörung der tropischen Regenwälder usw. und kennt die Ursachen. Man braucht nicht einmal auf empirisches Material zurückzugreifen, sondern muß nur sein eigenes Handeln betrachten. Warum ist die Strategie 'Sein - Bewußtsein - Sinn' , d. h. vom 'richtigen' Bewußtsein zum 'richtigen' Handeln zu kommen, so häufig nicht in Erfüllung gegangen? Wahrscheinlich sind die darin enthaltenen Übergänge nicht genügend bedacht worden.

Erster Übergang: Vom Sein zum Bewußtsein

Trotz elaborierter neurologischer Modelle und Computertheorien ist die berühmt gewordene Formel von du Bois-Reymond "ignoramus et ignorabimus" ("wir wissen nicht, und wir werden nicht wissen") bezüglich des Zusammenhangs zwischen Sein und Geist, zwischen Gehirnphysiologie und Bewußtsein immer noch nicht widerlegt. Hans JONAS[3] (1988, S. 15) hat diese Auffassung wiederholt. Erkenntnistheoretisch ist immer noch nicht entschieden, ob das Bewußtsein das Sein spiegelt/abbildet oder ob das Bewußtsein vom Sein eine (willkürliche) Setzung sei. Zwischen diesen zwei Extremen liegen die unterschiedlichsten Positionen, die von verschiedenen Graden der Seinsannäherung ausgehen. Es ist also immer noch nicht entschieden, inwieweit Sein und Bewußtsein übereinstimmen und auseinander hervorgehen. Dies könnte die eigenartige Labilität des Bewußtseins erklären, seine Bereitschaft, immer neue Varianten von Welt als real zu nehmen und damit zusammenhängend andere Interessen, Bedürfnisse und Werte zu entwickeln.

Zweiter Übergang: vom Bewußtsein zum Sinn

Insbesondere naturwissenschaftliches Denken geht häufig von zwei 'Welten' aus, der Welt des Seins und der Welt des Sollens. Beide Welten sind fundamental verschieden und stehen weder als Ganzes noch im Detail in irgendeiner logischen Beziehung zueinander. Diese Position, die auf David HUME zurückgeht und von Max WEBER in den 2Oer Jahren im sogenannten Werturteilsstreit[4] ausführlich dargestellt und in der Gegenwart durch die Analytische Wissenschaftstheorie wieder aufgenommen wurde, fordert daher kategorisch eine wertfreie Wissenschaft. Die Wissenschaft ist nicht in der Lage, qua Wissenschaft Werturteile abzugeben. Auf unser Thema gewendet: Die Tatsache, daß in der Nordsee viele Stoffe in teilweise großen Mengen vorhanden sind, die vorher nicht da waren und mit denen bestimmte Organismen nicht zusammenleben können, kann wissenschaftlich beschrieben werden. Daraus darf aber nicht abgeleitet werden, daß diese Stoffe entfernt werden müßten. Eine solche Forderung entspränge einer anderen Welt, z. B. einer konservativen Wertewelt. Warum dieses Verbot, vom Sein auf das Sollen zu schließen? Weil nur in der Welt des Seins, in der empirischen Welt, der logische Satz vom Widerspruch gilt, während er für Werte nicht gilt.

Hermeneutik und insbesondere dialektische Ansätze verneinen übrigens diese absolute Trennung. In unserem Zusammenhang ist nur wichtig zu wissen, daß naturwissenschaftliche Methodologie es verbietet, vom Sein auf das Sollen und damit auf Sinn und Werte zu schließen. Sie verhindert also genau das, was die oben beschriebene Rettungsstrategie wollte, nämlich durch die Beschreibung der Umweltzerstörungen und deren Ursachen 'richtiges' Handeln auszulösen. Warum dies trotzdem hier und da geschieht, müßte einer genauen Analyse unterzogen werden.

II. Zweite Rettungsstrategie: Sinne - Sinn

Da der rationale diskursive Weg nicht in dem Maße das notwendige ökologische Handeln hervorgebracht hat, wurde nach anderen Wegen gesucht. Ein Weg oder ein Ausdruck dieser Suche ist das Naturerleben.

Die Differenz zur ersten Strategie besteht darin, daß gewissermaßen direkt Sinnhaftigkeit hergestellt werden soll, nämlich durch Sinnesaktivitäten. Im Geschmacksbereich ist der Umschlag vielleicht am besten nachvollziehbar: Während des Kauvorgangs entsteht eine Werthaltung 'Ich mag es, oder ich mag es nicht'. Warum soll Gleiches nicht bei den anderen Sinnen passieren? Dazu ein Beispiel:

In einer Biologiestunde einer sechsten Realschulklasse mit dem Thema 'Wir lernen Tiere des Wattenmeeres kennen' lag der Hauptakzent auf dem selbständigen Zugang der Schüler zu den Tieren. So standen viele Stopfpräparate den Schülern zur freien Verfügung. Bernd ging gleich zu Anfang der Stunde zielstrebig auf eine Brandente zu, nahm sie mit auf seinen Platz, streichelte sie gedankenverloren während der ganzen Stunde und beteiligte sich nicht weiter an den gemeinsamen Aktivitäten. Die Lehrerin akzeptierte seinen Rhythmus und seine Neigungen. Nach dieser Erfahrung wollte Bernd unbedingt ein Tier haben, einen Wunsch, den er vorher nach Aussagen seiner Eltern nie geäußert hatte. Er bekam einen Hund und soll sehr glücklich darüber sein.

Das Beispiel macht deutlich, daß es im wahrsten Sinne des Wortes Sinn macht, die Sinne zu aktivieren. Naturerleben setzt auf diese Strategie, ohne sich dessen immer bewußt zu sein. Deswegen besteht die Gefahr, daß dieser Weg immer wieder wissenschaftlich-rational umgeleitet wird. Es ist zu bedenken, daß es andere Zielbereiche geben könnte, die eher ein sinn-haftes Handeln mit und in der Natur ermöglichen.

III. Die destruktive Seite der Naturwissenschaft

Ich will gleich mit einem Beispiel beginnen. Ich hörte es von Karl Kuhn (Freiburg): Kinder brachten ihm vor vielen Jahren ein kleines Eichhörnchen männlichen Geschlechts. Es hatte einen unförmig aufgeblähten Bauch und war am Verenden. Als Biologe wußte Kuhn, daß junge Eichhörnchen, solange sie ihren Kobel noch nicht verlassen, Kot und Urin nur entleeren, wenn die Mutter im Analbereich leckt. Dieses Wissen rettete dem Eichhörnchen das Leben. Die Tochter übernahm die Rolle der fehlenden "Eichhörnchenmutter", indem sie mit einem weichen Tuch den Leckvorgang imitierte.

Das Beispiel zeigt, daß Naturwissenschaften Kenntnisse zur Verfügung stellen, die helfen, alltägliche, aber auch lebensnotwendige Aufgaben besser oder überhaupt lösen zu können.

Trotzdem besitzen die Naturwissenschaften auch eine Reihe von Merkmalen, die dem Ziel des Lebensschutzes im Wege stehen.

Die folgende Kurzbeschreibung dieser Merkmale soll gerade in ihrer Einseitigkeit Denkanstoß sein. Sie versteht sich als ein Stück Antithese in einem dialektischen Prozeß und nicht als systematische Kritik des naturwissenschaftlichen Paradigmas. Anzumerken ist ferner, daß die Einwände im Kern solange bestehen, wie es Naturwissenschaften gibt. Meine Gedanken sind weder umfassend noch repräsentativ, sondern spiegeln eher meine Lese- und Lernerfahrungen wider. Naturwissenschaften sind im Kern analytisch, was Zerstörung des analysierten Ganzen heißt; das Ganze ist mehr als die Summe seiner Teile. Dieses Mehr, das das Wesen des Gegenstandes ausmacht, geht verloren. Dies gilt sowohl für die konkrete als auch für die gedankliche Analyse. Eine vollständige Synthese ist in lebendigen Systemen prinzipiell nicht möglich.

Naturwissenschaften sind auf Allgemeines aus. Das Einmalige, Besondere, Individuelle interessiert sie prinzipiell nicht, sie abstrahieren von ihnen.

Naturwissenschaften sind empirisch/positivistisch orientiert. In dieser Welt haben weder Ethik noch Ästhetik Platz.

Naturwissenschaften sind in ihrem Selbstverständnis objektiv. Das Subjekt wird aus dem Erkenntnisprozeß ausgeblendet, es arbeitet wie ein Fotoapparat. Die Vielfalt der Subjektivität wird nicht nur abgelehnt, sondern man spricht ihr jegliche Existenzberechtigung ab. Die Annahme, daß der subjektiven Sicht nichts in der Außenwelt entspricht, ist für mich die größte Reduktion von Welt.

Naturwissenschaften sind in ihrem Kern auf Machen aus. Sie entdecken Welt nicht - wie ihr allgemeines Selbstverständnis lautet -, sondern sie konstruieren Welt, vielleicht sogar in besonderen Fällen ex nihilo. Das Machen steht im Vordergrund, nicht das Lassen.

IV. Perspektive: Naturwissenschaften und Naturerleben als dialektischer Zusammenhang

Naturerleben als pädagogische Praxis folgt einer inneren Logik, die in der Regel nicht formuliert und oft gar nicht intendiert ist. In einer These ausgedrückt:

Naturerleben will Zugänge zur Natur,
die nicht naturwissenschaftlicher Art sind.

Die These geht bewußt von einem dichotomischen Verhältnis zwischen Naturwissenschaften und Naturerleben aus. Man könnte auch von These und Antithese sprechen, wenn es zumindest die Chance einer Vermittlung gäbe. Im existentiellen Interesse des gattungsgeschichtlichen Fortbestands, im Interesse der Tiere und Pflanzen, ja der Erde überhaupt, ist eine Vermittlung in Form einer Synthese anzustreben. Bisher wurde sie noch nicht geleistet. Es hieße Dialektik zu Rhetorik verkommen zu lassen, hieße etwas als gegeben zu betrachten, was erst geleistet werden muß. Diese Aufgabe erfordert ungeheure Energien und Umstellungen. Ihr steht

- auf der einen Seite das riesige Destruktionspotential der Naturwissenschaften gegenüber und
- auf der anderen Seite die Unfähigkeit, mit einer Haltung, die hinter dem Naturerleben steht, die praktischen Probleme von Milliarden von Menschen lösen zu können.

Natürlich hat die Wissenschaft nicht nur einem Eichhörnchen geholfen, aber gemessen an der globalen Zerstörung und insbesondere an der Verschwendung von Ressourcen, die in Zukunft notwendig gebraucht werden, ist eine strukturelle Änderung der Naturwissenschaften einschließlich ihrer Anwendungen vielleicht die vordringlichste Aufgabe unserer Zeit. Das Naturerleben bietet sich als ein Korrektiv an, sicherlich gibt es auch noch andere.

V. Elemente des Naturerlebens

Worum geht es im Naturerleben? Naturerleben findet draußen, in der Natur statt. Im Unterschied beispielsweise zur traditionellen Exkursion ist die fachliche Instruktion stark zurückgedrängt. Es dominieren die sinnlichen Aktivitäten: Fühlen, Riechen, Schmecken, Hören und Schauen; man spielt, Gedichte werden rezitiert. Phasen der Stille und des Nichttuns haben ihren Platz, Gefühle und Vermutungen werden geäußert, es wird gebastelt und gestaltet.

Diese Handlungen sind Ausdruck einer anderen Beziehung zur Natur, eines sich wandelnden Paradigmas.

Im Zentrum dieses Paradigmawechsels steht - philosophisch ausgedrückt - die Neubestimmung der Beziehung zwischen Subjekt und Objekt, Geist und Körper, Mensch und Natur. Das alte Paradigma der Isolierung, Verselbständigung, Autonomisierung des Menschen, genauer seines Geistes, hat ihre Anfänge in der sokratischen Philosophie, wurde vom Christentum aufgenommen und teilweise noch verschärft (die Seele als zeit- und raumunabhängige), wurde insbesondere von Descartes zu einem philosophischen System ausgebaut und findet ihren praktischen Ausdruck in der Ausbeutung der Erde durch den industrialisierten Menschen.

Die Neubestimmung der Beziehung zwischen Subjekt und Welt mache ich an folgenden fünf Gedankenfeldern fest, die zum Teil auf unterschiedlichen analytischen Ebenen angesiedelt sind und ineinandergreifen:

a) Wiedergewinnung und Auflösung des Subjekts

Die französischen Strukturalisten sprechen angesichts der übermächtigen Prägekraft der gesamtgesellschaftlichen Strukturen vom Tod des Subjekts[5]. Selbst eine partielle Autonomie des Subjekts sei schiere Ideologie und Überbau. Es hätte keinerlei Effekt und damit Sinn, sich gegen Mega-Strukturen aufzulehnen. In die gleiche Richtung denken Systemtheoretiker.

Der materielle Wohlstand des Großteils der Bevölkerungen in den entwickelten Industriestaaten schafft eine Qualität, die - so zeigen ökologische Analysen eindeutig - auf Kosten anderer Gesellschaften und vor allem auf Kosten der Zukunft angeeignet ist. Wenn also die Struktur zerstörerisch wirkt oder, um mit Adorno zu sprechen, das Ganze schlecht ist, dann entsteht die Frage: Woher soll der Widerstand kommen? Widerstand nicht vereinseitigt gedacht als Revolution und Demonstration, sondern als persönlich verändertes ökologisch orientiertes Denken und Handeln. Das Subjekt mag begrenzt in seiner Kraft und seinen Wirkungen sein. Es ist von der Struktur geprägt und auf sie angewiesen. Aber nur das Subjekt ist als ihr Teil in der Lage, diese Struktur zu erkennen, zu bewerten, zu verändern und gegebenenfalls eine neue zu schaffen. Für eine ökologisch orientierte Lebensführung kann Verändern auch Nicht-Handeln bedeuten, das Verweigern der persönlichen Mitwirkung bei der Transformation der natürlichen Natur in eine künstliche, zweite menschliche Schöpfung.

Auf unserem Ausflug fuhren wir mit dem Rad ans Watt, krochen im Krebsgang auf die Deichkrone, spürten den Wunsch zu danken. Naturerleben läßt das Subjektive so weit wie möglich zu, nimmt die Signale des Körpers, der Sinne und der Psyche ernst. Das Subjekt wird so zum erlebnisfähigen, seine Umwelt reflektierenden Selbst.

Auf der anderen Seite zielt Naturerleben gewissermaßen auf die Auflösung des Subjekts: Es öfffnet sich seiner inneren und der äußeren Natur, kann sich entgrenzen, mit Tieren und Pflanzen mitempfinden, sie nachahmen, tendentiell eins mit ihnen werden. Das Subjekt wird zum Medium, durch das die Kräfte der Natur hindurchfließen, Persona im ursprünglichen Sinne.

Wiedergewinnung und Auflösung des Subjekts ein Widerspruch? Aus der Sicht traditioneller Logik sicherlich, aber für Menschen mit den Fähigkeiten des Lebendigen eine zwar schwierige, aber zumindest als Annäherung zu bewältigende Aufgabe. Beide Wege müssen im Interesse des Ganzen begangen werden.

b) Sinnliche Wahrnehmung als Selbstzweck

Selbstzweck heißt hier: In den Sinnen bleiben. Die durch Sinnesaktivitäten hervorgerufenen Empfindungen und Stimmungen werden nicht funktionalisiert, beispielsweise als Rohstoff für Begriffs- und Modellbildungen bis hin zu Gesetzen und Theorien. Im Watt bleiben wir im Fäulnisgeruch des Schlicks und entfernen uns nicht, indem wir physiologisches Hintergrundwissen bemühen und systematisieren. Begriffsbildung durch Abstraktion wird oft mit großen Verlusten erworben. Vieles ist begrifflich nicht adäquat zu fassen, weil es entweder nicht begrifflich darstellbar (wie das Phänomen der Schönheit) oder zu komplex ist. Es gilt, sich andere Zugänge als den des rationalen Diskurses zu erschließen. Damit kommen wir in den Bereich der Ästhetik, die ja erst im 18. Jahrhundert die Verengung von der Lehre von den Sinneswahrnehmungen zu der des Geschmackurteils vollzog[6].

c) Die Notwendigkeit der Ästhetik

Ich vermute, daß für die vorsokratischen Griechen die Ästhetik als Lehre von den Sinneswahrnehmungen die Lehre des Geschmacks einschloß. Sinnlich Vermitteltes war für die Griechen auch immer Teil des Kosmos, eines großen Ganzen, das in seiner Erhabenheit natürlich schön war. Im musikalischen Genuß ist für uns diese Identität noch weitgehend gegeben. Es gilt daher, mehr Angebote zu machen, um die Schönheit in der Welt zu entdecken, den Alltag zu ästhetisieren. Es gibt bereits einen solchen Trend zur Ästhetisierung, wie uns Modejournale und Schaufenster beweisen. Leider realisiert er sich überwiegend im Bereich der ökonomischen Verwertbarkeit. Sich viel Zeit lassen für die Begegnung mit Schönheit, sei es der Blick vom Deich oder das Betrachten der wohlgeformten Schale einer Herzmuschel - dies alles hat etwas mit Ästhetisierung aus der Perspektive des Naturerlebens zu tun.

Eine entscheidende Ursache der Naturzerstörung liegt darin, daß uns das Empfinden für ihre Schönheit abhanden gekommen ist. Wenn ein Landschaftsbild von Dürer mutwillig zerstört wird, empört sich die Welt; wenn die reale Landschaft für die Entwicklung eines Industriegebietes zerstört wird, wird dieses hingegen gefeiert.

Der Baggerführer, der Schlachter, der Anatom oder der Planer eines Industriekomplexes kann nur deswegen so effizient arbeiten, weil er kein ästhetisches Empfinden für seinen Arbeitsbereich mehr besitzt. Es ist ihm wegdressiert worden.

d) Aufhebung der Trennung von Erkenntnis, Ethik und Ästhetik

Der 'ideale' Naturwissenschaftler arbeitet am Tage 8 Stunden rein kognitiv, abends in der Bürgerinitiative bringt er sich ethisch ein, und am Sonntag im Museum befriedigt er seine ästhetischen Bedürfnisse. Dieses Beispiel mag überpointiert sein, spiegelt aber tendentiell die Grundsituation wider. Diese von Kant in seinen Kritiken tief fundierte Trennung war und ist die Grundvoraussetzung der ungeheuren Produktivität der Naturwissenschaften und der ihnen zugeordneten gesellschaftlichen Handlungsbereiche, die massiv ins Private einwirken. Sie hat einigen Menschen viel, anderen weniger oder gar nichts und der Natur sehr viel Zerstörung gebracht. Die Welt wurde entzaubert; man nahm den Dingen ihre Aura, ihr Jetzt und Hier, reduzierte ihr Sein zu einem Mittel. Man müßte sich in indianisches Denken versetzen, um die beispiellose Kälte unseres Denkens zu erahnen. Zwar wird die einheitlich-simultane Aufnahme der drei Bereiche Kognition, Ethik und Ästhetik gefordert und begrifflich benannt: Intuition, denkende Anschauung, meditative Versenkung usw., die praktische Verknüpfung gelingt fast nie. Viel wäre gewonnen, wenn alle drei Bereiche in einer Bewegung der ständigen Oszillation stünden und sich ständig bereicherten, aber auch relativierten. Viel Zerstörungspotential, insbesondere das nichtintendierte, würde dann gar nicht erst entstehen. Während unseres Ausfluges wurde der ethische Einwurf beim Herausgraben der Sandklaffmuschel hingegen nicht nur zugelassen, sondern als notwendiges Korrektiv bewußt aufgenommen.

e) Auseinandersetzung mit dem Ganzen, dem Anderen, der Metaphysik

Diese Dimension des Naturerlebens ist die sensibelste und wird vielleicht auch deswegen oft verdrängt.

Jedes menschliche Gedankengebäude und jede menschliche Institution hat ihren 'Blinden Fleck'. Dieser Fleck ist der jeweilige Anfang und liegt letztendlich im Dunkeln. Das GOEDELsche Unvollständigkeitstheorem[7] erkärt dieses Unvermögen. Daraus leite ich folgende These ab:

Der Blinde Fleck des Naturerlebens ist ihr Ursprung in der Metaphysik.

Botho STRAUSS[8] sagt von dem Wesen der Ästhetik (1990, S. 57): "Es geht um nicht mehr und nicht weniger als um die Befreiung des Kunstwerks von der Diktatur der sekundären Diskurse, es geht um die Wiederentdeckung nicht seiner Selbst-, sondern seiner theophanen Herrlichkeit, seiner transzendentalen Nachbarschaft." Mir kommt es darauf an, daß man die Möglichkeit der Metaphysik ernsthaft bedenkt. Ein Tier ist eben keine Maschine im Sinne Descartes', nicht nur Physiologie oder eine Matrix angeborenen bzw. erlernten Verhaltens. Es ist mehr. Für dieses Mehr gibt es viele Namen wie das Andere, Seele, Subjekthaftigkeit, Geschöpf. Es kann aber nicht Aufgabe des

Naturerlebens sein, positive Aussagen zur Metaphysik zu machen oder sie gar 'beweisen' zu wollen. Zurückhaltung ist angebracht; was hierzu gesagt wird, sollte im Konjunktiv, als subjektive Wahrheit, als Angebot und immer im Geiste der Liberalität und Toleranz formuliert werden. Im Namen metaphysischer 'Wahrheiten' wurde unsagbar viel Leid verursacht. Es zeigt sich aber auch, daβ die Eliminierung der Metaphysik ebenfalls groβe Verluste und Zerstörungen nach sich zieht.

Es geht um Sätze wie den von Paul Cézanne "Die Farbe ist der Ort, wo unser Gehirn und das Weltall sich begegnen" oder um das, was Rilke in seinem berühmten Gedicht 'Der Panther' ausdrückt, oder was RUSSELL[9] als Gaia-Hypothese eingeführt hat, daβ nämlich die Erde als Ganzes ein lebendiger Organismus sei. Storms Gedicht 'Meeresstrand' entdeckt etwas von dieser Dimension des anderen. Kurz: Wege und Sichtweisen sind zu suchen, die die Welt als Summe einzelner, letztlich materieller Objekte transzendieren und damit eine "Wiederverzauberung der Welt" (BERMAN) ermöglichen.

VI. Bedenkenswertes und Ausblick

a) Grundthema des Naturerlebens, gewissermaβen sein Metaziel, ist eine andere Subjekt-Objekt-Beziehung: Abbau von Distanz und Entfremdung in Richtung Nähe und Vertrautheit, aber auch Aufbau von Distanz, wo groβe oder gar absolute Nähe problematisch wird (bekanntlich bedeutet die absolute Nähe der von der Mücke gesuchten Flamme ihren Tod). Das heiβt Neuland betreten, und deswegen sind gegenseitiges Helfen und gemeinsame Erfahrungen vonnöten. Jeder kann aufgrund seiner Biographie und seiner Fähigkeiten zur Orientierung beitragen.

b) Gemeinsame Orientierung ist auch auf Sprache angewiesen. Deshalb ist deren Ambivalenz mitzubedenken. Auf der einen Seite verstellt sie Wirklichkeit wegen ihrer linearen Struktur, wegen ihrer Grammatik (die beispielsweise apriorisch immer ein Subjekt voraussetzt - wie WHORF[10] nachgewiesen hat), wegen der Dominanz visueller Bilder und der Häufigkeit abstrakter Begriffe. Auf der anderen Seite öffnet, entdeckt Sprache Wirklichkeit - man denke an Poesie - und ermöglicht, sich von der oft erdrückenden Gegenwart ein Stück zu befreien.

c) Naturerleben arbeitet sich, wie dargestellt, auch sehr stark an naturwissenschaftlichem Denken ab. Dieses Denken kennzeichnet wesentlich die Moderne. Daher wäre es Donquichotterie, dieses in toto abschaffen und durch grundsätzlich andere Formen ersetzen zu wollen. Es gilt vielmehr, die Defizite dieses Denkens zu beseitigen. Eine Lösung, die sich aufdrängt, wäre:

NATURWISSENSCHAFTLICHES DENKEN MUSS PHILOSOPHISCH WERDEN, DAMIT DAS GANZE GELIEBT - BEGRIFFEN - VERANTWORTET WIRD. NATURERLEBEN HÄTTE DABEI DIE FUNKTION EINES KORREKTIVS.

Literatur:

(1) Kant, I.: Kritik der reinen Vernunft. Stuttgart 1989.
Gadamer, H. G.: Wahrheit und Methode. Tübingen 1975.
Jung, C. G.: Der Mensch und seine Symbole. Olten 1968.
Narr, W. D.: Theorie der Gesellschaft oder Sozialtechnologie. Neue Beiträge zur Habermas-Luhmann-Diskussion. Frankfurt 1974.

(2) Göpfert, H.: Naturbezogene Pädagogik. Weinheim 1988.
Janssen, W.: Naturerleben. - Unterricht Biologie 137 (12. Jg.)
Trommer, G.: Naturerleben - ein naturwissenschaftlich unmöglicher aber notwendiger Begriff für Umweltbildung. In: Homfeldt, H.G. (Hg.): Erziehung und Gesundheit. Weinheim 1988.

(3) Jonas, H. : Macht oder Ohnmacht der Subjektivität. Frankfurt 1987.

(4) Hume, D.: Untersuchung über den menschlichen Verstand. Stuttgart o. J.
Weber, M.: Gesammelte Aufsätze zur Wissenschaftslehre. Tübingen 1968.

(5) Foucault, M.: Die Ordnung der Dinge. Frankfurt 1971.

(6) Lippe, R. zur: Sinnenbewußtsein. Reinbek 1987.

(7) Gödel, K.: Über formal unentscheidbare Sätze der Principia Mathematica und verwandter Systeme. In: Monatshefte für Mathematik und Physik 38, 1931.

(8) Strauss, B.: Der Aufstand gegen die sekundäre Welt - Anmerkungen zu einer Ästhetik der Anwesenheit. In: Die Zeit, 199O, Nr. 26

(9) Russell, P.: Die erwachende Erde. Unser nächster Evolutionssprung. München 1984.

(1O) Whorf, B. L.: Sprache, Denken, Wirklichkeit. Beiträge zur Metalinguistik und Sprachphilosophie. Reinbek 1968.

Willm Prasse

5. Lernen und Naturerleben: Reflexionen zur Naturwahrnehmung

> "Die Erkenntnis, die nicht durch die Sinne gegangen ist, kann keine andere Wahrheit erzeugen als die schädliche".
>
> (Leonardo da Vinci)

Diesen Satz brachte mir vor Jahren ein Freund und Kollege mit, und zwar nachdem wir miteinander an einem Projekt für Kinder gearbeitet hatten: als Ermunterung, weiter in jener Richtung zu arbeiten, die wir gerade noch tastend ausprobierten, nämlich Kindern einen Zugang zur Naturgeschichte der Osnabrücker Region zu ermöglichen, einen Zugang, der die Geschichte der Menschen genauso einschließt wie das Spiel und klassische Lernformen.

Wir beide bezogen das da-Vinci-Zitat also auf Lernsituationen, und auch mir geht es in meinem Beitrag um das Lernen.

Lernen und Naturerleben

1. Die ökologische Krise

1.1 Warum mir das Lernen so wichtig ist? Ein Erlebnis hat es mir vor einigen Jahren deutlich gemacht:

Es war ein Ausflug an einen Ort meiner Kindheit. Bilder wurden wach: Wiesen und Felder, daneben die kopfsteingepflasterte Hauptstraße, gesäumt von Bäumen. Die Seitenstraßen: Sand. Das Flüßchen windet sich durch die Landschaft. Ganz verschiedene Uferbereiche. Das Sägewerk: Arbeiter, Sägespäne, Loren auf Schienen, Holzstapel; an Wochenenden verbotener und attraktiver Spielraum für uns.

Vielfältige Niemandsländer waren das, für uns Kinder ohne Nutzungsdefinition: Spiel- und Erfahrungsraum.[1]

Der gleiche Ort heute: Ein Meer von Einfamilienhäusern mit umzäunten Vorgärten. Autos parken zu beiden Seiten der Straßen. Das Flüßchen begradigt, mit gleichförmiger Pflasteruferböschung. Die Hauptstraße eine vierspurige Schnellstraße. Asphalt dominiert. Autos. Nur Ampeln unterbrechen auf Knopfdruck den Blechstrom: Viel Zeit ist nicht, dann bei 'grün' schnell über die Fahrbahn zu wechseln. Allein das Sägewerk ist noch unverändert und beweist, daß dies tatsächlich der Ort von damals ist. Stillgelegt ist es längst, eingezäunt, tot, aus der lebendigen Realität ausgegrenzt und nicht mehr bespielbar.[2]

Was diese Geschichte mit dem Thema zu tun hat, also mit dem Zusammenhang von Naturerfahrung und Lernen?
Die Antwort ist folgende:
Wenn wir Lernprozesse initiieren wollen, die den Menschen erfassen und ihn handlungsfähig machen sollen, dann müssen wir uns zuvor die Bedingungen vergegenwärtigen, in denen die Menschen heute leben und lernen, und wir müssen diese Bedingungen einkalkulieren: Für Lernprozesse, die den Menschen etwas bedeuten. Und 'bedeuten' kann ja nur heißen, daß sie etwas erfahren, was einen Bezug zu ihrer Lebenswelt hat.

'Erfahren' - die Bedingungen in der Lebenswelt haben sich doch dramatisch verändert! Mein Beispiel zeigt einige dieser Veränderungen auf: Unsere gewohnte, erinnerte Umwelt wandelt sich mit rasender Geschwindigkeit: Straßen und Plätze verlieren innerhalb kürzester Zeit ihr vertrautes Gesicht. Genauso sind Alltagsregeln, Sozialisationspraktiken, Bräuche und Traditionen vielfach untergegangen; Erwachsenenwelt und Kindheit sind bis in die feinsten Verästelungen

----

1. Bei der Übung 'Riechen von Küchenkräutern' bemerkte eine Teilnehmerin, daß die Kinder heute, und auch wir, die wir jetzt erwachsen sind, nicht mehr mit dem Pflanzen leben, so wie das noch unsere Großeltern taten.

2. Aus: Prasse, W.: Ökologie und Pädagogik. In: Loccumer Protokolle 60/84, Rehburg-Loccum (Ev. Akademie) 1985, S. 183-203.

vom Fortschritt geprägt: Kindererziehung, Geschlechtsrollendefinition, sexuelles Verhalten, Kleidung, Wohn- und Berufssituation ergeben ein buntes Bild und sind kaum bestimmbar, fast ungreifbar geworden.

Mit den Veränderungen der Bedingungen, in denen Menschen leben, sind auch veränderte Lernvoraussetzungen benannt.

1.2 Ich will aber noch sagen, warum dem Lernen heute ein besonderes Gewicht beizumessen ist: Das Stichwort dazu heißt "Vor uns die Sintflut."[1] So lautete ein Buchtitel des Jahres 1977, noch mit einem Fragezeichen versehen. Gleichwohl zog der Autor dann eine Bilanz, die das Fragezeichen als ein rhetorisches bewies: Die Grenzen der Industriegesellschaft sind offenbar. Ein Beispiel ist die Chemieindustrie. 6000 neue Substanzen werden in jeder Woche synthetisiert, Substanzen, die unseren Alltag überall bestimmen, ohne daß wir groß darüber nachdenken. Was wäre, wenn sich urplötzlich alle Kunststoffe im Nichts auflösten? Die Sohlen meiner Schuhe würden sich vermutlich ablösen, weil der Kleber einer auf Kunstharzbasis ist. Wieviele unserer Kleidungsstücke würden häßliche Löcher bekommen oder gar zerfallen? Die Haken an der Wand würden herunterpurzeln oder sich sogar ganz auflösen. Wir leben in einem Kunststoffzeitalter, dem Zeitalter der Chemieindustrie. Alle ihre synthetischen Produkte sind neu in unseren Ökosystemen, und das bedeutet, daß die Lebewesen sich an sie nicht anpassen konnten. Über Schädlichkeit oder Unschädlichkeit ist fast nichts bekannt, nur eines scheint klar: Die meisten der Produkte der Chemieindustrie können nicht in den natürlichen Stoffkreisläufen abgebaut werden, sie bleiben erhalten, und sie gelangen über die Stoffkreisläufe in alle Organismen und auch in den Menschen. Dort verhalten sie sich im besseren Falle neutral, im schlechteren Falle haben sie Auswirkungen wie beispielsweise Mutationen. Vielleicht ist es kein Zufall, wenn man liest, daß innerhalb von

----

1. Schehl, H.: Vor uns die Sintflut? Berlin (Rotbuch) 1977.

zehn Jahren die Zahl der Allergiker in den industrialisierten Ländern um 25 % zugenommen hat.[1]
Wer will, kann noch eine Fülle weiterer Fakten zur Chemieindustrie zusammentragen. Aber auch so wird der Blick in die Zukunft unausweichlich von der Endlichkeit der Erde geprägt. Die Fakten liegen auf dem Tisch, seit langem schon. Und die Fakten haben inzwischen eine weite, ja massenhafte Verbreitung erfahren:

1972 erschien das Buch 'Die Grenzen des Wachstums'[2], der Bericht des Club of Rome. 1973 schrieb Hans Magnus ENZENSBERGER, daß "die industrialisierten Gesellschaften der Erde ökologische Widersprüche produzieren, die in absehbarer Zeit zu ihrem eigenen Zusammenbruch führen müssen".[3] Das Wort von der ökologischen Katastrophe stand im Raum, und zwar gut begründet. Zu gut, um allzu leicht daran vorbeischauen zu können: Vor uns die Sintflut.

Lernen ist also deshalb nötig, weil es um die Zukunft geht!
Allerdings fällt mir in diesem Zusammenhang ein Erlebnis ein, das jetzt drei Jahre zurückliegt. Jochen F. Uebel schilderte damals uns, den Teilnehmern eines Seminars, in seiner ruhigen Art, wie er nun jahrelang Daten und Fakten über den Zustand unseres Globus zusammengetragen hatte. Er erzählte, wie diese Sammlung ihm klargemacht hatte, daß wir Menschen angesichts der globalen Katastrophe lernen müßten, und zwar schnell. Wie aber das bewerkstelligen? Unsere westliche Lerntradition, so sein Fazit, funktioniere personal: von Mensch zu Mensch, von Lehrer zu Schüler, von Eltern zu Kindern. Dieses personale Lernen wirkt aber nur sehr langsam, wie wir alle wissen. Zu langsam vielleicht. Jochen F. Uebel hat darauf begonnen, in anderen Kulturen nach anderen, schnelleren Lernwegen zu suchen.[4]

----

1. Uebel, J.F.: Allergien. In: Trendwende 7/1986, S. 19 f.

2. Meadows, D. et al.: Grenzen des Wachstums. Bericht des Club of Rome zur Lage der Menschheit. Reinbek (Rowohlt) 1972.

3. Enzensberger, H.M.: Zur Kritik der politischen Ökologie. In: Enzensberger, H.M. et K.M. Michel (Hg.): Kursbuch 33, Berlin (Kursbuch/Rotbuch) 1973, S. 35 f.

4. Aus: Prasse, W.: Editorial. In: Umwelt Lernen Nr. 41/Jan. 1989, S. 3.

Ich weiβ nicht, ob er fündig geworden ist. So bleibe ich zunächst dabei, ökologische Bildung so zu verstehen, wie wir sie bisher praktiziert haben. Auch wenn sich damit die Welt nicht so schnell verändern läβt, wie wir uns das wünschen.

2. Lernen - worauf es dabei ankäme

2.1 Neue Wege

'Die künstliche Schule und das wirkliche Lernen', so benennt Horst RUMPF [1] in einem Buchtitel das Problem. Und er fragt, welche Züge des Menschenlernens als verschüttet gelten können, wie der Schutt aussieht, der sich über das Verschüttete gelegt hat, und nicht zuletzt, wie man das Verschüttete aufspüren , es freilegen und wieder in Gebrauch nehmen kann. Drei Tendenzen möchte ich hier ansprechen: Die 'Lernschnellwege', die 'Lerneinbahnstraβen' und die Frage, wie der Stoff von den Menschen abprallt.

2.2 Lernen: auf Schnellstraβen oder mit Muβe?

Das Lernen in unseren Institutionen ist vom Prinzip der Rationalität und der Rationalisierung gekennzeichnet: Der Mensch hat die Welt in den Griff genommen und immer stärker durchrationalisiert, und dies hat auch dem Lernen seinen Stempel aufgedrückt. Lernen in einer durchrationalisierten Welt kann konsequenterweise nur ein Lernen sein, das von A nach B fortschreitet, vom Einfachen zum Komplizierten, vom Problem zur Lösung. Und die Lehrenden mühen sich, daβ die Lernenden diese Strecke von A nach B in möglichst kurzer Zeit zurücklegen. Zeit ist knapp, denn "was immer Dauer erfordert, dauert zu lange, was immer Zeit beansprucht, beansprucht zu viel Zeit"[2], so charakterisiert Günter ANDERS unsere Epoche, deren geheime Maximen die Norm der Schleunigkeit und des Zeitgewinns seien. Zeit

----

1. Rumpf, H.: Die künstliche Schule und das wirkliche Lernen. Über verschüttete Züge im Menschenlernen. München (Ehrenwirth) 1986.

2. Anders, G.: Die Antiquiertheit des Menschen. Zweiter Band. München 1980.

gewinnen: Ist es ein Wunder, daβ formale Lerntheorien so schnell Einzug in die offizielle Didaktik fanden und die Ausbildung von Lehrern durchdringen, weil sie doch das Material zum Bau von Lernschnellwegen bieten? Für diese Diagnose spricht, daβ in unserer Lernkultur das gesprochene und geschriebene Wort so deutlich die Oberhand haben. Das Lernen beschleunigen: Die Lehrmittelindustrie hilft. Jahr für Jahr bietet sie uns in ihren Lehrmittelkatalogen ihre Lernbeschleuniger an. Das neue Demonstrationsmodell werde helfen, so versprechen sie, das Phänomen der Schallschwingungen noch überzeugender zu belegen, als das vom Vorjahr. (Und Handreichungen zur Erfolgskontrolle werden in manchem Falle gleich mitgeliefert.)

Gewiβ: Manches schnell zu erledigen, kann nützlich sein. Es mag das Leben erleichtern. Aber führt das Prinzip Geschwindigkeit als Lernprinzip nicht dazu, daβ die Inhalte den Lernenden äuβerlich bleiben und an ihnen abprallen wie an einem Panzer? Und bewirkt die Norm der Schleunigkeit nicht, daβ Schwierigkeiten, die Anreiz für problemorientiertes Lernen sein könnten, bloβ stören und lieber aus dem Weg geräumt werden, bevor der Lernende über sie stolpern könnte? Gibt es nicht Tätigkeiten und Aufmerksamkeiten, die schlichtweg Zeit und Langsamkeit brauchen und Muβe und den Gebrauch der Sinne, statt in den Sog zeitsparender Erledigungen herabgerissen zu werden?

"Die Menschen schrumpfen zu Landeplätzen, auf die man seine Inhalte heruntergehen lassen kann"[1], beschreibt Horst RUMPF den Sachverhalt.

Wer kann sich noch darüber wundern, daβ solcherart nahegebrachte Inhalte bloβ äuβerlich bleiben, nicht in den Menschen eindringen und ihm daher auch gleichgültig bleiben. Zeitdruck ist nicht nur in der Schule allgegenwärtig: Wer kennt nicht die Managementschriften mit Titeln wie '1 x 1 des Zeitmanagements' oder 'Wie man in kürzerer Zeit mehr leisten kann'!

Auch die Didaktik der klassischen Ausstellungen in Naturkundemuseen entspricht dem Prinzip der Schleunigkeit: Da versucht man,

----

1. Rumpf, H. (1986), S. 62

die Fülle der verfügbaren Fakten in soundsoviele Vitrinenmeter zu pressen, den Stoff lehrgangsartig auf wenigen Metern zu präsentieren, damit der vorbeigehende Besucher in der kurzen Zeit einen Überblick bekommt, und der verweilt ja nur Sekunden vor einem Exponat, wie wir aus der Besucherforschung wissen.

Zeit sparen?

Das Wort 'Vergegenwärtigen' sagt es: wenn wir uns etwas vergegenwärtigen wollen, dann müssen wir unseren Blick verlangsamen und im besten Sinne wissenschaftlich an einen Gegenstand herangehen.[1] Solches Vergenwärtigen und damit die Frage, wie das Verschüttete im Menschenlernen wieder freigelegt werden könne, begegnete mir, in anderer Form, in der Geschichte des englischen Seefahrers und Nordpolforschers John Franklin. Sten NADOLNY beschreibt Franklins Leben unter dem Titel 'Die Entdeckung der Langsamkeit'.[2] Franklin ist ein Mensch, dessen Wahrnehmungen und Reaktionen durch und durch von Langsamkeit geprägt sind. In manchen Momenten seines Lebens wird aber deutlich, welche Qualität Langsamkeit haben kann. Zum Beispiel, als er bei einer Expedition das Vertrauen der Indianer gerade deswegen gewinnt, weil er sich Zeit nimmt und, nachdenkend, sich von dem Prinzip leiten läßt, ruhig "so lange dumm auszusehen", bis er klug ist. Auf diese Weise macht er die Erfahrung, "daß Frieden überall dort entstand, wo man nicht schnell, sondern

----

1. K. Kuhn hat mit der Übung 'Herbstanfang' die TeilnehmerInnen dazu anzuleiten versucht, durch Beobachten, Abwägen und Erörtern sich dem Problem 'Tag- und Nachtgleiche und Modell der Erde' zu nähern und die Lösung durch eigenes Beobachten zu finden. Lachen, Lächeln und Ratlosigkeit zeigen sich in den Gesichtern der TeilnehmerInnen, auch Skepsis und zusammengekniffene Augen, die Nachdenken signalisieren. Am Ende stehen bei vielen TeilnehmerInnen offenbar mehr Fragen als Antworten und für mich die Gewißheit, daß wohl kaum einer der TeilnehmerInnen, mich selbst eingeschlossen, noch einmal mit der so trügerischen Sicherheit des Schulwissens an das Problem herangehen wird: Ein Ergebnis, das Wagenschein 'Widerfährnisse' nennt.

2. Nadolny, S.: Die Entdeckung der Langsamkeit. München, Zürich (Piper 1987).

langsam auf einander zuging". Franklin verläßt sich auch lieber auf seine eigenen Sinne, als auf Bilder aus zweiter Hand, wie wir heute sagen würden. "Ich bin Entdecker", sagt er, "und Entdecken heißt: selber etwas direkt anschauen, wie etwas aussieht und wie es sich bewegt. Ich möchte mir von einem Bilderwälzer (gemeint ist ein Filmgerät, W.P.) nichts vormachen lassen.

Martin Wagenschein kommt mir dazu in den Sinn: ein Lehrer, der die Kunst, langsam zu werden, lehrt, der es ermöglicht, sich die Welt zu vergegenwärtigen, indem er den Lernenden den Stoff selbst erforschen läßt und dem Beobachten und dem Gespräch Zeit einräumt.[1] Seine Didaktik widerspricht dem üblichen Lehr- und Lernideal, dessen Ziel es ist, eine Sache zu beherrschen, sie auf eine möglichst effiziente, ökonomische, eben zeitsparende Weise in den Griff zu bekommen, diesem technischen Lernideal.

Die Fachsprache ist ein Mittel, das dabei unterstützt: sie bringt vor dem Unvertrauten und Bedrohlichen in Sicherheit. Auch das ist ein Indikator für eine Art von Wissen, das nicht für die Wirklichkeit öffnet, sondern vor ihr in Sicherheit bringt.

Solcherart Wissen immunisiert gegen Irritationen: die doch allein das Wissen für Erfahrungen offenhalten.[2]

---

1. Die Übungen zeigen es deutlich: Der Gegenstand, ob die Stäbe im Boden oder die Kräuter im Stoffbeutel, provoziert Fragen. Ausgiebige, nicht gelenkte und nicht lenkbare Gespräche der TeilnehmerInnen folgen: Jetzt wissen wollen, was ist. Daraus ergibt sich fast zwangsläufig die nächste Phase des Tuns. Ein Beispiel: Bei der Frage, wofür man denn dieses oder jenes Küchenkraut benutzt, sagt einer der beiden Teilnehmer: "Zum Fleisch!". Die Reaktion darauf ist die, das probieren zu wollen, also ein Fleischgericht zu bereiten.

2. Wir haben Beispiele für die Anwendung des Prinzips Langsamkeit erlebt, zum Beispiel bei der Übung 'Herbstanfang' oder bei den Riech- und Fühlübungen, deren Wirkung ja geradezu darauf beruht, durch das Ausschalten des Gesichtssinnes die Wahrnehmung zu verlangsamen und dadurch zu intensivieren. Wer, wie ich, als Beobachter dabeisteht, für den vergeht die Zeit allerdings endlos langsam, für die TeilnehmerInnen dagegen offensichtlich angenehm schnell.

Welche Konsequenzen haben die genannten Gesichtspunkte für unsere pädagogische Arbeit? Welcherart Lernprozesse sollten wir initiieren?

2.3 Lernen auf Einbahnstraßen?

Lernabläufe sind in unserer Zivilisation seit etwa 150 Jahren linear strukturiert. Da gibt es Ablaufformen 'vom einfachen zum komplizierten' oder 'erst die Begriffe, dann die Inhalte'. Es gibt Phasenmodelle, beispielsweise folgendes: Einstieg, Motivation, Problemstellung, Verarbeitung, Vertiefung; ein Weg vom Problem zur Lösung also. Das sind gängige didaktische Vorstellungen, die man auch Lerneinbahnstraßen nennen könnte. Am Ende solcher Lerneinbahnstraßen steht konsequenterweise die Evaluation.

Ein Lernen nach solchen Modellen könnte man vergleichen mit dem Anstieg auf einen touristengerechten Berg: Eine Treppe, alle 50 Stufen ein Pausenplateau, dann wieder eine Treppe usw.; die Zahl der Stufen ist möglicherweise unten am Beginn der Treppe durch ein Schild schon angekündigt. Man weiß also immer, wo man ist, kann mitzählen, kann ausrechnen. Ein beherrschter, ein beherrschender Aufstieg.[1]

Dieses Lernen ist eines, das unserer "durchrationalisierten Welt" (H. RUMPF 1986) entspricht: Brigitte WORMBS[2] beschreibt den Ludwigsburger Schloßpark, der früher, in vergangenen Zeiten, der Erbauung der dort residierenden Adeligen diente, wo man die Nachtigall hören und Natur genießen konnte, wenn auch inszeniert und insofern gar nicht mehr 'natürlich'. Wie sieht dieser Schloßpark heute aus? Die Nachtigallen sind offenbar nicht mehr vorhanden, stattdessen gibt es Anlagen, die auf Knopfdruck ein Dia aufleuchten lassen mit eben diesem Vogel, gleichzeitig ertönt sein Gesang, und man kann aus einer Kiste ein Informationsblatt entnehmen, in dem es dann

----

1. Solcherart Lernen verlangt auch den 45-Minuten-Rhythmus.

2. Wormbs, B.: Schattenreise nach Marbach am Neckar. In: Michel, K.M. et H. Wieser (Hg.): Kursbuch 52: Utopien. Berlin (Rotbuch/Olle und Wolter) 1987, S. 83-98.

weitere Informationen über diesen Vogel gibt. So ist der Schloßpark von Ludwigsburg von der Tendenz her zu einer Instruktionsanlage geschrumpft: Die Wiesen, die Wege, die Bäume, sie sind Staffage für die Informationsträger, die Medien. Multimedial wird die verschwundene oder bedrohte Wirklichkeit ersetzt, und zwar mit einer ziemlichen Perfektion. Das Nicht- oder Falschinformiertsein wird aus der Welt geschafft.

Allerdings: So werden auch Erfahrungen übersprungen, auch und gerade solche, die dem Informiertsein erst Sinn gäben. Brigitte WORMBS selbst schreibt dazu: überall, so sagt sie, werden wir belehrt, bevor wir das, worüber wir belehrt werden, noch recht kennenlernen können. Belehrt auf eine Weise, die uns gleichzeitig abgewöhne, überhaupt noch Anspruch auf lebendigen Umgang mit dem Vorgestellten in der Wirklichkeit zu erhalten. Der Parkwanderer werde also zur Prothese für kognitive Instruktion. Oder, in den Worten von Max WEBER: Der psychische Apparat des Menschen wird der Außenwelt angepaßt, in unserem Beispiel der durchrationalisierten Außenwelt, die auf linearen Fortschritt aus ist.

Ein anderes Beispiel: der Trimmpfad. Die sinnlich erfahrbaren Gegebenheiten des Waldes werden zu Attrappen eines Trainingsprogramms. "Am Ende schwitzt man herrlich, aber man hat den ganzen Wald nicht gesehen und ist eigentlich gar nicht drin gewesen" (Adolf MUSCHG).[1]

Was sind denn nun die Alternativen?

Um beim Beispiel von der Bergbesteigung zu bleiben, - wie ich auch auf einen Berg gehen kann: Auf kaum begangenen Pfaden, über Wurzeln, über Steine, steil hier und dann wieder fast eben, manchmal schnell, dann langsam und mühsam, voller unvorhergesehener Hindernisse.

Manchmal bricht der Pfad sogar ab, manchmal weiß ich nicht, ob ich hinkomme, ob ich gar im Kreise gehe. Überraschende Ausblicke, Erschöpfung.

----

1. Muschg, A.: Noch ein Wunsch. Frankfurt (Fischer) 1981.

Anders formuliert und auf das Lernen bezogen: Ein Weg vom Glatten ins Krause, vom Besitz in die Schwebe, vom souverän Drüberstehen zum Verwickeltsein. Oder, noch anders ausgedrückt, von den Antworten zu den Fragen: "Manchmal kommt die Frage schrecklich lange nach der Antwort" (Oscar WILDE).

Auch hier fällt mir Martin WAGENSCHEIN ein, dessen Didaktik so gar nicht in das lineare Stufendenken hineinpaßt, wenn er sagt, daß es darauf ankomme, ein Thema "zünden zu lassen", indem man es reden läßt: worauf dann erst "eine Betroffenheit, eine Beunruhigung durch Ungewohntes, Absonderliches, Unstimmiges" sich einstellen "und der Wunsch, es einzuordnen".[1]

Können wir es uns nicht leisten, Fragen aufzuwerfen, statt immer nur Antworten zu präsentieren? Umwege zuzulassen, statt geradlinig zum geplanten Ziel zu kommen? Die Dinge als Spuren für vielleicht langwieriges Tasten zu präsentieren, statt für den routinierten, einordnenden Blick?

Horst RUMPF schildert eine Begegnung im Frankfurter Senckenbergmuseum, er schreibt: "Wenn ich im ersten Lichthof des Senckenbergmuseums neben einer Skelettpartie zu stehen komme und etwas ratlos das aufragende Knochengebilde mit Wirbelsäule, Kopfpartie und den Extremitäten mit den Blicken abtaste, dann kommt mir eigentlich nicht mehr die Frage, wie um alles in der Welt dieses manierlich aufgestellte, große Skelett in diese Senckenberg-Anlage mitten nach Frankfurt gekommen ist. Wer daran Interesse hatte, wieviel Schweiß und Geld und Leidenschaft daran hängen."[2] Und er wünscht

----

1. Wagenschein, M.: Verstehen lernen. Weinheim und Basel (Beltz) 1968.

2. Rumpf, H.: Die Dinge und die Sinne. In: Umwelt Lernen, Zeitschrift für Ökologische Bildung. Nr. 35/Nov. 1987, S. 4-10.

sich die Dinge mit Spuren, an denen er entdecken kann, Spuren, die sich dem Blick, der sofort einordnet, entziehen.[1]

2.4 Wie der Stoff von den Menschen abprallt

Ingo SCHELLER, Didaktiker aus Oldenburg, sagt, das zentrale Problem der Schule und des schulischen Lernens sei es, Lernprozesse auf sprachliche Tätigkeiten zu reduzieren. Der Lernprozeß sei auf diese Weise gereinigt, nämlich reduziert auf das Aufnehmen, das Weitergeben und den sprachlichen Austausch von Informationen; Gefühle blieben unerwünscht.[2] Tatsächlich sind ja sprachliche Äußerungen auch die einzigen, die im sogenannten fragend-entwickelnden Unterrichtsgespräch offiziell zugelassen sind, der unterrichtlichen Methode schlechthin. Das, so SCHELLER, habe zur Folge, daß die Unterrichtsgegenstände, die Inhalte also, nicht wirklich praktisch angeeignet und auch nicht emotional besetzt werden können, mit der weiteren Konsequenz, daß die Inhalte Äußerlichkeiten bleiben, die in Form von Begriffsdefinitionen eingetrichtert werden müssen, weitgehend unverarbeitet bleiben und nur zum Zwecke des Tausches gegen Noten oder Status wieder hervorgeholt werden.

Worauf es in diesem Zusammenhang ankäme?

Von Kindern wissen wir, daß sie viel stärker als wir die Welt durch all ihre Sinne aufnehmen und verarbeiten. So hat uns Renc Spitz in seinen Untersuchungen darauf aufmerksam gemacht, daß Kleinkinder Zeichen und Signale empfangen, die ganz verschiedenen Kategorien angehören: Gleichgewicht, Muskelspannungen, Temperatur, Vibration, Haut- und Körperkontakt, Rhythmus, Dauer, Tonhöhe, Klangfar-

----

1. Der Backofen oder das Ökohaus auf dem Gelände der PH Flensburg: als ich sie vor den praktischen Übungen sehe, ertappe ich mich, wie ich gleich auf die erläuternden Schilder zugehe. Verleiten solche Schilder nicht dazu, das Befremdliche eben nicht selbst zu erkunden? Die durch die Objekte ausgelöste Beunruhigung eben nicht auszuhalten? Und stattdessen die zeitsparende, schnelle Erklärung zu suchen? Wieviel Raum lassen solche Schilder noch für Fragen?

2. Scheller, I.: Erfahrungsbezogener Unterricht. Königstein (Scriptor) 1981.

be und Resonanz sind einige dieser Wahrnehmungen. Diese von Spitz coenästhetisch genannten Wahrnehmungsweisen werden im Laufe des Erwachsenwerdens weggedrängt. Wir lernen, unsere Sinne auf bestimmte Außenreize zu spezialisieren, die gut einzuordnen sind, und zwar lernen wir dies mit dem Ziel, die Dinge der Welt zu unterscheiden, sie zu isolieren und sprachlich-gedanklich zu durchdringen.

Wenige Erwachsene behalten die Fähigkeit, sich der coenästhetischen Wahrnehmungsweisen zu bedienen: Musiker beispielsweise oder Tänzer, Maler und Dichter sind solche Menschen. Sie gelten oft als übersensible, ja labile Personen: Außenseiter allemal.

Bedeuten die Veränderungen der Wahrnehmungsstruktur im Laufe des Menschenlebens nun, daß wir die sinnlichen Potentiale, die der Natur innewohnen, nicht entfalten können?

Wenn wir im Lexikon nachlesen, wie dort der Mond beschrieben wird, dann wird deutlich, wie sehr sich durchgesetzt hat, die Welt kognitiv-gedanklich wahrzunehmen: "Mond ... der einzige natürliche Begleiter der Erde, der diese in einer Ellipse innerhalb eines Monats umläuft. Bahnexzentrizität 0,0549; Entfernung von der Erde: größte 406 740 km, kleinste 356 410 km, mittlere 384 403 km. Erde und Mond bewegen sich um einen gemeinsamen Schwerpunkt, der innerhalb der Erde liegt ...", so der Große Brockhaus.[1]

Wie anders hat noch GALILEI den Mond gesehen! Er gibt ihm ein Antlitz: "Schließlich wird das volle Gesicht des Mondes, mit dem er auf die Erde blickt, von der gegenüberliegenden Sonne bestrahlt, und weit und breit schimmert die Mondoberfläche, mit Mondschein übergossen".[2] Welch ein Unterschied zu den dürren Worten des Lexikons, das die naturwissenschaftlich geprägte Wahrnehmungsweise des 20. Jahrhunderts widerspiegelt - peinlich für die moderne

----

1. Die Übung 'Herbstsonnenstand' zeigte, wie sehr solcherart Wissen äußerlich bleibt und wie wenig es taugt, die Naturphänomene draußen zu begreifen. Außerdem ist zu fragen, was sich denn in unserer Vorstellung sonst noch alles mit Sonne oder Mond verbindet, wenn wir einmal in uns hineinhorchen und aus der Erinnerung Bilder aufsteigen lassen. Dieses einzubeziehen gehörte aber dazu, will man den ganzen Menschen sich einbringen lassen und einbeziehen.

2. Galilei, G.: Siderius Nuncius. Frankfurt 1965, zit. nach H. Rumpf 1986.

Wissenschaft, daß einer ihrer Urväter sich in solch blumiger Schwärmerei gehen ließ? Oder nicht auch ein Beispiel dafür, daß die coenästhetische Wahrnehmung der Welt auch in den Naturwissenschaften möglich ist?

Solcherart Wahrnehmung bezieht sich auf das Konkrete - auf die Landschaft und ihre Lebewesen und Gegenstände beispielsweise. Dies zeigt auch die Richtung, in der wir zu arbeiten hätten. Ein Beispiel aus der Osnabrücker Region ist der Plaggenesch, eine einzigartige Form in der Landschaft, deren Einzigartigkeit man aber erst wahrnimmt, wenn man weiß, welche Geschichte die Landschaft geprägt hat.

3. Was uns die Sinnesphysiologie lehrt

Lernen - Langsamkeit - die durchrationalisierte Welt - alles das hat auch mit der Art der Informationsaufnahme zu tun.

Lernen, auch das über Natur und Umwelt, erfolgt ja über Kommunikation. Wenn wir also den Menschen und die Natur miteinander in Verbindung bringen wollen, dann müssen wir berücksichtigen, wie das Gehirn mit der Außenwelt in Verbindung steht.

Die Sinnesphysiologie lehrt dazu folgendes:
Aus humanbiologischer Sicht ist es nicht leicht für uns zu kommunizieren. Unser Gehirn ist nämlich ein von der Außenwelt abgeschlossenes System. Mit den Rezeptoren der Körperoberfläche steht es mit der Umwelt in Verbindung und nimmt eine Vielfalt von Außenreizen auf. Die Zahl der Rezeptoren ist sehr groß, und noch größer ist die Zahl der Reize, die auf unsere Sinne einströmen und dann in Informationen umgewandelt in unser Gehirn fließen. Dort, im Sitz von Bewußtsein, Gedächtnis und Stimmungen, wird aus dem Informationsangebot vieles herausgefiltert: Ein von Mensch zu Mensch einzigartiges Bild der Umwelt entsteht. Diesem Bild gemäß reagieren wir über Sprache, Mimik und Motorik: wir kommunizieren mit der Umwelt. Kommunikation ist also ein komplexes Geschehen, und sie macht lebenslanges Lernen notwendig.

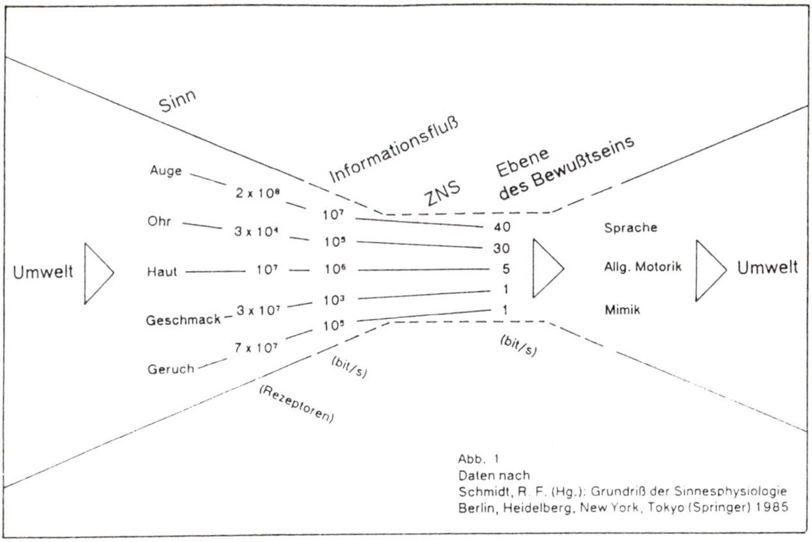

Abb. 1
Daten nach
Schmidt, R. F. (Hg.): Grundriß der Sinnesphysiologie
Berlin, Heidelberg, New York, Tokyo (Springer) 1985

Wir haben nicht nur unsere Wahrnehmungsweisen im Laufe unsrer Sozialisation verändert, unser Sinnesapparat wird auch durch eine ungeheure Zahl von Reizen überflutet.: Die Umwelt, und gerade die vom Menschen organisierte Umwelt, führt geradezu einen Kampf um unser Bewußtsein. Die Bildungsinstitutionen nehmen an diesem Kampf teil. Sie versuchen, unser Bewußtsein möglichst effektiv zu besetzen: Die Waffen sind normierte Sprache, operationalisierte Lernziele und ein Füllhorn von Medien. Dabei wird die Reizaufnahme auf Auge und Ohr konzentiert. Vorsprachliche Gefühle bleiben ausgeblendet und tief im Körper versteckt. Der hat bewegungslos in seiner Bank zu sitzen und stillzuhalten gegenüber der Flut von belehrenden Worten und Bildern.

4. Die Welt nicht nur mit naturwissenschaftlichem Blick wahrnehmen?

4.1 Mutter Natur

Im 16. Jahrhundert nahmen die Menschen die Welt noch als Organismus wahr, als Lebewesen, das Ich, Gesellschaft und Kosmos vereint. Die leitende Metapher aller traditionellen Gesellschaften ist die der Natur, die auch Erde, lebendiger Organismus und nahrungsspendende Mutter ist. Die Natur war aber gleichzeitig auch die wilde, unbezähmbare Natur, die Gewalt, Aufruhr, Stürme und Trockenzeiten bringt: Diese Seite der Natur ist gesetzlos, es ist die der Wildnis: ein chaotisches Reich, das, so die Tendenz seit dem 16./17. Jahrhundert, der Zähmung und Kontrolle bedarf: "Mein Ziel ist, zu erweisen, daβ die Himmelsmaschine nicht einem göttlichen Organismus zu vergleichen ist, sondern einem Uhrwerk", schreibt KEPLER im Jahre 1605 in einem Brief an einen Freund.[1]

In der Folgezeit wird das Programm formuliert, mit dem die gesetzlose Natur den Fragestellungen und Techniken der neuen Wissenschaft unterworfen wird: Francis BACON, der 'Vater der modernen Wissenschaft', wirkt dabei maβgeblich an einem Gesamtprogramm mit, dessen Ziel die Beherrschung der Natur zum Wohle der Menschen ist. Er sagt auch, wie das zu geschehen hat: Man müsse der Natur ihre Geheimnisse entreiβen, so wie es die Inquisition mit den Menschen tut. Sie müsse durch die Mechanik 'bezwungen' und 'bearbeitet' werden. So entsteht die moderne experimentelle Methode: Einsperren der Natur ins Laboratorium, sezieren mit Hand und Geist und Eindringen in ihre verborgenen Geheimnisse.

Die Idee, die Natur beherrschen zu wollen, setzt sich bis in die Trivialliteratur unserer Tage hinein fort: In einem Comic meines Sohnes fand ich dazu ein Beispiel. Dagobert Duck, Held und Bösewicht in einem, läβt einen Kunststoff erfinden, aus dem man nicht nur Häuser, Autos und sonstige Gebrauchsgegenstände aller Art herstellen kann, sondern auch Bäume, Rasen und Blumen. Die unordentliche Natur, die wächst, Blätter abwirft und deshalb ständig der Pflege

----

1. Zit. nach: Merchant, C.: Der Tod der Natur. München (Beck) 1987.

bedarf, kann so ersetzt werden. Nur dem Einsatz der drei Junior-Ducks ist es zu verdanken, daß die schließlich doch erhalten bleibt.

4.2 Naturwahrnehmung und Naturbeherrschung

Naturbeherrschung hat auch mit Naturwahrnehmung zu tun. Welche Weise der Naturwahrnehmung favorisiert die Naturwissenschaft? Hans Peter DÜRR schildert anschaulich, wie die Naturwissenschaft die Welt erfährt: "Meist beobachten wir nicht mehr direkt die Natur, sondern verwenden dazu immer kompliziertere Geräte. Sie wirken wie überlange Stöcke, die uns erlauben, weiter vorzufühlen, Entfernteres zu berühren, stärker auszuholen, die andererseits aber, gerade wegen ihrer großen Länge, sich zwischen uns und die Natur schieben und bewirken, daß uns der unmittelbare, tastende Kontakt, das 'Fingerspitzengefühl' für die Erfassung der Wirklichkeit im ganzen verlorengeht. (...) Es stellt sich nun die Frage, ob es andere und insbesondere zur Erfassung der ganzheitlichen Struktur der Wirklichkeit effektivere Arten der Welterfahrung gibt als die, mit unzählig vielen, überlangen spitzen Stöcken in ihr herumzustochern, wie es die Wissenschaft versucht".[1]

Diese naturwissenschaftliche Weise der Weltwahrnehmung sind wir alle längst gewöhnt. Als ich vor 20 Jahren im Rahmen einer botanischen Exkursion das Swedish Coniferous Project in der Nähe von Uppsala in Schweden besuchte, war ich beeindruckt von den Meßapparaturen, mit denen man den Bäumen Daten abzutrotzen versuchte: Die Zweige der Fichten waren in Plexiglasröhren eingehüllt, die über Schläuche eine direkte Verbindung zu einem Analysegerät für den Gaswechsel der Blätter hatten, das wiederum direkt mit einem Computer verbunden war, der über einen Schreiber den Graphen des Gaswechsels sofort sichtbar machte.

Auch in Deutschland gibt es ein ähnliches Projekt, das Sollingprojekt, jene großangelegte Untersuchung des Ökosystems Wald in den Jahren 1967 bis 1987. Die Abbildung 2 zeigt: den Wald. Nicht irgendeinen, sondern ein Waldindividuum, den Solling, einen Mittelge-

----

1. Dürr, H.P.: Naturwissenschaft und Wirklichkeit. In: M. Schaffer et A. Bachmann (Hg.): Neues Bewußtsein, neues Leben. München (Heyne) 1988, S. 200-221.

birgswald im mittleren Deutschland. Sogar der Mensch ist in dem Schema vertreten, das den Solling-Wald beschreibt, aber er ist auf den Wirkfaktor M geschrumpft, ein Abstraktum wie die anderen Faktoren auch. Was hat der Wald, in dem Menschen wandern und Kinder spielen können, mit jenem im Schema zu tun? Ein böser Verdacht könnte einem kommen: Ob es einen Zusammenhang zwischen der Reduktion der realen Natur durch die Wissenschaft und deren Zerstörung geben könnte?

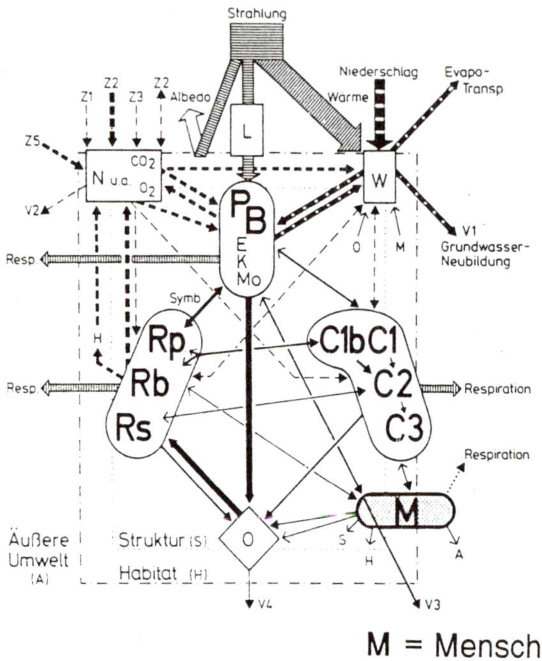

Abb. 2: Ökosystem-Schema aus Ellenberg, 1986 (verändert). Der Mensch wird biofunktional als Lebewesen und als sog. "überorganischer Faktor", der über das System hinauswirkt, dargestellt.

Die alte Naturgeschichte, deren Urvater Goethe ist, behandelt die Natur anders. Sie beschreibt die Landschaft, indem sie das Merkwürdige und das historisch Gewachsene und deshalb Einzigartige einer Landschaft benennt. Ihr Gegenstand sind Individuen wie der alte windschiefe Baum hier oder die Wallhecke mit ihrer jahreszeitlichen

Pflege und ihren typischen Pflanzen dort. Die Naturgeschichte hebt das Besondere hervor und ist damit im besten Sinne anschaulich und identitätsstiftend: sie knüpft am Alltagsbewußtsein der Menschen an, für das Natur als vertraute und heimische Bezugsgröße steht, ein Vorbild auch für pädagogisches Handeln, und das nicht erst seit heute.

Das Besondere und Einzigartige dessen zu entdecken, was merkwürdig ist, bedarf der Wachheit aller Sinne. Mit dem stromlinig geformten Allgemeinen, mit den Gesetzen und Theorien erfahre ich die Natur draußen nicht.

Liegt in dem Gegensatz zwischen abstrakter und konkreter Naturannäherung vielleicht ein Schlüssel für eine naturbezogene Bildung?

Konkrete Annäherung an Natur heißt auch, etwas fremd zu machen:[1] "Es kommt darauf (...) an, alle Sachinformationen (...) auf das sparsamste zu dosieren und so kunstvoll zu inszenieren, wie man es von den schönen Künsten und nur von ihnen lernen kann. Denn die Information muß auf jeder Stufe des Unterrichts der Imagination (...) untergeordnet werden. Imagination und Interesse werden aber durch eine gewisse Dosis Fremdheit nicht etwa beeinträchtigt, sondern begünstigt. Denn Fremdheit eröffnet die Chance einer verlangsamten und eben durch die Verlangsamung vertieften Wahrnehmung."[2]

Nun tut die Naturerlebnispädagogik noch einen weiteren Schritt: Sie versucht, durch Übungen wie die 'Blinde Barfußraupe' wohltuende (G. TROMMER) Erlebnisse und Erfahrungen mit Natur zu bieten und sinnlichen Qualitäten den Platz zu geben, den sie im Alltag der Menschen nicht mehr haben, und zwar auch in der Erkenntnis, daß negativ besetztes - die 'Umwelt' - Angst auslöst, wir Menschen aber, wie wir wissen, negatives zu meiden suchen: "Als Ökologe muß ich Pessimist, als Pädagoge Optimist sein!"(G. TROMMER).

Außerdem: Das abstrakte Denken in ökologischen Fachkategorien

----

1. So, wie es bei den Übungen auch geschah: Tastend - ob mit den Händen oder den Gedanken - sich etwas eigentlich Bekanntem zu nähern, es ganz anders wahrzunehmen, als dies sonst geschieht und mit einer ganz neuen Intensität und Aufmerksamkeit.

2. Weinrich, H.: Von der Langeweile des Sprachunterrichts. Zit. nach H. Rumpf, 1981, S. 212.

braucht Fachkompetenz. Die Erlebnisse in der konkreten Natur, wo die Naturmerkwürdigkeiten im Mittelpunkt stehen, sind so anschaulich, daß auch der Laie sie erfassen und benennen kann. Naturerlebnispädagogik, also das Lernen über wohltuende, anregende, gar beflügelnde Erlebnisse mit Natur, kann dem Laien Kompetenz zurückgeben.

5. Fazit

Aus meinen Überlegungen ergeben sich Konsequenzen für eine ökologische Bildung:

Erstens: Die Pädagogik muß von der ökologischen Krise ausgehen, also von der Bedrohung für Natur und Umwelt im weltweiten Maßstab genauso wie in der Lebenswelt der Menschen in der Region und den Veränderungen, die sich hier in den vergangenen Jahrzehnten vollzogen haben. Pädagogik muß reflektieren, daß ein Modell von Naturwissenschaft, das Naturbeherrschung voraussetzt, nicht ohne Einbußen an Glaubwürdigkeit weitergegeben werden kann. Wie müssen in unserer Arbeit auch thematisieren, welche Ursachen und Instrumente dafür verantwortlich sind. Nur dann können wir den Zukunftsbezug offenhalten, der jeder Pädagogik zu eigen ist.

Zweitens: Die Pädagogik kann Formen der Aneignung favorisieren, die Vorerfahrungen nicht durch das Filter der Fakten draußenhalten, sondern die der Erfahrung Raum geben, die die Welt so erfahrbar macht, wie sie dem nicht wissenschaftlich verengten Blick vor die Sinne kommt: als Ganzes. Kognitive und affektive Lernelemente sind in Einklang zu bringen, Formen der Aneignung anzubieten, die auf Handeln zielen und den Menschen befähigen, zielgerichtet auf seine natürliche und soziale Umwelt einzuwirken.

In der Praxis bedeutet dies, Erlebnisse mit der Natur zu bieten, die angenehm sind und die "Heilkräfte der Seele" anregen, wie es der große Biologe Adolf PORTMANN einmal ausgedrückt hat.[1] So können wir erreichen, daß wir das Lebendige nicht nur physikalisch-chemisch und das Geschichtliche nur biologisch sehen. Das zu erreichen sollten wir nicht nur Auge und Ohr nutzen, sondern auch die anderen Sinne: den Tast-, Geschmacks- und Geruchssinn. Und wir sollten den ganzen Körper einbeziehen: Die Körpersprache mit ihrer Fähigkeit, Nichtsprachliches auszudrücken genauso wie Stimmungen,[2] die Zeit und Raum benötigen, wenn sie sich entfalten sollen: "Die Erkenntnis, die nicht durch die Sinne gegangen ist, kann keine andere Wahrheit erzeugen, als die schädliche".

----

1. Beispiele aus den Übungen sind: Die schönen Gerüche, die Freude in den Gesichtern der TeilnehmerInnen, die vielen Kontakte zwischen ihnen.

2. Die Übungen und das Verhalten der TeilnehmerInnen machen deutlich, wie stark auch die gruppendynamischen Effekte sind, wenn die Art des Vorgehens das Subjektive zuläßt oder gar absichtlich mit einbezieht.

Jürgen Funke

D. Spüren - Fühlen - Wissen. Resonanzen zu einer Praxis

Mittwoch

Ich fahre durch Schleswig-Holstein: Ratzeburg - Lübeck - Eutin - Malente - Gremsmühlen, Gremsmühlen, das Kneipp-Heilbad. Ich fahre Zug. Die Sonne scheint. Wald und Felder ziehen vorbei und sehr blaue Wasserflächen. Die Gleise führen hier noch über Dorfstraßen, die Waggons stoßen fast an an einer Pension, die heißt: 'Eisenhuth'. Herbstliche Urlaubsmenschen mit dicklich gedunsenen Koffern steigen aus. Eine alte Dame, ihre Enkel, Staubmäntel. Gleich wird Heinz Rühmann kommen, Lilo Pulver küssen und mit ihr und Heinz Ehrhardt die Ferien vom Ich beginnen.

Das blaue Wasser reicht manchmal beinahe bis an die Schienen. Sonne und ein paar lauschige Wolken. Auf dem frisch und braun aufgegrabenen Acker liegen heruntergefallene Äpfel. Seerosen. Kühe gegen den Himmel und die Flecken im Grasgrün. In Plön bereits Laub und rote Beeren. "Fahren Sie doch wohin Sie wollen - und zurück für 130 Mark. Ihre Bahn!"

Wohin will ich denn, hier so behaglich geschaukelt durch Schleswig-Holstein? Mich erwarten zwei Vorträge, damit wird eine Tagung eröffnet. Dort nehme ich teil. Ich weiß schon: Einen der Vorträge werde ich versäumen, wenigstens einen. Aber wieviel früher hätte ich sonst zuhause weggehen müssen, und um wieviel zu früh wäre ich dann hier gewesen. Die Fahrpläne sind nicht gemacht nach dem Zeitplan meiner Tagung - wie auch. So komme ich lieber zu spät als zu früh, und die gewonnene Zeit schenke ich mir für den Morgentee, für die blaue Stunde zwischen Wachwerden und Aufstehen mit meinem Kind, für das Radio zum Frühstück, und genau das wollen mir die Vorträge, die ich versäume, vermutlich nahelegen: selbstbestimmte Muße. So bin ich bei ihnen, weil ich bei mir bin.

Warum spielen sie mir im Radio nun gerade heute morgen die Schöpfung von Haydn? Heute, wo ich gleich Schleswig-Holstein durchquere im Silberlicht. Und er schied das Licht von der Finsternis und sah, daß es gut war? Weiß der, was ich vorhabe?

Irgendwo zwischen Kuh, Möwe und Wasser steigen Vater und Sohn in den Zug. Der Vater sehr blond, sehr hübsch und strahlend jung, der Sohn ein kleines, liebenswürdiges Plapperkind. Eines Blickes würdigen sie die Schöpfung da draußen nicht. Abgewandt von Kuh und Möwe, auch von Pferd und Wildente durchblättern sie ein großes Buch - Band I der Tiere Afrikas, darbietend im Bild Nashörner, Gnus, Elefanten, Mama Löwe und Papa Löwe. Die reizende Liegenschaft Preetz im Silberlicht bleibt ihnen ungesehen. Wo die Tunnel noch nicht sind, schaffen wir sie uns mit Tunnelblicken, und was eine Gegend sein könnte, bleibt im bloß Unerheblichen, im Übersehenen, und so wird uns das Schöne zur ungestillten Sehnsucht nach Afrika - so kommt es mir vor.

Als ich den großen Saal betrete, verschenkt Hans Günther Homfeldt gerade seine letzten goldenen Worte. Eine unübersehbar rote Krawatte beleuchtet seine kunstvolle Rede, die mich nachhaltig ermutigt, das Sinnliche ernst zu nehmen, das Leben lebend zu erreichen, und jeder Anschaulichkeit zu mißtrauen, die nur das schiefe Gefälle hin ins wertvollere Erkennen der Abstraktionen darstellen soll. Ja, das gefällt mir, und auch der im Miterleben zu erfahrende Widerspruch zwischen Rede und Tun, der sich mir da auftut, delektiert mich, weil ich Vergnügen habe an Widersprüchen, die einfach so unaufhebbar sind, daß sie sich in aller Heimlichkeit hinterrücks anschleichen und 'Ätsch' machen.

Nun die schwere Entscheidung, wohin ich mich wenden soll mit meinem Auftrag, Resonanzen der Praxis zu erspüren, wohin zuerst, und wohin dann? Zwischen Tür und Angel frage ich Holger Heitmann, was mich erwartete, wenn ich seinen Arbeitskreis 'Bewegung B' besuchte. Gehen, sagt er, würde ich müssen, vielleicht auch noch Sitzen und Liegen, das käme aber eher morgen dran. Gehen also. Das leuchtet mir ein. Welch einfacher und naheliegender Einfall, uns aufmerksam zu machen auf die verborgene Schönheit einer alltäglichsten Verrichtung, uns zur Sinnlichkeit des Gehens zu ermutigen und die Mauer der Mißachtung zu durchbrechen, die wir schon aufgebaut haben zwischen Tun und Absicht. Ich frage ihn also, ob Gehen üben heißen wird, wach für das Gehen im Alltag zu werden, wach für vergnügliches Abrollen der Fußkante, für ein froschfußbreites, neugieriges Tasten der Zehen, für schleichend-schlurfendes Hinrutschen des Ristes über den Boden. Frage, ob Gehen üben heißen wird, dem

Groucho Marx in uns die Sporen zu geben, und das unpfleglich hastige, bloße Dahineilen anarchistisch umzuerfinden in ein knickstiefeliges Vergnügen am aufrechten Tangoschritt auch zwischen Karstadt und Stadtsparkasse. Holger schaut mich zweifelnd an und gibt mir höflich so viel Recht, wie er für meine Seelenlage für erforderlich hält. Ich ginge gern zu ihm.

Wirklich hin gehe ich zuerst zu Barbara Haselbach. Ich gehe hin nicht aus Neugier, sondern umgekehrt, weil ich mir sicher bin über das, was ich erleben werde. Und für den Anfang brauche ich einen sicheren Ort. Kleiden, Essen, Gehen, Natur erleben, das mute ich mir für's Erste doch noch nicht zu. Da möchte ich heimisch werden, bevor ich mich hineinwage ins Unbekannte. Und hier fühle ich mich sicher. Nein. Ich hatte nicht die Absicht, Töne zu summen. Aber nun summe ich. Ich war nicht darauf aus, Hände zu erfassen, Schultern zu berühren, über Scheitel zu streichen und dies selbst auch mit mir geschehen zu lassen. Aber nun tue ich das, und es ist gut so, organisch, maßvoll, meiner Stimmung zugleich entsprechend und sie emporhebend. Es wäre mir nicht in den Sinn gekommen, daß ich heute noch aus Stuhl, Schuh und Klangholz eine Skulptur errichten und sie mit verschiedenen Körperteilen auf verschiedene Weise berühren würde. Aber nun forme ich diese Statue, freue mich an ihr, gehe scheu heran an sie mit Nase, Ellbogen und Fuß, bloß um ihr labiles Gleichgewicht nicht zu brechen. Und mir wird der strahlende Unsinn meines Unternehmens ganz bewußt und eben dadurch kostbar. Dies alles habe ich nicht gewußt. Aber daß der Ort sicher sein würde wegen einer Lehrerin, wegen einer Stimme, die nicht bloß norddeutsch zischt, sondern tönt, wegen der gegenständlichen Hilfen, die mir zeigen, wie ich mich ohne Mühe und Peinlichkeit schließlich ins reine Bewegungsspiel hineinbegeben kann. Orte sind die Menschen, die uns dort erwarten, und dies ist mir entschieden ein guter Ort.

Auf einer Postkarte, die ich neulich gesandt bekam, werden einem altväterisch gekleideten Jungen die Worte in den Mund gelegt: "Du fragst, was soll ich tun? Ich sage: Lebe wild und gefährlich!" Unterschrift: "Artur!"

Ist das Thema dieses schlanken Mannes, der am Abend vor dem Rednerpult steht, die Dinge in die Schwebe bringt und mir die Botschaft vom Risiko so nachhaltig einvermittelt?

Gleichgewicht, sagt er, ist erstrebenswert, aber Gleichgewicht finden heißt, den Absturz riskieren, nicht ihn ausschalten. Und schon sind wir wieder beim Gehen, dem verhinderten Hinfallen, und wir sind bei dem kleinen Tod zwischen den Atemzügen. Gesundsein heißt nicht, die Durchschnittswerte des Normalverhältnisses erfüllen, es heißt wohl viel mehr, angesichts der Untiefen, die wir überqueren, die Entscheidung zu treffen, ob zu springen ist, oder nicht. Ich bewundere den Mann, wie er frei spricht in wechselnden Posen des sich Geradehaltens. Indem ich ihn anschaue, halte ich mit ihm gerade und versuche, der Kunst der allmählichen Verfertigung der Gedanken beim Reden nachzuspüren, die er so offensichtlich und so überaus elegant handhabt. Und ich glaube zu bemerken, daß alles, was aus dem Augenblick heraus von ihm geboren wird, gar nicht aus diesem Augenblick geschöpft wird. So lebt auch er vor meinen Augen wild und gefährlich, weil er sich in seinen Bewegungen auf einen Boden von Wissen und Erfahrung verläßt und darauf, daß es ihm in jedem Augenblick gelingen wird, diesen Boden zu erreichen. Zurück bleibt aber auch die bange Frage: 'Was weiß mein Kind eigentlich über Napoleon?'

Donnerstag

Nun also Mehl, rauhstaubiger Stoff, dazu ein sauberes Holzbrett, Hefe, Salz und Wasser. Ich bröckle und fingere, schmecke, schlucke, knete, kratze, presse, quetsche. Der Staub wird erst ein Mulch, dann Leim, dann Laib, Laib, der auch noch die Krümel aufnimmt, bis das Mehl ganz vom Brett getilgt ist und es glänzend hervortritt. Ich tue, was ich will, rollen, drücken, bohren, reißen; und was ich will, ist das, was ich im Tun als die nächste Möglichkeit erfahre. So sagt mir der Teig, wohin ich spüren, was meine Finger tun sollen, während ich meinerseits dem Teig meinen Mutwillen zu fühlen gebe. Und auf einmal bin ich drei oder fünf, laufe mit dem Sandeimer zur Buddelkiste, gieße Wasser aus, greife und klatsche, forme Kuchen, ziere sie mit Blättern und Stöckchen. Als ich aufwache, sehe ich, daß ich der letzte bin - noch nicht fertig inmitten von schon Fertigen, und eilig klebe ich meine Kugeln zu einem dürftigen Kranz zusammen, der wie ein verhärmter Stadtstreicher sich neben den glänzenden Gebilden der Könner herumdrückt. Auch mißgebildete Semmeln besitzen innere Schönheit.

Als ich die Augen schließe, verschwindet der kleine Altar des Erntedankes auf dem Fußboden, nur die ihm beigegebene Kerzenflamme bleibt noch eine Weile vor mir, bis auch sie erlischt. Mir wird etwas in die Hand gelegt, ein Schnitzelchen von Gemüse, glatt fest aber in sich verwunden - ach ja, Paprika! Aber welche? Grüne, rote, gelbe? Finger sehen keine Farben, Nasen riechen sie schon eher, Lippen, Zunge, Gaumen malen sie sehr genau. Ich greife das Gemüse und im Greifen den Begriff. Im Moment des Erfassens weiß ich, was ich da in der Hand halte, und so wird alles sinnliche Untersuchen zur Bestätigung meiner Erwartungen. Es fühlt sich an wie Paprika, riecht wie Paprika, es schmeckt wie Paprika. Und zugleich hat mein Begriff auch den Maßstab. Diese hier ist wässrig, flach im Geschmack. Die Sonne scheint nicht durch das Aroma. So ist es eine und doch nicht ganz die Erträumte. Nein, ich bin kein Realist in meinen sinnlichen Zugängen zur Welt, sondern ein Träumer. Meine Sinne suchen mit Begriffen die Erfüllung einer Phantasie von Licht, Farbe und Geschmack. Das Prosaische dessen, was ich gerade haben kann, bildet das Zugeständnis an die Not des sich Ernähren-Müssens. Die Wonnen der Sinne sind nicht jeden Tag zu haben.

Dann die kleine feste Kugel, elastisch, federnd, fast springlebendig zwischen Hand und Lippen. Und riecht man nichts. Mir ist das solange eine Art unbekanntes kleines Steinobst, gelbliche Kirschen vielleicht oder grüne Minireneclaude. Und dann der Biß, und ich falle aus allen Wolken, weil meine Reneclaude aus sich den nachtschattig süßen Saft einer Tomate ergießt. Es war die Nachtigall und keine Lerche. Da muß ich lachen, und lache, so still wie ich kann, um die andächtig malmenden Kiefer um mich herum, die Sherlock-Holmes-Zungen nicht zu inkommodieren.

Nein, ich habe noch nie an einem Tage so viel die Augen geschlossen - bin noch nie so vielen ent-rückten Auditorien begegnet, die ihrerseits geschlossenen oder verbundenen Auges Reisen durch den Körper, Tastsensationen, inneres Schauen ausübten. Essen ist nicht Essen, sondern ein mit eindringlichen Worten vorbereitetes Erspüren von Befinden und Wollen. Gehen nicht gehen, sondern ein sich ausliefern in das Risiko des Fehltretens beim blinden Herumtasten. Baum, Strauch, Kraut sind nicht Baum, Strauch und Kraut, sondern das fremd Gemachte in unanschaubarer Umarmung, Zerbröselung, Beschnüffelung. Beginnt die Aufmerksamkeit auf die Dinge dort, wo wir Mißtrauen gegen die Augen säen? Wieviel Entrückung ist nötig, um ganz zu den Dingen zu kommen, von denen wir abrücken. Was werden denn Klaus, Jana, Martina und Meik sagen in der neunten Klasse, wenn ich ihnen mit geschlossenen Augen ihr Ballisto verfremde, um ihr Sinnenbewußtsein zu steigern. Wo liegen die prosaischen Möglichkeiten. Oder ist auch hier wieder bloß bürgerliche Verfeinerung des Geschmackes als Strategie des Abstandhaltens eingeführt, um etwas auf Distanz zu einigen und sich zu unterscheiden von Kreti und Pleti? Manchmal ist Augen schließen vielleicht die falsche Regung. Auch sie öffnen müssen wir wohl üben - um den Preis der Übelkeit, die das klare Erkennen der Tatsachen beschert.

Nachmittags plaudern vor mir Flach- und Stöckelschuhe darüber, wer von ihnen den Vorzug bei der abendlichen Fußbekleidung erhalten wird. Natürlich der ungesunde Stöckelschuh. Und Barbara Heitmann weiß plötzlich nicht mehr, wo sie ihre reizenden Hackenstiefelchen vor unseren Blicken verbergen kann, ohne umzufallen. Das Textile habe ich leider, bis auf diese kurze Begegnung verpaßt. So bleibt mir die Phantasie von dem, was es wohl gewesen wäre. Es ist die Phantasie der hauterregenden Begegnung mit schnuffeligen, rubbeligen, glatten, schmiegenden, sanft bürstenden, rauh kratzenden Stoffen, Fetzen, Pelzen, Ledern, die Sehnsucht nach den Wonnen des umschmeichelnden Mich Wickelns in Gewebtes und Gestricktes, die Freude an der Komposition von Farben und Strukturen - Verkleidungen, Kinderträume. Koffer voll Kleider und Fetzen, Hüten, Schuhen, Strümpfen, Korsetts. Kuck mal, wer ich jetzt bin! Vielleicht aber auch die Askese des Machens - der mühevollen Gewinnung des Materials unserer Träume aus dem schmuddeligen Naturstoff, die uns den Respekt vor den Dingen wieder gibt, den wir uns in den boutiquengepflasterten Einkaufsstraßen so gründlich abgewöhnt haben. Was wäre da denkbar gewesen als kerzenbeleuchtete Verschwörung gegen den lieblosen Wegwerffummel, der nur noch die Funktion hat, den unerheblichen Inhalt einer herzeigbaren Markenzeichenplastiktüte abzugeben? Das hätte ich gern erlebt, und deshalb erlaube ich mir diese Abschweifung von den plaudernden Schuhen und kehre zurück, als die Stöckelschuhfrau so urkomisch zu unserer Erheiterung davonstochert.

Auch ich lobe die Langsamkeit und denunziere gern das Rasche, nur obenhin Gemachte. Und vor den Erklärungen möchte ich die

Phänomene gewürdigt wissen. Aber es dauert so unendlich lange, bis ich mit den Schülern im versprochenen Torfmoor bin. All die guten Grundsätze der Pädagogik werden mit ihren gewichtigen Autoren herbeizitiert, langsam, langsam, mit viel Liebe zum Rechtshemisphärischen, wie mir Herr Schmid das später erklären wird. Offenbar bin ich linkslastig, denn die flotte bewegte Schau der Bilder über den Projektunterricht macht mich wieder ganz fröhlich - ich sehe, wie sich da welche mit einer quergelegten Tür durch ein enges Treppenhaus quälen. Nein, nicht quälen, sondern heiteren Gesichts ein kleines ästhetisches Abenteuer sich bereiten. Ich höre junge Menschen sprechen mit jener januskopfigen Kippeligkeit zwischen ernsthafter Wissenschaftssprache und ironischem Selbstkommentar, die mir immer mehr zum Zeichen des Erwachsenwerdens wird. "You can't be twenty on sugar mountain" - und diese sind noch mit den Fingern im Zuckerberg und in Kopf und Herz auch schon über ihn hinweg. Und das macht mich zugleich froh und traurig - auch so ein stilles Merkmal des auszuhaltenden Lebens. Vielleicht empfehle ich doch das Buch von Sten Nadolny nicht mehr weiter, wenn ich fürchten muß, daraus bei nächster Gelegenheit ganz langsam und umständlich nacherzählt zu bekommen.

Und nun nach soviel Spüren, Merken, Aufmerken, was ist mir gewiß und gegenwärtig geworden? Wie handle ich, der ich nicht angestoßen bin an die Pension Eisenhuth und mir das wohl auch nicht auf der Rückfahrt widerfährt. Wozu bin ich aber angestoßen? Aufmerksamkeit, Respekt vor den Dingen haben, tun was jetzt zu tun ist, und nicht das Jetzt für das Danach schon opfern - ja, das kann ich mir vornehmen. Dankbar sein für das geschenkte Leben, auch das. Die Augen auch zu öffnen, statt sie bloß zu schließen, fühle ich mich gestärkt und ermutigt. In der leichten, alltäglichen Bewegung, im mäßigen, gespürten Atem, im Recken, Dehnen und Strecken einige Tröstungen zu wissen, tut mir gut, sagt mir, daß ich recht hatte auch bisher so zu tun, nimmt mir das Verwerfliche aus den gestohlenen blauen Stunden. Hin und wieder ein Brot backen, gutes Mehl mahlen, lieber mich mit einem schönen Stück bewundernswerter Handarbeit bekleiden und dies pflegen, als nur á la mode Müllberge produzieren zu helfen, - auch dazu bin ich nun alt und komisch genug, so daß man es mir nachsehen wird. Das Schönste aber zu wissen, ganz abseits von allen Einzelheiten des so oder so Machens, daß ich nicht alleine bin, daß es andere gibt, die auch so tun und denken, ohne daß wir eine Kirche sein müssen, einfach aus unserer gemeinsamen Freude am Spüren, Merken, Schmecken, Riechen, Fühlen, Schaukeln, Schwingen.

So also die gebackenen Kartoffeln gegessen, den Festmahlwein getrunken, dem Salat noch etwas mehr kauen und abtasten gegönnt als sonst und einmal mehr tief ein- und ausgeatmet.

Vielen Dank und gute Reise.

Autoren- und Autorinnenverzeichnis:

Inge Bacher, Gesundheitspädagogin
Anschrift: Marrensdamm 59a, 2390 Flensburg

Eckart Balz, Dr. phil, wissenschaftlicher Assistent an der Universität Bielefeld, Abt. Sportwissenschaft
Arbeitsschwerpunkte: sportdidaktische Themen (insbesondere Gesundheitserziehung, Bewegungsräume, Lehrpläne, Schullandheim).
Veröffentlichung: Aufgaben des Sports im Schullandheim. Begründung, Darstellung und Realisierung einer Konzeption. Hamburg 1988
Anschrift: Universität Bielefeld, Postfach 8640, 4800 Bielefeld 1

Marita Bechthold, wissenschaftliche Mitarbeiterin an der Universität Oldenburg, FB 3, Textilwissenschaften
Arbeitsschwerpunkte: Kulturgeschichte der Kleidung, Frauengeschichte und Textilien.
Veröffentlichung u.a.: Alltagskultur: Kleidung - Mode. In: Enzyklopädie Erziehungswissenschaft. Bd 3: Ziele und Inhalte der Erziehung und des Unterrichts. hrsg. H.-D. Haller/H. Meyer. Stuttgart 1986, S. 333-339.

Brigitte Beyer, Professorin, Pädagogische Hochschule Schwäbisch Gmünd
Arbeitsschwerpunkte: Didaktik des Textilunterrichts.
Veröffentlichung: (mit H. Kafka): Textilarbeit, Kleiden und Wohnen. Baltmannsweiler 1977^{2}.
Anschrift: Isarstr. 4, 7070 Schwäbisch Gmünd

Traute El Gebali-Rüter, Professorin, Pädagogische Hochschule Flensburg, Seminar für Textillehre und Didaktik des Textilen Werkens
Arbeitsschwerpunkte: Kleiden - Technologie, Physiologie, individuelle Gestaltung und Kostümgeschichte; Didaktik des Textilunterrichts.
Veröffentlichungen: (mit W. Royl): Kleidung und Mode. Bd 3 der Reihe 'Kleiden und Wohnen, Gestaltung der engeren Umwelt. (Hg. G. Mosenthin) Baltmannsweiler 1984; (unter Mitarbeit von P. Horn):

Textilien für uns - auswählen, herstellen, gestalten, pflegen. (Schülerarbeitsbuch, Sek. I) Hamburg 1991
Anschrift: Rudekamp 22, 2392 Glücksburg

Jürgen Funke-Wieneke, Professor, Universität Hamburg, FB Sportwissenschaft
Arbeitsschwerpunkt: Sportunterricht und Sportcurriculum der allgemeinbildenden Schule.
Veröffentlichungen: Sportunterricht als Köpererfahrung. Reinbek 1983; (mit G. Treutlein, N. Sperle): Körpererfahrung in traditionellen Sportarten. Wuppertal 1985
Mitherausgabe der Zeitschrift 'Sportpädagogik' (Friedrich-Verlag)
Anschrift: Wilhelm-Reinecke-Str. 25, 2120 Lüneburg

Barbara Haselbach, Professorin für Tanzerziehung am Orff-Institut der Hochschule für Musik und darstellende Kunst "Mozarteum" in Salzburg
Arbeitsschwerpunkte: Tanz und Musik, Tanzimprovisation, Tanz und seine Beziehung zu anderen Künsten, Tanzgeschichte und Historischer Tanz.
Veröffentlichungen: Tanzerziehung, Modelle für Kindergarten und Grundschule. Stuttgart 1984[4]; Improvisation, Tanz, Bewegung. Stuttgart 1986[4]; Tanz und Bildende Kunst. Stuttgart 1991
Anschrift: Orff-Institut der Hochschule für Musik und darstellende Kunst "Mozarteum" in Salzburg, Frohnburgweg 55, A-5020 Salzburg

Ines Heindl, Professorin, Pädagogische Hochschule Flensburg, Seminar für Haushaltslehre und die Didaktik der Hauswirtschaft.
Arbeitsschwerpunkte: Lehrerausbildung in der 'Haushaltslehre', Kontaktstudium 'Erziehung und Gesundheit', Projektleitung im Modellversuch 'Gesundheitsförderung im schulischen Alltag'.
Veröffentlichung: (mit A. Lewald, H. Mustert und M. Otten): Hauswirtschaft Hauptschule Kl. 7 + 8. Hannover 1990
Anschrift: Wollbergsredder 18c, 2300 Molfsee

Hans Günther Homfeldt, Professor, Universität Trier, Abt. Pädagogik
Arbeitsschwerpunkte: Gesundheitsbildung und Gesundheitsförderung - Konzepte ihrer hochschulischen Ausbildung; Gesundheitsförderung im schulischen Alltag; Schule als Ort sozialpädagogischen Handelns; Konzepte pädagogischen Handelns im sozialen Brennpunkt; pädagogische Feldforschung.
Veröffentlichungen u.a.: Stigma und Schule. Düsseldorf 1974; (mit W. Lauff, J. Maxeiner): Für eine sozialpädagogische Schule. München 1977; (mit W. Lauff): Erziehungsfeld Ferienlager. München 1979; (mit W. Lauff): Pädagogische Lehre und Selbsterfahrung. Weinheim 1979; (mit A. Kühn): Klassenfahrt. München 1981; (mit U. Barkholz, W. Schulz): Student sein - Lehrer werden? München 1983; (mit K.A. Baier, H. Volkers): Lernen im Lebenszusammenhang. Stuttgart 1984; (mit A. Stenzel): Auszug in ein fremdes Land? Weinheim 1989²; Erziehung und Gesundheit (Herausgabe). Weinheim 1988; (mit H. Volkers): Von Restschülern kann nicht die Rede sein. Baltmannsweiler 1990; Ausbilden und Fortbilden. Krisen und Perspektiven der Lehrerbildung. (Herausgabe) Bad Heilbrunn 1991.
Mitherausgabe der Zeitschrift 'Forum Pädagogik' (Pädagogischer Verlag Burgbücherei Schneider, Baltmannsweiler).
Anschrift: Kreuzflur 43, 5500 Trier

Karl Kuhn, Professor, Pädagogische Hochschule Freiburg, Institut für Biologie und ihre Didaktik.
Arbeitsschwerpunkte: Freilandbiologie, Ornithologie.
Veröffentlichungen: (mit D. Blume, G. Fels u.a.): Der Mensch. Stuttgart 1972; (mit H. Fies u.a.): Energie, Stoff, Leben. Biologie 5./6. Schuljahr. Freiburg 1977; (mit W. Probst): Biologisches Grundpraktikum. Bd 1 und 2, Stuttgart 1984⁴ und 1980
Anschrift: Dinkelbergstr. 9, 7888 Rheinfelden

Werner Lauff, Professor, Dipl.-Ing., Universität Hamburg, Institut 4 (Sozialpädagogik, Erwachsenenbildung und Freizeitpädagogik)
Veröffentlichungen: (mit H.G. Homfeldt, J. Maxeiner): Für eine sozialpädagogische Schule. München 1977; (mit H.G. Homfeldt): Erzie-

hungsfeld Ferienlager. München 1979; (mit H.G. Homfeldt): Pädagogische Lehre und Selbsterfahrung. Weinheim 1979.
Anschrift: An der Heide 1, 2304 Wendtorfer Schleuse

Boje Maaßen, Lehrer und Dipl.-Päd., Pädagogische Hochschule Flensburg, Seminar für Allgemeine Pädagogik.
Arbeitsschwerpunkte: Erziehung und Gesundheit. Mitwirkung im gleichnamigen Kontaktstudium an der Pädagogischen Hochschule Flensburg; Naturerleben und Pädagogik.
Veröffentlichungen: Umweltschutz im Unterricht. Essen 1973; Materialien zur Umwelterziehung in allgemeinbildenden Schulen. Köln 1979; Tiere im Wattenmeer - Zur Biologie ausgewählter Arten. Kiel 1991.
Anschrift: Wiesenweg 25, 239 Flensburg

Willm Prasse, Kustos im 'Museum am Schölerberg' in Osnabrück; ab März 1991 Leiter des Nationalparkzentrums Wilhelmshaven 'Das Wattenemeerhaus'.
Arbeitsschwerpunkte: Museumsdidaktik (Ausstellungsdidaktik, Museumspädagogik), Ökologische Bildung/Umwelterziehung.
Redaktionsmitglied der Zeitschrift 'Umwelt Lernen'
Anschrift: Memelner Str. 14, 4500 Osnabrück

Wilfried Probst, Professor, Pädagogische Hochschule Flensburg, Institut für Biologie und ihre Didaktik.
Arbeitsschwerpunkte: Didaktik der Biologie, insbesondere Freilandbiologie, biologische Exkursionen, Geobotanik, Systematik und Formenkunde.
Veröffentlichungen: (mit K. Kuhn): Biologisches Grundpraktikum. Bd 1 u. 2. Stuttgart 1984^4 und 1980; (mit B. Haller): Botanische Exkursionen. Bd. 1 u. 2 Stuttgart 1989^2 und 1989^2; Biologie der Moos- und Farnpflanzen. Wiesbaden u. Heidelberg 1987; (mit H.O. Martensen: Farn- und Samenpflanzen in Europa. Stuttgart 1990; (mit K. Kuhn und K. Schilke): Biologie im Freien. Stuttgart 1986.
Anschrift: Weserstr. 13, 2390 Flensburg

Karl Schilke, Dr. rer.nat, wissenschaftlicher Angestellter am Institut für die Pädagogik der Naturwissenschaften, Universität Kiel.
Arbeitsschwerpunkte: Biologiedidaktik, Agrarökologie, Freilandbiologie, Evolutionslehre.
Veröffentlichungen: Agrarökologie (i. Druck); (mit K. Kuhn und W. Probst): Biologie im Freien. Stuttgart 1986; (mit Halbach, Lehmann): Lernspiele in der Umwelterziehung.
Anschrift: IPN, Universität Kiel, Olshausenstr. 62, 2300 Kiel 1

Wolfgang F. Schmid, Professor für Schulpädagogik an der Pädagogischen Hochschule Flensburg. Wichtigste Buchveröffentlichungen: Totzeit (1968) und Technik des Lernens (1980) bzw. die Habilitationsschrift "Beginn der Sprachobjektivierung als Ansatz für eine Eigendidaktik" (1974).
Anschrift: Am Burgfried 10, 2390 Flensburg

Eva Schmidt, Professorin, Pädagogische Hochschule Weingarten, Seminar für Hauswirtschaft/Textiles Werken.
Arbeitsschwerpunkte: Fachwissenschaft und Fachdidaktik in den Bereichen: textile Rohstoff- und Warenkunde, Kleidung/Mode, Wohnraumtextilien, Umwelt- und Gesundheitserziehung im Textilunterricht.
Veröffentlichungen: Textilien als Material, Ware und Ausdrucksmittel. Baltmannsweiler 1984; Textilunterricht (Bd. 2): Materialkunde im Textilunterricht der Sekundarstufe I, Baltmannsweiler 1989.
Anschrift: Pädagogische Hochschule Weingarten, Kirchplatz 2, 7987 Weingarten.

Barbara Schwaner-Heitmann, Oberstudienrätin, Pädagogische Hochschule Flensburg, Seminar für Sport und seine Didaktik.
Arbeitsschwerpunkte: Gesundheitsbildung durch Bewegung, Gesundheitsbildende Maßnahmen für die Grundschule.
Veröffentlichung: Seniorensport. Celle 1978
Anschrift: Flensburger Str. 2, Alte Schule, 2391 Handewitt